기도로 채우는 위로의 삶

장례예식 기도문 150

기도로 채우는 위로의 삶, 장례예식 기도문 150

초판 1쇄 발행 2025년 7월 20일

지은이 민상기
펴낸이 민상기
편집장 이숙희
편집자 민경훈

펴낸곳 도서출판 드림북
인쇄소 예림인쇄 **제책** 예림바운딩
총판 하늘유통

·**등록번호** 제 65 호 **등록일자** 2002. 11. 25.
·경기도 양주시 광적면 부흥로 847 경기벤처센터 220호
·Tel (031)829-7722, Fax(031)829-7723

·잘못된 책은 교환해 드립니다.
·이 출판물은 저작권법에 의해 보호를 받는 저작물이므로 무단 복제할 수 없습니다.
·독자의 의견을 기다립니다.
·드림북은 항상 하나님께 드리는 책, 꿈을 주는 책을 만들어 갑니다

■ 믿음의 삶을 위한 기도문 시리즈 3

민상기 지음

기도로 채우는 위로의 삶

장례예식 기도문 100

드림북

머리말

  삶의 끝에서 드리는 기도는 단순한 이별의 말이 아닙니다. 그것은 이 땅의 여정을 마친 이의 삶을 하나님께 맡기는 신앙의 고백이며, 남겨진 이들이 주님의 위로 안에서 새로운 길을 걷겠다는 결단의 표현입니다. 죽음 앞에 서면 인간의 한계를 절감하지만, 동시에 하나님의 뜻과 은혜를 깊이 묵상하게 됩니다. 기도는 그런 경계에서 드려지는 가장 진실한 행위입니다.

  이 책 『장례예식기도문』은 장례의 전 과정을 따라 드리는 기도들을 담았습니다. 입관, 발인, 위로, 하관, 유해 안치, 화장, 이장, 수목장 예식 등 각 상황에 맞게 신학적으로 균형 잡힌 기도를 수록하였습니다. 형식적인 틀을 넘어서, 유족과 공동체의 마음을 헤아리며 목회적 현실을 반영하려 애썼습니다.

  목회자는 장례를 집례하며 다양한 상황과 마주합니다. 갑작스러운 죽음, 긴 투병 끝의 이별, 복잡한 감정의 얽힘 속에서 기도는 더욱 신중하고 진실해야 합니다. 이 책은 그 자리에 서는 목회자와 공동체가 하나님 앞에 진심을 올려 드릴 수 있도록 돕기 위해 만들어졌습니다.

  특히 반복적 표현은 줄이고, 각 기도마다 고유한 정서와 호흡을 담고자 하였습니다. 한 문장, 한 단어마다 유족을 향한 배려와 성도의 신앙 고백, 목회자의 진심이 어우러지도록 정성 들였습니다. 장례는 신앙의 결론이자 부활의 소망이 선포되는 자리이며, 기도는 그 의미를 담아내는 중요한 통로입니다.

죽음은 끝이 아닙니다. 그리스도 안에서 죽음은 새로운 시작이며, 장례 기도는 단지 애도의 언어가 아닌 부활의 소망을 드러내는 신앙의 고백이어야 합니다. 이 책이 예배의 중심을 지키고 신앙을 굳게 붙드는 데 작은 도움이 되기를 바랍니다.

장례는 고인을 기리는 시간이자, 남겨진 이들이 삶을 새롭게 다짐하는 순간입니다. 기도는 그 다짐을 하나님께 드리는 고백이며, 그 고백이 위로가 되고 희망이 되기를 바랍니다. 이 책의 기도들이 목회 현장에서 실제적인 도구가 되고, 성도들에게는 하나님의 평강을 전하는 통로가 되기를 소망합니다.

마지막으로, 이 책의 표지를 기도하는 마음으로 섬세하게 디자인해준 딸에게 고마움을 전합니다. 교정과 편집을 맡아 묵묵히 도와준 아들에게도 감사의 마음을 전합니다. 무엇보다 기도문 전체의 흐름과 내용을 함께 고민하며 기도해 준 아내에게 깊은 감사를 드립니다. 가족의 손길이 담긴 이 책이 많은 이들에게 하나님의 위로와 소망으로 전해지기를 기도합니다.

2025년 무더위가 기승인 7월에
민상기

목차

머리말

Part 1 임종 예식을 위한 기도문   **13**

평안한 마지막 순간을 맞이하는 기도	14
하나님 품으로 가는 길을 준비하는 기도	16
천국 소망 가운데 임종을 맞이하는 기도	18
가족들이 임종을 평안히 받아들이도록 돕는 기도	20
하나님께 영혼을 맡기는 기도	22
사랑하는 이들과 마지막 시간을 감사함으로 보내는 기도	24
임종자의 두려움을 평안으로 바꾸는 기도	26
천국의 기쁨을 소망하는 기도	28
믿음의 유산을 남기는 기도	30
환자의 영혼이 하나님께 온전히 맡겨지도록 돕는 기도	32
임종 순간에도 하나님을 찬양하는 기도	34
하나님의 선하신 뜻을 믿고 신뢰하는 기도	36
마지막 순간까지 사랑을 나누는 기도	38
영원한 안식 속으로 들어가는 기도	40
임종을 준비하는 가족들을 위한 기도	42
하나님과의 재회를 소망하는 기도	44
사랑하는 사람을 보내며 위로를 구하는 기도	46
육체의 고통이 사라지고 평안이 임하도록 돕는 기도	48
임종을 앞둔 이가 감사의 고백을 올리는 기도	50

하나님께서 친히 품어주시는 기도	52
가족들이 하나님을 의지하며 임종을 준비하는 기도	54
남겨진 자들이 하나님의 사랑을 경험하도록 돕는 기도	56
마지막 순간까지 하나님의 뜻을 이루는 기도	58
사랑하는 이를 하나님께 온전히 맡기는 기도	60
천국에서의 기쁨을 바라보는 기도	62

Part 2 입관 예식을 위한 기도문　　　　　65

하나님의 손길로 영혼을 품어주시기를 구하는 기도	66
육신의 장막을 벗고 천국을 소망하는 기도	68
입관 예식을 통해 하나님의 위로를 경험하는 기도	70
하나님의 뜻 안에서 고인을 보내는 기도	72
입관 예식을 통해 믿음의 소망을 되새기는 기도	74
장례 절차 속에서도 하나님께 감사하는 기도	76
사랑하는 사람과의 이별을 받아들이는 기도	78
하나님의 계획을 신뢰하며 고인을 보내는 기도	80
천국에서 다시 만날 소망을 품는 기도	82
입관 예식 속에서 하나님의 사랑을 기억하는 기도	84
하나님께서 고인을 영원한 안식으로 인도하시길 구하는 기도	86
가족과 친지들이 하나님의 평안을 누리도록 돕는 기도	88
입관 예식을 통해 하나님께 영광을 돌리는 기도	90
장례 절차가 하나님의 은혜 가운데 진행되도록 구하는 기도	92
입관 순간에도 믿음을 지키는 기도	94
하나님께서 남겨진 이들을 위로해 주시기를 간구하는 기도	96
고인의 삶을 기억하며 하나님께 감사하는 기도	98
하나님의 뜻을 신뢰하는 기도	100
하나님의 위로와 소망을 붙드는 기도	102
천국을 향한 믿음을 더욱 굳게 하는 기도	104
하나님의 영원한 위로를 구하는 기도	106

하나님의 나라를 바라보는 기도	108
영원한 소망을 붙드는 기도	110
하나님의 사랑 안에서 평안을 구하는 기도	112
하나님의 평강 안에서 위로받는 기도	114

Part 3 발인 예식을 위한 기도문   117

하나님의 인도하심 속에서 발인 예식을 드리는 기도	118
장례 행렬이 하나님의 보호 속에서 진행되도록 돕는 기도	120
고인을 떠나보내며 하나님의 뜻을 신뢰하는 기도	122
믿음으로 작별을 고하는 기도	124
발인 예식이 하나님의 은혜 가운데 진행되도록 돕는 기도	126
하나님의 사랑 안에서 평안을 누리는 기도	128
고인을 기억하며 하나님께 감사하는 기도	130
천국에서 다시 만날 소망을 간직하는 기도	132
발인 예식을 통해 하나님의 위로를 경험하는 기도	134
사랑하는 이를 보내는 가족들이 위로받도록 돕는 기도	136
하나님의 영원한 나라를 소망하며 드리는 기도	138
하나님께서 발인예배를 주관해 주시기를 원하는 기도	140
믿음 안에서 영원한 생명을 바라보는 기도	142
하나님께서 모든 절차를 인도해 주시기를 구하는 기도	144
남겨진 가족들에게 평안을 허락해 주시기를 구하는 기도	146
발인 예식을 통해 하나님의 뜻을 깨닫는 기도	148
하나님께서 모든 슬픔을 거두어 주시기를 간구하는 기도	150
발인 후에도 하나님의 은혜를 경험하는 기도	152
장례 절차 속에서도 하나님을 찬양하는 기도	154
천국에서의 영원한 안식을 소망하는 기도	156
하나님께서 남겨진 가족을 위로해 주시기를 구하는 기도	158
발인 예식을 통해 믿음이 더욱 견고해지는 기도	160
하나님의 계획을 신뢰하며 살아가는 기도	162

영원한 소망 가운데 발인을 진행하는 기도   164
하나님께서 모든 상황을 선하게 인도해 주시기를 간구하는 기도   166

Part 4 하관 예식을 위한 기도문   169

사랑하는 이의 육신을 흙으로 돌려보내는 기도   170
하관 예배을 통해 하나님의 은혜를 경험하는 기도   172
하관 예배을 통해 하나님의 말씀을 기억하는 기도   174
사랑하는 이의 삶을 기억하며 하나님께 감사하는 기도   176
하관 예배를 통해 하나님의 섭리를 깨닫는 기도   178
하나님의 평안을 간구하며 드리는 기도   180
천국의 소망을 되새기는 기도   182
하나님의 손길에 맡기는 기도   184
하늘나라에 대한 희망을 간구하는 기도   186
고인을 하나님께 온전히 의지하는 기도   188
남겨진 자들이 하나님의 사랑을 경험하도록 돕는 기도   190
믿음과 소망으로 이별을 맞이하는 기도   192
사랑과 헌신을 기억하며 감사하는 기도   194
하늘 소망을 간구하는 기도   196
남겨진 자들이 위로를 받도록 간구하는 기도   198
하나님의 약속을 신뢰하며 드리는 기도   200
슬픔 속에서도 하나님의 위로를 구하는 기도   202
하나님의 평강으로 채워주시기를 간구하는 기도   204
하나님의 선하신 섭리를 인정하며 드리는 기도   206
영원한 안식을 간구하는 기도   208
하나님께 모든 것을 맡기는 기도   210
남겨진 이들에게 하나님의 위로를 간구하는 기도   212
하나님 나라의 소망을 품는 기도   214
천국에서의 재회를 바라보는 기도   216
하나님의 섭리 속에 맡겨드리는 기도   218

Part 5 추모예배를 위한 기도문   **221**

고인의 1주기를 맞아 하나님의 위로를 간구하는 기도   222
남겨진 가족들에게 평강을 허락해 주시기를 간구하는 기도   224
고인의 믿음과 헌신을 기억하며 드리는 감사의 기도   226
하나님께서 고인을 영원한 안식으로 인도하시길 간구하는 기도   228
하나님의 위로와 사랑을 간구하는 기도   230
고인을 기억하며 하나님의 인도하심을 구하는 기도   232
고인의 헌신과 믿음을 본받아 살아가는 기도   234
고인의 삶을 통해 하나님의 은혜를 깨닫는 기도   236
고인의 사랑과 헌신을 되새기며 드리는 기도   238
고인을 추억하며 하나님의 인도하심을 구하는 기도   240
고인의 발자취를 기억하며 소망을 노래하는 기도   242
고인의 삶과 신앙을 기념하며 새 희망을 다짐하는 기도   244
남겨진 이들이 위로받기를 기원하는 기도   246
고인의 생일을 추모하며 기억하는 기도   248
고인의 생애를 기념하며 하나님의 자비를 청하는 기도   250
고인의 기억 속에서 감사와 믿음을 되새기는 기도   252
고인의 기억 속에 새로운 소망을 심는 기도   254
고인의 기억을 찬양하며 새로운 소망을 선포하는 기도   256
영원한 희망과 사랑을 간구하는 기도   258
하나님의 진리와 사랑으로 기억을 새기는 기도   260
고인이 이룬 선한 일들을 기억하며 드리는 감사의 기도   262
고인의 신앙 유산을 기리며 앞으로 나아가기를 소망하는 기도   264
고인의 사랑과 봉사를 본받아 하나님의 영광을 드러내며...   266
하나님께서 영원한 나라에서 고인과 함께 해 주시기를 간구하는 기도   268

Part 6 기타 예식을 위한 기도문 271

화장, 시신기증, 유해안치, 수목장, 이장예식

영원한 평안으로의 이행 앞에서 드리는 기도   272

믿음의 유산을 기억하며 드리는 기도   274

마지막 불꽃 속에 비추는 하나님의 은총을 바라보며   276

흙과 불을 지나 영원으로 나아가는 믿음의 여정   278

불의 순례를 지나 영원한 빛으로 나아가는 시간   280

생명의 유산을 남기며 하나님께 드리는 기도   282

생명을 나누는 헌신 앞에서 드리는 감사의 기도   284

사랑의 유산을 남긴 손길을 기억하며 드리는 기도   286

이웃을 향한 사랑을 기억하며 드리는 기도   288

하나님께 드린 몸, 이웃에게 전해질 생명의 씨앗   290

하나님의 품에 안기는 시간   292

흙에서 난 몸을 고요히 쉬게 하며   294

부활의 소망 안에 잠드는 시간   296

믿음의 걸음을 기억하며 드리는 기도   298

하나님의 품에 잠든 자를 기억하는 기도   300

창조의 품으로 돌아가는 믿음의 길   302

흙과 나무, 그리고 부활의 소망 안에서   304

하나님의 품에 심기는 생명의 씨앗으로   306

땅에 심는 믿음, 하늘에 맺히는 소망   308

생명의 나무 아래서 드리는 고백   310

다시 새기는 믿음의 자리에서   312

믿음의 자취를 따라 다시 나아가게 하소서   314

흙에서 흙으로, 기억에서 믿음으로   316

Part 1
임종 예식을 위한 기도문

임종 예식을 위한 기도 1
평안한 마지막 순간을 맞이하는 기도

  전능하신 하나님 아버지,

  저희의 생명을 주관하시고 모든 시간을 섭리하시는 하나님을 찬양합니다. 오늘 저희는 사랑하는 ○○○ 성도님이 인생의 마지막 순간을 맞이하는 이 자리에 함께하며, 하나님의 위로와 평안을 간구합니다. 하나님께서 그의 곁에 친히 임재하시고, 하나님의 따뜻한 사랑으로 감싸 주옵소서. 이 시간이 두려움과 슬픔의 순간이 아니라, 하나님의 은혜를 경험하는 시간이 되게 하시고, 하나님의 평강 안에서 안식하는 시간이 되게 하여 주옵소서.

  하나님, 사랑하는 이를 보내야 하는 이 시간이 저희에게 너무도 어려운 순간이지만, 하나님께서 함께하시기에 믿음으로 감당할 수 있음을 믿습니다. "내가 너희를 고아와 같이 버려두지 아니하고 너희에게로 오리라" 하신 주님의 약속을 붙들며, 마지막 순간까지 주님의 손을 의지하게 하옵소서. ○○○ 성도님이 이 땅에서의 모든 고통과 수고를 내려놓고, 하나님의 품에서 영원한 안식을 누릴 수 있도록 인도하여 주옵소서.

  하나님, 사랑하는 ○○○ 성도님이 이 땅에서의 모든 사명을 다하고 이제 영원한 나라로 나아가고 있습니다. 그의 삶이 하나님의 뜻대로 사용되었음을 기억하며, 하나님께서 그의 모든 순간을 붙들어 주셨음을 감사드립니다. 이제는 더 이상 눈물과 아픔이 없는 곳에서 하나님과 함께 기쁨을 누리게 하시고, 하나님께서 예비하신 영광의 자리로 인도하여 주옵소서. 하나님께서 "하나님이 그들의 눈에서 모든 눈물을 씻어 주시니 다시는 사망이 없고 애통하는 것이나 곡하는 것이나 아픈 것이 다시 있지 아니하리라" 말씀하셨으니, 저희가 이 약속을 붙들고 사랑하는 자를 하나님께 온전히 맡겨드립니다.

하나님, 남겨진 가족들의 마음을 어루만져 주시고, 깊은 슬픔 가운데서도 하나님의 평안을 누릴 수 있도록 도와주옵소서. 고인을 보내는 이 시간이 절망과 아픔의 순간이 아니라, 하나님의 위로와 사랑을 더욱 깊이 경험하는 시간이 되게 하옵소서. 하나님께서 주시는 소망 안에서 서로를 위로하는 시간이 되게 하옵소서. 허락하신 모든 시간 속에서 감사할 수 있는 마음을 주시고, 하나님의 선하심을 신뢰하는 믿음을 허락하여 주옵소서.

하나님, ○○○ 성도님을 붙드시고, 평안 가운데 하나님의 나라로 인도하여 주옵소서. 저희도 이 땅에서 남은 날들을 살아갈 때, 하나님을 더욱 사랑하며 신실한 믿음의 길을 걸어가게 하옵소서. 하나님의 크신 은혜와 사랑 안에서 이 시간을 감당할 수 있도록 도와주시기를 간절히 바라오며, 예수 그리스도의 이름으로 기도드립니다. 아멘.

임종 예식을 위한 기도 2
하나님 품으로 가는 길을 준비하는 기도

한없이 자비로우시며 저희를 사랑하시는 하나님 아버지, 오늘 사랑하는 ○○○ 성도님이 하나님께서 예비하신 영원한 안식을 향해 나아가고 있습니다. 저희는 이 마지막 순간을 함께 하며, 하나님의 위로와 평강이 임하시기를 간절히 구합니다. 하나님께서 이 시간을 친히 주관하시고, 사랑하는 이가 하나님 품으로 가는 길이 두려움이 아닌 기쁨과 평안의 시간이 되게 하옵소서. 하나님께서 그를 부르신 이 순간이 고통이 아니라 축복이 되게 하시고, 모든 슬픔이 하나님께서 주시는 소망으로 변화되게 하옵소서.

하나님, ○○○ 성도님의 삶을 돌아볼 때, 그 걸음마다 하나님의 은혜가 함께하셨음을 기억합니다. 하나님을 신뢰하며 믿음으로 걸어온 그의 삶이 헛되지 않았으며, 그의 발걸음마다 하나님의 사랑이 머물러 있음을 고백합니다. 이제 그는 이 땅의 모든 수고를 마치고, 하나님께서 예비하신 영광스러운 자리로 나아가고 있습니다. "수고하고 무거운 짐 진 자들아 다 내게로 오라 내가 너희를 쉬게 하리라" 하신 주님의 말씀을 붙들며, 사랑하는 이를 하나님의 손에 맡겨드립니다.

하나님, 남겨진 가족들의 마음을 붙들어 주시옵소서. 사랑하는 자를 보내는 슬픔이 크지만, 하나님께서 주시는 평안이 그들의 마음을 감싸 주시기를 간절히 원합니다. 이별의 아픔이 절망이 되지 않도록 하시고, 하나님 안에서 천국의 소망을 품으며 서로를 위로하게 하옵소서. "주 안에서 자는 자들은 다시 살아나리라" 하신 약속을 기억하며, 사랑하는 자가 하나님의 품에서 영원한 안식을 누리고 있음을 믿게 하옵소서.

하나님, ○○○ 성도님이 이 땅의 삶을 마무리하고 하나님과 함께하는 영광의 자리로 들어가게 하셨으니, 저희도 남은 날을 살아갈 때 하나님의 뜻을 더욱 깊이 깨닫고 순종하게 하옵소서. 주어진 시간들을 헛되이 보내지 않게 하시고, 하나님의 나라를 바라보며 살게 하옵소서. 저희가 세상을 살아가며 흔들릴 때마다, 하나님의 사랑과 은혜를 의지하며 굳건히 서도록 인도하여 주시기를 간절히 기도합니다.

이제 사랑하는 ○○○ 성도님의 영혼을 온전히 하나님께 의탁합니다. 하나님, 그의 영혼이 굳건히 하나님의 품에 안겨 영원한 평화와 기쁨 속에 머무르게 하옵소서. 남겨진 저희 모두가 고인이 남긴 깊은 사랑과 확고한 믿음을 본받아 하나님의 은혜와 인도하심에 따라 살아갈 수 있도록 도와주소서. 저희의 모든 소망과 삶을 온전히 하나님께 맡겨드리며, 예수 그리스도의 이름으로 간절히 기도드립니다. 아멘.

임종 예식을 위한 기도 3
천국 소망 가운데 임종을 맞이하는 기도

소망의 하나님 아버지,

오늘 저희는 사랑하는 ○○○ 성도님의 마지막 순간을 함께 하며 하나님의 위로와 평안을 간절히 구합니다. 삶과 죽음을 주관하시는 하나님께서 이 자리에 임재하시어, 이 시간이 절망의 순간이 아니라 이제는 천국 소망으로 가득한 시간이 되게 하옵소서. 사랑하는 ○○○ 성도님이 이 땅에서의 모든 여정을 마치고, 이제 하나님께서 예비하신 영원한 나라로 들어가고 있습니다. 하나님께서 그를 따뜻한 품으로 맞아 주시고, 영원한 평안 가운데 거하게 하옵소서.

하나님, ○○○ 성도님이 이 땅에서 하나님을 신실하게 섬기며 살아왔음을 기억합니다. 그의 삶을 통해 많은 이들이 하나님의 사랑을 경험했고, 믿음의 유산이 남겨졌습니다. 이제 그는 더 이상 눈물도, 고통도, 아픔도 없는 하나님 나라에서 참된 안식을 누리게 될 것입니다. "하늘에 속한 저희의 시민권을 기다리노니 곧 거기서 오실 구주 예수 그리스도를 기다리노라" 하신 말씀을 붙들며, 저희도 언제인가는 다시 만나게 될 소망을 품습니다.

  하나님, 남겨진 가족들과 사랑하는 이들에게 하나님의 위로를 내려 주옵소서. 이별이 주는 슬픔이 크지만, 하나님께서 허락하신 시간 속에서 감사함을 찾을 수 있도록 도와주시고, 고인을 하나님 나라에 올려드리는 믿음을 주옵소서. 하나님께서 그의 삶을 통해 역사하셨던 것처럼, 남겨진 저희의 삶도 하나님의 뜻대로 아름답게 사용되도록 인도하여 주시옵소서.

  하나님, 저희가 살아가는 동안 이 땅이 전부가 아님을 기억하게 하시고, 저희의 삶도 언젠가 하나님 나라에서 영원한 기쁨을 누리게 될 것을 믿으며 흔들리지 않게 하옵소서. 모든 아픔이 치유되고, 모든 눈물이 닦이는 그날을 바라보며 오늘을 살게 하옵소서. 사랑하는 자를 하나님께 올려드리며, 저희도 믿음으로 끝까지 주어진 길을 걸어가게 하옵소서.

  이제 저희가 사랑하는 ○○○ 성도님을 보내드리며, 그의 삶이 하나님의 은혜와 사랑 안에서 영광스럽게 마무리되었음을 고백합니다. 남겨진 저희도 천국을 바라보며 믿음의 길을 걸어가게 하시고, 하나님께서 맡기신 사명을 끝까지 감당할 수 있도록 힘을 더하여 주옵소서. 하나님께서 함께하심을 믿으며, 모든 것을 하나님의 손에 맡기오니, 사랑하는 자를 맞아 주시고 영광 가운데 거하게 하옵소서. 이 모든 말씀을 우리 주 예수 그리스도의 이름으로 기도드립니다. 아멘.

임종 예식을 위한 기도 4
가족들이 임종을 평안히 받아들이도록 돕는 기도

위로와 평강을 주시는 하나님 아버지,

사랑하는 ○○○ 성도님이 이 땅에서의 삶을 마무리하고 하나님의 품으로 나아가고 있습니다. 이 순간이 저희에게는 너무도 아프고 견디기 힘든 시간이지만, 하나님께서 함께하시기에 평안과 소망을 품고자 합니다. 하나님께서 이곳에 있는 모든 이들과 함께하시어, 사랑하는 ○○○ 성도님의 떠남을 믿음으로 받아들이고 감사할 수 있도록 인도하여 주옵소서.

하나님, 가족들의 마음이 아직 준비되지 못하고, 이별의 아픔이 너무도 크게 다가오지만, 이 시간을 통해 하나님의 사랑과 위로를 깊이 경험하게 하옵소서. "하나님이 주신 자를 하나님께 돌려드리나이다"라는 신앙의 고백을 올릴 수 있도록 은혜를 베풀어 주옵소서. 사랑하는 이의 생이 헛되지 않았음을 기억하게 하시고, 그의 삶을 통해 역사하신 하나님의 선하심을 더욱 신뢰하는 시간이 되게 하옵소서.

하나님, 슬픔 속에서도 저희가 하나님의 뜻을 구하게 하시고,

이 순간이 단순한 이별이 아니라 하나님 나라에서 다시 만나게 될 소망의 시간이 되게 하옵소서. "내가 너희를 위하여 처소를 예비하러 가노니" 하신 주님의 약속을 붙들며, 지금 ○○○ 성도님이 주님께서 예비하신 집으로 가고 있음을 믿고 감사하는 마음을 갖게 하옵소서.

하나님, 남은 가족들이 이 시간을 통해 서로를 더욱 사랑하게 하시옵소서. 이 시간 저희의 마음에 남겨진 상실과 고통 가운데서도 ○○○ 성도님의 따스한 기억이 위로의 등불이 되게 하옵소서. 그리하여 모든 가족들이 하나님의 은혜로운 품 안에서 치유와 평안을 누릴 수 있도록 도와 주시옵소서. 이별이 끝이 아니라는 믿음 안에서 서로 위로하고 격려하게 하시며, 남은 날들도 하나님 앞에서 신실하게 살아갈 수 있도록 도와주시옵소서.

이제 사랑하는 ○○○ 성도님의 영혼을 온전히 하나님께 의탁합니다. 하나님께서 고인의 영혼을 굳건한 사랑과 은혜로 붙들어 주시옵소서. 고인이 이 땅의 모든 고난을 뒤로하고 영원한 안식과 기쁨의 왕국에서 쉼을 누리도록 인도해 주시기를 간절히 기도합니다. 또한, 남은 저희 모두가 고인이 남긴 불멸의 사랑과 변함없는 신앙의 유산을 가슴 깊이 새겨, 매일의 삶 속에서 하나님께서 주신 은혜와 뜻을 실천하는 자들로 성장하게 축복하여 주시옵소서. 저희의 모든 소망과 미래를 전적으로 하나님께 의탁하며, 예수 그리스도의 이름으로 진심을 담아 기도드립니다. 아멘.

임종 예식을 위한 기도 5
하나님께 영혼을 맡기는 기도

한없는 사랑과 자비로 저희를 품으시는 하나님 아버지, 오늘 저희는 사랑하는 ○○○ 성도님의 마지막 길을 함께하며, 하나님의 손길 안에서 그의 영혼을 온전히 맡겨드립니다. 하나님께서 주신 생명이 하나님께로 돌아가는 이 시간이 단순한 이별이 아니라, 영원한 평안 속으로 들어가는 복된 시간이 되게 하옵소서. 저희의 마음은 슬픔과 아쉬움으로 무겁지만, 하나님께서 그의 모든 순간을 돌보셨음을 믿으며 감사드립니다. 하나님께서 그의 영혼을 친히 맞아 주시고, 그가 하나님의 빛 가운데서 영원히 안식하게 하옵소서.

하나님, ○○○ 성도님의 생애를 돌아보며, 그가 걸어온 길마다 하나님의 은혜가 함께하셨음을 기억합니다. 그의 삶이 하나님을 사랑하고, 하나님을 의지하며 살아온 증거가 되었으며, 많은 이들에게 믿음의 본이 되었습니다. 이제 그는 모든 수고와 눈물을 거두고, 하나님 나라에서 영원한 기쁨을 누리게 될 것입니다. "내가 진실로 진실로 너희에게 이르노니 내 말을 듣고 또 나 보내신 이를 믿는 자는 영생을 얻었고 심판에 이르지 아니하나니 사망에서 생명으로 옮겼느니라" 하신 말씀을 기억하며, 하나님께 감사와 찬양을 올려드립니다.

하나님, 남겨진 가족들의 마음을 붙들어 주시옵소서. 사랑하는 이를 보내는 것이 쉽지 않지만, 이 순간이 하나님의 뜻 안에서 이루어지고 있음을 믿고 신뢰하게 하옵소서. 눈물로 떠나보내지만, 하나님께서 주시는 평안과 위로로 이 시간을 감당하게 하시고, 천국에서 다시 만날 소망이 저희의 마음을 새롭게 하게 하옵소서. 또한 가족들이 이 순간을 통해 하나님을 더욱 깊이 의지하며, 서로를 더욱 사랑하는 계기가 되게 하옵소서.

하나님, 이별은 아프지만, 믿음의 눈으로 바라볼 때 이 땅에서의 삶이 끝이 아님을 확신합니다. ○○○ 성도님이 하나님 나라에서 더 아름답고 완전한 삶을 시작했음을 믿으며, 저희도 언젠가 하나님의 나라에서 영원한 기쁨을 함께 누릴 날을 소망합니다. 남겨진 저희도 하루하루를 허투루 보내지 않고, 하나님께서 기뻐하시는 삶을 살아가게 하옵소서.

이제 저희는 사랑하는 ○○○ 성도님의 영혼을 하나님께 맡겨드립니다. 하나님께서 그의 손을 붙드시고, 끝까지 인도하여 주옵소서. 이 땅의 모든 아픔과 수고를 벗고, 하나님 품 안에서 참된 안식을 누리게 하옵소서. 남겨진 저희도 믿음 안에서 흔들리지 않으며, 하나님께서 주시는 평안 속에서 살게 하시기를 간절히 바라오며, 예수 그리스도의 이름으로 기도드립니다. 아멘.

임종 예식을 위한 기도 6

사랑하는 이들과 마지막 시간을 감사함으로 보내는 기도

   변함없는 사랑으로 저희를 붙드시는 하나님 아버지,

   오늘 저희는 사랑하는 ○○○ 성도님의 마지막 순간을 함께 하며, 하나님의 위로와 평강을 구합니다. 이별의 아픔이 크지만, 하나님께서 주신 귀한 시간 속에서 사랑하는 이와 함께했던 모든 순간을 감사하며 되새기게 하옵소서. 삶의 끝자락에서도 하나님의 은혜를 바라보며, 사랑과 감사로 이 시간을 채울 수 있도록 인도하여 주옵소서.

   하나님, ○○○ 성도님의 삶을 돌아보면 기쁨과 슬픔, 도전과 승리의 순간들이 있었습니다. 하지만 그 모든 날 속에서 하나님께서 동행하셨음을 믿습니다. "범사에 감사하라 이것이 그리스도 예수 안에서 너희를 향하신 하나님의 뜻이니라" 하신 말씀처럼, 이 마지막 시간도 감사함으로 보내게 하시고, ○○○ 성도님이 이 땅에서 누린 사랑과 은혜를 기억하며 하나님께 영광을 돌리게 하옵소서.

   하나님, 이 시간 사랑하는 가족들이 ○○○ 성도님과 나누는 마지막 말과 손길이 슬픔과 눈물이 아니라, 사랑과 위로가 되게 하시고, 하나님의 은혜 안에서 따뜻한 작별의 시간이 되게 하옵소서. 또한 남겨진 저희가 이별의 순간을 맞이하며, 사랑하는 이를 떠나보내는 것이 영원한 끝이 아님을 믿고 소망을 품게 하옵소서.

하나님, ○○○ 성도님이 이제 이 땅에서의 모든 수고를 내려놓고, 하나님의 나라에서 영원한 평안을 누리게 되었습니다. 저희도 그 믿음 안에서 위로받게 하시고, 남은 생을 살아갈 때 더욱 하나님을 의지하며 신실한 삶을 살게 하옵소서. 오늘의 이 순간이 단순한 이별이 아니라, 하나님 안에서 다시 만날 날을 소망하는 시간이 되게 하시고, 그날까지 믿음으로 살아가게 하옵소서.

이제 저희는 사랑하는 ○○○ 성도님을 하나님의 손에 온전히 맡겨드립니다. 하나님께서 고인의 영혼을 견고한 은혜와 사랑의 빛으로 감싸 주시옵소서. 고인이 이 땅의 고난을 뒤로하고 영원한 평안과 기쁨의 왕국에 머무르도록 인도하시기를 간절히 청합니다. 남은 저희 모두가 고인이 남긴 깊은 신앙의 증거와 사랑의 발자취를 가슴에 새기게 하옵소서. 매일의 삶 속에서 하나님의 뜻을 따르며 주어진 사명을 온전히 감당하는 자들로 성장할 수 있도록 축복해 주시옵소서. 예수 그리스도의 이름으로 기도드립니다. 아멘.

임종 예식을 위한 기도 7
임종자의 두려움을 평안으로 바꾸는 기도

생명을 주관하시며 평안을 주시는 하나님 아버지,

오늘 저희는 사랑하는 ○○○ 성도님의 마지막 순간을 하나님께 올려드리며 기도합니다. 이 시간이 두려움과 불안의 순간이 아니라, 하나님의 사랑과 평강으로 채워지는 시간이 되게 하옵소서. 삶과 죽음의 경계 앞에서 흔들리는 마음을 붙들어 주시고, 하나님의 임재 가운데 참된 안식을 누리게 하옵소서.

하나님, 인간은 본능적으로 죽음을 두려워하지만, 하나님께서는 "내가 너와 함께하리라" 약속하셨습니다. ○○○ 성도님의 마음속에 평안을 내려 주시고, 하나님께서 친히 동행하심을 경험하게 하옵소서. "내가 사망의 음침한 골짜기를 다닐지라도 해를 두려워하지 않을 것은 주께서 나와 함께하심이라" 하신 말씀을 붙들고, 모두가 마지막 순간까지 담대히 하나님을 신뢰하게 하옵소서.

하나님, 사랑하는 이를 곁에서 지켜보는 가족들의 마음도 평안으로 감싸 주옵소서. 슬픔과 아쉬움이 가득하지만, 하나님께서 허락하신 이 시간을 감사함으로 받아들이게 하시고, 사랑하는 이의 영혼을 하나님께 온전히 맡기는 믿음을 갖게 하옵소서. 이별이 마지막이 아님을 믿으며, 하나님의 사랑 안에서 다시 만날 소망을 품고 살아가게 하옵소서.

하나님, ○○○ 성도님이 이 땅에서의 모든 고난과 아픔을 내려놓고, 영원한 기쁨과 안식 속으로 들어가게 되었습니다. 저희도 언젠가 하나님 앞에 서게 될 날을 기억하며, 주어진 삶을 더욱 하나님께 합당하게 살아가게 하옵소서. 오늘의 이 순간이 두려움이 아닌 은혜의 순간이 되게 하시고, 하나님께서 주시는 위로와 소망이 오늘 이 곳에 있는 모든 자들의 마음을 붙들어 주시기를 간절히 기도합니다.

이제 사랑하는 ○○○ 성도님의 영혼을 온전히 하나님께 올려드립니다. 하나님께서 고인의 영혼을 부드러운 은혜와 진실한 사랑으로 감싸주시어, 고인이 이 땅의 모든 시련을 벗어나 영원한 안식과 기쁨의 축복 속에 머무르게 하시기를 간절히 청합니다. 남은 저희 모두가 고인이 남긴 신앙의 귀감과 사랑의 메시지를 마음속 깊이 새기고, 매일 하나님의 인도하심 아래서 서로를 격려하며 살아갈 수 있도록 축복해 주시옵소서. 저희의 모든 소망과 미래가 하나님의 선하신 계획 속에서 빛나도록 인도해 주시기를 간절히 기도드리며, 저희의 찬양과 감사를 하나님께 온전히 드립니다.

예수 그리스도의 이름으로 기도드립니다. 아멘.

임종 예식을 위한 기도 8
천국의 기쁨을 소망하는 기도

    영원한 생명을 허락하시고 소망을 주시는 하나님 아버지,
    오늘 저희는 사랑하는 ○○○ 성도님의 마지막 순간을 함께하며, 하나님께서 예비하신 천국의 영광을 바라봅니다. 이별의 슬픔이 있지만, 하나님께서 사랑하는 자녀를 영원한 기쁨과 평안이 있는 곳으로 인도하심을 믿으며 감사드립니다. 이 순간이 두려움과 아쉬움이 아니라, 하나님의 은혜와 소망이 넘치는 시간이 되게 하옵소서.
    하나님, 하나님께서는 ○○○ 성도님이 이 땅에서 살아온 모든 순간을 기억하십니다. 그의 삶이 하나님을 사랑하고 섬기는 삶이었음을 감사하며, 이제는 영광스러운 천국에서 하나님과 함께하는 기쁨을 누리게 하옵소서. "아버지의 뜻이 하늘에서 이루어진 것 같이 땅에서도 이루어지이다" 하신 말씀처럼, 저희도 이 시간을 통해 하나님 나라를 더욱 소망하며 살게 하옵소서.
    하나님, 남겨진 가족들과 사랑하는 이들에게도 하나님의 위로를 허락하여 주옵소서. 사랑하는 이를 떠나보내는 아픔이 크

지만, 하나님께서 예비하신 영광의 나라에서 다시 만날 소망을 굳게 붙들게 하옵소서. 하나님께서 허락하신 시간 동안 주셨던 사랑을 기억하며, 감사와 찬양으로 사랑하는 사람을 하나님께 올려드리게 하옵소서.

하나님, 저희가 이별을 경험할 때마다 더욱 하나님을 의지하며, 천국의 소망을 깊이 새기게 하옵소서. 이 세상의 삶이 전부가 아니라, 하나님께서 예비하신 더 좋은 나라를 향해 나아가고 있음을 기억하게 하시고, 하나님의 뜻대로 살아가게 하옵소서. 오늘 이 순간이 하나님을 더욱 신뢰하는 시간이 되게 하시고, 모든 것을 하나님께 맡기는 믿음을 허락하여 주옵소서.

이제 사랑하는 ○○○ 성도님의 영혼을 하나님께 온전히 의탁합니다. 하나님께서 고인의 영혼을 깊은 자비와 무한한 사랑으로 붙들어 주셔서, 고인이 이 땅에서의 모든 고난을 지나 영원한 평안과 기쁨의 안식에 들어가게 하시기를 진심으로 기도합니다. 남은 저희 모두가 고인의 사랑과 헌신을 마음 깊이 새기며, 그 본을 따라 하나님의 뜻을 성실히 행하는 자들로 성장하게 하시옵소서. 저희의 삶 속에서 하나님의 은혜와 자비가 항상 빛나게 하옵소서. 저희의 모든 미래와 소망을 전적으로 하나님께 맡겨드리며, 저희의 간구가 세상의 어둠 속에서 하나님의 밝은 빛이 되어 전파되기를 기도합니다. 예수 그리스도의 이름으로 기도드립니다. 아멘.

임종 예식을 위한 기도 9
믿음의 유산을 남기는 기도

신실하신 하나님 아버지,

오늘 저희는 사랑하는 ○○○ 성도님의 마지막 순간을 맞이하며, 그의 삶을 통해 하나님께서 행하신 모든 일들을 감사히 기억합니다. 하나님께서 허락하신 시간 속에서 그는 믿음을 지키며 걸어왔고, 이제는 하나님 품에서 영원한 안식을 누리게 되었습니다. 그의 삶이 남긴 신앙의 유산이 후대에도 이어지며, 하나님께 영광을 돌리는 축복의 길이 되게 하옵소서.

하나님, ○○○ 성도님의 생애를 돌아보며, 그가 하나님을 의지하며 살아왔음을 기억합니다. 그의 기도와 헌신, 사랑과 섬김이 이 땅에 남겨졌고, 그를 통해 많은 이들이 하나님의 은혜를 경험하였습니다. "여호와를 경외하는 자의 후손에게는 복이 있으리라" 하신 말씀처럼, 그의 믿음이 가정과 교회에 아름답게 이어지게 하시고, 그의 삶이 하나님의 뜻을 이루는 도구였음을 감사하며 기도합니다.

하나님, 남겨진 가족들과 사랑하는 이들이 ○○○ 성도님이 남긴 믿음의 발자취를 따라가게 하시고, 그의 삶을 통해 배운 신앙과 사랑을 실천하는 삶을 살게 하옵소서. 하나님께서 주신 이별의 순간이 슬픔으로만 남지 않게 하시고, 하나님 안에서 더욱 견고한 믿음으로 나아가는 계기가 되게 하옵소서. 그의 믿음이 단순한 기억이 아니라, 저희의 삶 속에서 살아 숨 쉬는 신앙의 유산이 되게 하옵소서.

하나님, 사랑하는 이를 떠나보내는 순간이 아프지만, 저희도 언젠가 하나님 앞에 설 날을 기억하며 신실한 삶을 살기를 원합니다. 남은 생애 동안 하나님을 더욱 의지하며, ○○○ 성도님이 걸어갔던 길을 따라 믿음의 길을 걷게 하시고, 그가 전한 사랑과 진리를 실천하며 살아가게 하옵소서.

사랑과 은혜의 하나님, 이제 저희는 ○○○ 성도님의 영혼이 하나님 품 안에서 영원한 안식을 누리길 소망하며, 고인의 생애와 발자취를 마음에 새깁니다. 저희의 눈물과 슬픔 속에도 하나님의 위로가 함께하시길 간구하며, 서로에게 희망의 빛이 되어 하나님의 약속을 기억하는 시간이 되게 하옵소서. 저희가 매일 하나님의 사랑을 체험하고, 그 사랑을 통해 서로를 격려하며 미래를 향한 굳건한 믿음으로 살아갈 때, ○○○ 성도님의 기억이 저희 모두에게 영원한 소망과 기쁨의 원천이 되길 원합니다. 하나님의 무한한 자비와 평안이 저희 각 가정에 임하여, 이 땅에서 하나님의 나라를 향한 열망이 더욱 깊어지게 하옵소서.

이 모든 기도를 우리 주 예수 그리스도의 이름으로 간절히 기도드립니다. 아멘.

임종 예식을 위한 기도 10

환자의 영혼이 하나님께
온전히 맡겨지도록 돕는 기도

한없는 사랑과 긍휼로 저희를 감싸 주시는 하나님 아버지, 오늘 사랑하는 ○○○ 성도님이 이 땅에서의 여정을 마치고 하나님께로 나아가고 있습니다. 그의 영혼이 하나님께 온전히 맡겨지는 이 순간이 불안과 두려움이 아니라, 평안과 소망으로 가득한 시간이 되게 하옵소서. 하나님께서 친히 그의 곁에 임재하시고, 하나님의 손으로 따뜻하게 감싸 주시며, 영원한 안식으로 인도하여 주옵소서.

하나님, ○○○ 성도님이 살아오며 많은 순간 하나님을 의지하며 걸어왔음을 기억합니다. 삶의 무게가 때로는 무거웠고, 여러 고난과 어려움이 있었지만, 그는 언제나 하나님을 바라보며 걸어왔습니다. 이제 모든 수고를 내려놓고 하나님께서 예비하신 평안 속으로 들어가게 하시고, 그의 영혼이 온전히 하나님께 맡겨지는 축복된 시간이 되게 하옵소서. "나를 사랑하는 자들이 나의 사랑을 입으며 나를 간절히 찾는 자가 나를 만날 것이니라" 하신 하나님의 말씀처럼, 그의 영혼이 하나님을 향한 갈망으로 하나님께 나아가게 하옵소서.

하나님, 사랑하는 이를 보내는 가족들과 지인들의 마음을 위로하여 주옵소서. 마지막 순간을 함께하며 그를 향한 사랑을 나누고, 하나님의 평안을 경험하는 시간이 되게 하옵소서. 이별이 아픔만이 아니라, 하나님께서 주신 은혜를 기억하며 감사하는 시간이 되게 하시고, 남겨진 이들이 하나님께서 주시는 위로 속에서 서로를 더욱 사랑하게 하옵소서.

하나님, 저희도 이 시간을 통해 삶과 죽음이 하나님의 손에 있음을 다시금 깨닫습니다. 하나님께서 허락하신 시간들을 소중히 여기며, 매일을 믿음으로 살아가게 하옵소서. ○○○ 성도님이 보여준 신앙의 본을 따라 저희도 하나님의 뜻을 이루는 삶을 살게 하시고, 언제나 하나님을 의지하며 살아가게 하옵소서.

이제 사랑하는 ○○○ 성도님의 영혼을 온전히 하나님께 맡깁니다. 하나님, 그의 영혼이 하나님의 품 안에서 참된 안식과 기쁨을 누리며, 영원한 생명의 축복 속에 거하게 하시고, 그 기억이 저희 모두에게 위로와 소망의 빛으로 남게 하옵소서. 저희들의 가정과 교회, 그리고 이 땅의 모든 성도들이 하나님의 약속을 굳게 믿고, 서로를 격려하며 그리스도의 평안 가운데 하나 되는 축복의 공동체로 거듭나게 하옵소서. 모든 것을 하나님께 맡겨드리며, 우리 주 예수 그리스도의 이름으로 기도드립니다. 아멘.

임종 예식을 위한 기도 11
임종 순간에도 하나님을 찬양하는 기도

존귀와 영광을 받으시기에 합당하신 하나님 아버지,
오늘 저희는 사랑하는 ○○○ 성도님의 마지막 순간을 함께 하며, 그의 삶을 통해 역사하신 하나님의 크신 은혜를 찬양합니다. 하나님께서 그의 삶을 시작하셨고, 이제 그의 영혼이 하나님 품으로 돌아가고 있음을 믿으며 감사드립니다. 이 시간이 단순한 이별의 순간이 아니라, 하나님의 사랑과 영광이 더욱 드러나는 시간이 되게 하옵소서.

하나님, ○○○ 성도님의 생애를 돌아볼 때, 그의 모든 걸음이 하나님의 인도하심 속에 있었음을 기억합니다. 하나님을 사랑하고 경외하며, 믿음으로 살아온 그의 삶이 헛되지 않았음을 확신합니다. 이제 그는 더 이상 아픔과 슬픔이 없는 곳에서 하나님과 함께하며, 찬양과 경배 가운데 영원한 기쁨을 누리게 될 것입니다. "내 평생에 여호와를 찬양하며 나의 생전의 하나님을 찬송하리로다" 하신 말씀처럼, 마지막 순간까지 하나님을 찬양하는 그의 삶이 하나님의 기쁨이 되게 하옵소서.

하나님, 사랑하는 이를 떠나보내야 하는 가족들의 마음이 너무 무겁지만, 하나님께서 주시는 소망과 위로 속에서 이 시간을 받아들이게 하옵소서. 슬픔이 절망으로 변하지 않도록 붙드시고, 사랑하는 이가 하나님 품에서 안식하고 있음을 믿으며 감사하게 하옵소서. 또한 저희가 이 순간을 통해 하나님의 선하심과 신실하심을 더욱 깊이 깨닫고, 믿음으로 굳건히 서게 하옵소서.

하나님, 저희도 삶을 살아가며 언제나 하나님을 찬양하며 살기를 원합니다. 기쁠 때에도, 슬플 때에도, 모든 순간에 하나님을 찬양하는 삶을 살게 하시고, ○○○ 성도님이 보여준 믿음의 본을 따라 살아가게 하옵소서. 하나님께서 맡기신 사명을 끝까지 감당하며, 하나님 나라를 소망하는 믿음의 길을 걸어가게 하옵소서. 이 땅의 이별이 단순한 슬픔이 아니라, 영원한 소망과 사랑을 다시 한번 되새기는 귀한 시간이 되게 하옵소서. 저희는 이별의 아픔 속에서도 앞으로의 여정에서 더욱 굳건한 믿음과 사랑으로 서로를 지탱하게 하옵소서. 남은 이들이 하나님의 인도하심을 따라, 매일의 삶 속에서 희망의 씨앗을 심고, 그 씨앗이 아름다운 꽃으로 피어날 때까지 하나님의 은혜가 함께 하시기를 간절히 소망합니다.

이제 사랑하는 ○○○ 성도님의 영혼을 하나님께 올려드립니다. 하나님께서 그의 손을 붙들어 주시고, 천국에서 영원한 찬양과 기쁨 가운데 거하게 하옵소서. 우리 주 예수 그리스도의 이름으로 기도드립니다. 아멘.

임종 예식을 위한 기도 12
하나님의 선하신 뜻을 믿고 신뢰하는 기도

모든 것을 선하게 인도하시는 하나님 아버지,

오늘 저희는 사랑하는 ○○○ 성도님의 마지막 순간을 함께하며, 하나님의 뜻을 깊이 묵상합니다. 때로는 이해하기 어려운 순간들이 있지만, 하나님께서 모든 것을 선한 계획 속에서 이루어가심을 믿으며 나아가길 원합니다. 사랑하는 사람을 보내는 이 시간이 고통과 슬픔으로만 가득하지 않게 하시고, 하나님의 신실하심을 신뢰하는 시간이 되게 하옵소서.

하나님, ○○○ 성도님의 생애를 돌아볼 때, 그가 하나님의 뜻을 따라 살아가려고 애쓰며 걸어온 길이 떠오릅니다. 하나님을 사랑하며, 믿음 안에서 최선을 다해 살아온 그의 삶이 헛되지 않았음을 확신합니다. 이제 모든 수고를 마치고 하나님께서 예비하신 평안 속으로 들어가게 되었으니, 하나님께서 그의 영혼을 품어 주시고, 사랑으로 맞이하여 주옵소서. "너희를 향한 나의 생각을 내가 아나니 평안이요 재앙이 아니라 너희에게 미래와 희망을 주려는 것이라" 하신 말씀을 의지하며, 저희가 하나님의 선하신 뜻을 더욱 깊이 신뢰하게 하옵소서.

하나님, 남겨진 가족들과 사랑하는 이들에게도 하나님의 위로를 허락하여 주옵소서. 떠나보내는 슬픔이 크지만, 하나님의 계획 속에서 이루어지는 모든 것이 선하다는 확신을 가지게 하시고, 하나님의 사랑과 은혜를 더욱 신뢰하는 시간이 되게 하옵소서. 또한, 사랑하는 이가 떠난 후에도 하나님의 뜻을 더욱 깊이 깨닫고, 남겨진 삶을 하나님의 뜻대로 살아가게 하옵소서.

하나님, 이별의 순간이 저희 마음에 깊은 아픔을 남기더라도, 그 속에서 새로운 시작의 빛을 발견하게 하옵소서. 저희의 눈물 속에서도 하나님의 약속이 반짝이며, 어둠 속에 희망의 불씨를 심어 주시옵소서. 남은 자들이 서로 의지하며 다시 일어설 수 있는 힘을 얻게 하옵소서. 저희의 아픔이 곧 하나님의 사랑과 은혜로 새롭게 채워지는 기적의 시간이 되게 하시며, 각자의 마음에 밝은 미래에 대한 결의가 자리잡게 하옵소서.

이제 사랑하는 ○○○ 성도님의 영혼을 하나님께 올려드립니다. 이 시간 저희의 모든 생각과 마음이 하나님의 깊은 뜻에 귀 기울여, 세상의 고통과 아픔을 초월한 영원한 기쁨과 평화의 나라로 인도되기를 바랍니다. 서로 다른 상처들이 하나의 희망의 노래로 변모되어, 저희의 삶 속에 끊임없이 하나님의 사랑과 축복이 넘치도록 도와주시길 간절히 원하옵나이다. 모든 것을 하나님께 맡겨드리며, 우리 주 예수 그리스도의 이름으로 기도드립니다. 아멘.

임종 예식을 위한 기도 13
마지막 순간까지 사랑을 나누는 기도

한없는 사랑으로 저희를 품어주시는 하나님 아버지,
오늘 저희는 사랑하는 ○○○ 성도님의 마지막 순간을 함께 하며, 하나님께서 허락하신 사랑을 더욱 깊이 나누길 원합니다. 이별의 시간이 다가오지만, 저희가 서로에게 따뜻한 말과 손길을 전하며, 하나님의 사랑으로 이 순간을 채울 수 있도록 도와주옵소서. 이 시간이 단순한 이별이 아니라, 하나님께서 베푸신 사랑을 다시금 되새기며 감사하는 시간이 되게 하옵소서.

하나님, ○○○ 성도님이 살아온 날들을 돌아보며, 그의 삶 속에 깃든 하나님의 은혜를 기억합니다. 많은 순간 사랑을 나누고, 용서하며, 하나님께서 원하시는 삶을 살아가기 위해 노력했던 그의 모습이 저희의 마음에 깊이 새겨집니다. 이제 그는 모든 수고를 마치고, 하나님께서 예비하신 안식으로 들어가고자 합니다. "서로 사랑하라 내가 너희를 사랑한 것 같이 너희도 서로 사랑하라" 하신 말씀을 기억하며, 저희가 이 마지막 순간까지 사랑을 나누게 하옵소서.

하나님, 이 자리에 함께한 가족과 사랑하는 이들의 마음을 감싸 주시고, 하나님께서 주시는 평안과 위로를 허락하여 주옵소서. 사랑하는 이를 떠나보내는 것이 아프지만, 그동안 나눈 사랑과 시간이 헛되지 않았음을 기억하게 하시옵소서. 하나님께서 허락하신 순간들에 감사할 수 있도록 도와주옵소서. 또한 이별이 끝이 아님을 믿으며, 하나님께서 예비하신 천국에서 다시 만날 날을 소망하게 하옵소서.

  하나님, 저희의 이별은 영원한 끝이 아니라, 하나님의 자비로운 인도 아래 새로운 시작을 예고하는 고요한 서막임을 믿습니다. 슬픔의 그림자가 저희를 스칠 때마다, 하나님의 사랑의 빛이 온전히 비추어 저희 마음의 어둠을 몰아내고, 서로에게 따스한 위로와 격려의 손길이 되어 주옵소서. 저희의 가슴 속에 하나님의 평안과 희망이 깊이 자리잡아, 앞으로의 모든 날들이 하나님의 은혜로 풍성하게 채워지도록 인도하옵소서.

  이제 사랑하는 ○○○ 성도님의 영혼을 하나님께 올려드립니다. 하나님께서 그의 손을 붙들어 주시고, 사랑과 평안 속에서 영원한 안식을 누리게 하옵소서. 남겨진 저희도 하나님의 사랑을 더욱 깊이 깨달으며, 하루하루를 감사함으로 살아가게 하옵소서. 모든 것을 하나님께 맡겨드리며, 우리 주 예수 그리스도의 이름으로 기도드립니다. 아멘.

임종 예식을 위한 기도 14
영원한 안식 속으로 들어가는 기도

   항상 평안을 주시며 영원한 생명의 길로 인도하시는 하나님 아버지,

   오늘 저희는 사랑하는 ○○○ 성도님의 마지막 순간을 함께하며, 하나님께서 허락하신 영원한 안식을 소망합니다. 하나님께서 그의 삶을 지켜주시고, 이제는 더 이상 슬픔과 고통이 없는 하나님 나라로 부르셨음을 믿으며 감사드립니다. 이 순간이 두려움과 아쉬움의 시간이 아닌, 하나님의 은혜를 깊이 경험하는 시간이 되게 하옵소서.

   하나님, ○○○ 성도님이 살아온 모든 날들을 기억하며 감사드립니다. 삶의 무게가 무거운 날도 있었고, 기쁨으로 충만한 날도 있었지만, 그 모든 순간 속에서 하나님께서 함께하셨음을 믿습니다. 이제 그는 이 땅의 짐을 내려놓고, 하나님께서 예비하신 평안한 안식 속으로 들어가고 있습니다. "수고하고 무거운 짐 진 자들아 다 내게로 오라 내가 너희를 쉬게 하리라" 하신 하나님의 말씀처럼, ○○○ 성도님이 하나님 품 안에서 참된 안식을 누리게 하옵소서.

하나님, 사랑하는 이를 떠나보내는 가족들과 지인들의 마음을 붙들어 주시고, 슬픔 속에서도 하나님의 위로를 경험하는 시간이 되게 하옵소서. 하나님께서 허락하신 모든 순간이 헛되지 않았음을 믿으며, 사랑하는 이를 보내는 이 시간이 아픔이 아니라 하나님을 신뢰하는 시간이 되게 하옵소서. 또한 이별이 영원한 단절이 아니라, 하나님께서 허락하신 다시 만날 소망을 품게 하시옵소서. 저희의 삶도 하나님의 뜻대로 살아갈 수 있도록 인도하여 주옵소서.

하나님, 저희가 살아가는 동안 이 땅의 삶이 전부가 아님을 기억하게 하시고, 하나님께서 허락하신 영원한 생명을 바라보며 흔들리지 않는 믿음을 가지게 하옵소서. ○○○ 성도님이 이 땅에서 남긴 믿음과 사랑의 흔적을 따라가며, 저희도 하나님께서 맡기신 사명을 끝까지 감당하는 삶을 살아가게 하옵소서.

이제 사랑하는 ○○○ 성도님의 영혼을 온전히 하나님께 맡겨드립니다. 하나님께서 고인의 영혼을 다정한 은혜와 진리로 감싸시어, 고인이 영원한 평안의 보금자리에서 안식하게 도와주시옵소서. 남은 저희들이 고인의 사랑과 헌신을 본받아 주님의 말씀에 순종하는 삶을 살게 하시기를 간절히 청합니다. 우리의 모든 소망과 찬양을 주님께 올리며, 예수 그리스도의 이름으로 기도합니다. 아멘.

임종 예식을 위한 기도 15

임종을 준비하는 가족들을 위한 기도

위로와 평강을 주시는 하나님 아버지,

오늘 저희는 사랑하는 ○○○ 성도님의 마지막 순간을 함께 하며, 하나님께서 남겨진 가족들에게 은혜를 베풀어 주시기를 간절히 기도합니다. 이별의 시간이 가까워오며 슬픔이 더욱 깊어지지만, 하나님께서 주시는 평안과 소망이 가족들의 마음을 감싸 주시옵소서. 이 시간을 믿음으로 감당할 수 있도록 힘을 허락하여 주옵소서.

하나님, 사랑하는 이를 보내야 하는 가족들의 마음은 아직 준비되지 못한 것 같고, 가슴 깊은 곳에서 밀려오는 아픔과 그리움이 큽니다. 그러나 저희는 하나님께서 모든 것을 주관하시며, 사랑하는 이를 하나님 나라로 부르셨음을 믿습니다. "너희는 마음에 근심하지 말라 하나님을 믿으니 또 나를 믿으라" 하신 하나님의 말씀을 붙들고, 이 시간을 하나님의 뜻 안에서 받아들이게 하옵소서.

하나님, 이 시간 사랑하는 자녀들이 남긴 사랑과 기억을 떠올리며, 감사와 사랑의 마음으로 그를 하나님께 맡길 수 있도록 도와주시옵소서. 이별의 아픔이 깊지만, 하나님께서 함께하시기에 저희가 무너지지 않고, 오히려 믿음이 더욱 굳건해지는 시간이 되게 하옵소서. 가족들이 서로를 위로하며, 하나님 안에서 더욱 하나 되어 이 시간을 지나가게 하시고, 서로를 붙잡아 줄 수 있는 은혜를 베풀어 주옵소서.

하나님, 이 순간 저희에게 다가온 이별이 단순한 끝이 아님을 믿습니다. 저희의 아픔 속에도 하나님의 무한한 사랑이 조용히 흐르고 있음을 깨닫게 하시어, 슬픔을 넘어 새로운 기쁨의 시작이 있음을 경험하게 하옵소서. 남은 이들이 서로의 마음을 감싸 안으며, 하나님의 위로와 평안을 나누는 날들이 오기를 소망합니다. 하나님의 은혜가 저희 삶에 온전히 스며들어, 모든 어둠을 밝히는 찬란한 빛이 되게 하옵소서.

이제 사랑하는 ○○○ 성도님의 영혼을 하나님께 온전히 맡겨드립니다. 하나님께서 그의 손을 붙들어 주시고, 천국에서 영광과 기쁨 가운데 거하게 하옵소서. 남겨진 저희도 하나님의 뜻을 신뢰하며, 믿음으로 하루하루를 살아가게 하시기를 간절히 바라오며, 우리 주 예수 그리스도의 이름으로 기도드립니다. 아멘.

임종 예식을 위한 기도 16
하나님과의 재회를 소망하는 기도

  살아 있는 자와 죽은 자를 다스리시는 하나님 아버지,

  오늘 저희는 사랑하는 ○○○ 성도님의 마지막 순간을 함께하며, 하나님의 크신 사랑과 은혜를 기억합니다. 이별의 아픔이 크지만, 저희가 이 시간을 통해 하나님의 영원한 나라를 바라보며 소망을 품게 하옵소서. 사랑하는 자녀가 하나님과 다시 만나 영원한 기쁨을 누릴 것을 믿으며, 하나님께 감사와 찬양을 올려드립니다.

  하나님, ○○○ 성도님의 삶을 통해 하나님께서 역사하셨음을 기억합니다. 그의 삶의 모든 순간들이 하나님의 인도하심 속에 있었고, 하나님께서 그를 사랑으로 돌보셨음을 확신합니다. 이제 그는 이 땅의 수고를 마치고, 하나님과 영원히 함께할 것입니다. "나는 부활이요 생명이니 나를 믿는 자는 죽어도 살겠고" 하신 주님의 말씀을 의지하며, 사랑하는 이를 하나님께 올려드립니다.

  하나님, 남겨진 저희가 슬픔 속에서도 하나님을 더욱 의지하며 살아가게 하옵소서. 사랑하는 자를 떠나보내며 깊은 허전함과 아쉬움이 있지만, 하나님께서 함께하시기에 절망하지 않게 하옵소서. 언젠가 저희도 하나님 앞에 설 날을 기대하며, 남은 삶을 더욱 신실하게 살아가게 하시고, 하나님께서 맡기신 사명을 온전히 감당하는 자들이 되게 하옵소서.

하나님, 저희의 슬픔 속에서도 은혜의 빛이 흘러나와, 이별의 시간이 단순한 끝이 아니라 새로운 시작의 문턱임을 깨닫게 하옵소서. 저희 마음에 주어진 사랑과 희망이 깊이 자리잡아 모든 아픔을 치유하는 귀한 시간이 되게 하옵소서. 하나님의 나라에서 사랑하는 ○○○ 성도님을 다시 만날 것을 확신하며, 저희도 하나님의 뜻을 따라 살아가게 하옵소서.

이제 사랑하는 ○○○ 성도님의 영혼을 하나님께 올려드립니다. 저희 각자의 마음에 스며드는 아픔이 하나님의 무한한 사랑과 자비로 서서히 치유되게 하옵소서. 이별의 고통이 결국 감사와 기쁨으로 변화하는 놀라운 역사가 되게 하시옵소서. 저희가 서로에게 따뜻한 위로와 격려의 손길을 전할 수 있도록 인도하옵소서. 모든 것을 하나님께 맡겨드리며, 우리 주 예수 그리스도의 이름으로 기도드립니다. 아멘.

임종 예식을 위한 기도 17
사랑하는 사람을 보내며 위로를 구하는 기도

모든 위로의 하나님 아버지,

오늘 저희는 사랑하는 ○○○ 성도님을 하나님 품으로 보내며, 하나님의 위로를 간절히 구합니다. 사랑하는 이를 떠나보내야 하는 이 순간이 너무도 아프지만, 하나님께서 주시는 평강과 소망이 저희의 마음을 감싸 주시기를 원합니다. 지금이 이별이 영원한 단절이 아니라, 하나님의 나라에서 다시 만날 소망의 시간이 되게 하옵소서.

하나님, ○○○ 성도님의 삶을 돌아보며, 하나님께서 그의 모든 순간을 붙들어 주셨음을 기억합니다. 어려움 속에서도 하나님을 의지하며 살아왔고, 하나님께서 그의 걸음을 인도하셨음을 확신합니다. 이제 그는 모든 수고를 내려놓고, 하나님께서 예비하신 영원한 안식 속으로 들어가고 있습니다. "주 안에서 자는 자들이 다시 살아나리라" 하신 말씀을 믿으며, 사랑하는 이를 하나님께 맡겨드립니다.

하나님, 이별의 순간이 너무도 힘겹지만, 하나님께서 저희와 함께하심을 믿으며 의지하고자 합니다. 하나님께서 남겨진 저희의 마음을 어루만져 주시고, 깊은 슬픔 가운데서도 하나님의 평안을 경험할 수 있도록 도와주시옵소서. 하나님께서 주시는 위로로 서로를 위로하게 하시고, 더욱 하나 되어 이 시간을 이겨낼 수 있도록 인도하여 주옵소서.

하나님, 사랑하는 이를 보내며 저희도 다시금 인생의 의미를 돌아보게 됩니다. 이 이별의 시간이 단순한 아쉬움이 아니라, 저희가 다시 일어설 수 있는 힘과 새로운 희망을 발견하는 귀한 계기로 이어지게 하옵소서. 슬픔 속에서도 저희 가정이 서로를 더욱 깊이 이해하며 하나님의 사랑을 나누는 축복의 시간이 되게 하옵소서.

하나님, 이제 사랑하는 ○○○ 성도님과의 이별의 순간에도 하나님께서 베푸신 위로와 평안을 온전히 체험하며, 모든 고난 가운데서도 새로운 희망의 씨앗이 자라나게 하시옵소서. 저희가 하나님의 은혜를 기억하며 미래를 향한 굳건한 믿음으로 나아갈 수 있도록 인도하옵소서. 믿음으로 하루하루를 살아가게 하시기를 간절히 바라오며, 우리 주 예수 그리스도의 이름으로 기도드립니다. 아멘.

임종 예식을 위한 기도 18

육체의 고통이 사라지고
평안이 임하도록 돕는 기도

　모든 아픔을 치유하시는 하나님 아버지,
　오늘 저희는 사랑하는 ○○○ 성도님의 마지막 순간을 함께 하며, 그의 육체의 고통이 사라지고 하나님의 평안이 임하시기를 간절히 구합니다. 하나님께서 친히 그의 손을 붙드시고, 모든 고통에서 벗어나 하나님께서 허락하신 참된 안식으로 나아가게 하옵소서. 이 시간이 두려움이 아니라, 하나님의 은혜를 경험하는 시간이 되게 하옵소서.
　하나님, ○○○ 성도님이 살아온 모든 날들을 돌아볼 때, 많은 기쁨과 슬픔, 도전과 인내의 순간들이 있었습니다. 하지만 그 모든 과정 속에서 하나님께서 함께하셨음을 믿습니다. 이제 그는 모든 무거운 짐을 내려놓고, 하나님의 품 안에서 영원한 평안을 누리게 되었습니다. "하나님이 그들의 눈에서 모든 눈물을 씻어 주시니 다시는 사망이 없고 애통하는 것이나 곡하는 것이나 아픈 것이 다시 있지 아니하리라" 하신 말씀을 의지하며, 저희가 이 순간을 믿음으로 받아들이게 하옵소서.

하나님, 사랑하는 이를 떠나보내는 것이 너무도 힘들지만, 하나님께서 주시는 평강 속에서 이 시간을 감당할 수 있도록 도와주시옵소서. 깊은 슬픔 가운데서도 하나님의 사랑을 더욱 신뢰하게 하시고, 하나님께서 주시는 소망을 붙들며 살아가게 하옵소서. 이제 이곳에 남겨진 저희의 마음이 흔들리지 않도록 붙들어 주시고, 믿음의 길을 끝까지 걸어갈 수 있도록 인도하여 주옵소서.

하나님, 이별의 시간이 저희에게 슬픔만을 안겨주지 않고, 오히려 하나님의 무한한 사랑과 영원한 소망을 다시 한번 깊이 깨닫게 하는 소중한 은혜의 시간이 되게 하시옵소서. 저희 각자의 마음속에 미래에 대한 확신과 기쁨이 피어날 수 있도록 도와 주옵소서.

하나님, 이제 사랑하는 ○○○ 성도님의 영혼을 붙들어 주시고, 영원한 평안 가운데 거하게 하옵소서. 저희의 이별이 단순한 아픔이 아니라, 하나님의 은혜와 사랑 속에서 새로운 시작의 발판이 되도록 인도하시옵소서. 저희가 서로를 위로하며 앞으로의 모든 날들 속에서 하나님의 자비로운 약속을 붙들고 살아갈 수 있는 힘을 얻게 하옵소서. 모든 것을 하나님께 맡겨드리며, 우리 주 예수 그리스도의 이름으로 기도드립니다. 아멘.

임종 예식을 위한 기도 19
임종을 앞둔 이가 감사의 고백을 올리는 기도

끝까지 신실하신 하나님 아버지,

오늘 저희는 사랑하는 ○○○ 성도님의 마지막 순간을 함께 하며, 그의 삶 속에 깊이 채워주신 하나님의 은혜를 돌아봅니다. 하나님께서 주신 모든 날들이 헛되지 않았으며, 그의 걸음마다 하나님의 손길이 함께했음을 믿으며 감사드립니다. 이 시간이 슬픔과 두려움이 아니라, 하나님께 올려드리는 감사와 찬양의 시간이 되게 하옵소서.

하나님, ○○○ 성도님이 살아온 여정을 돌아볼 때, 모든 순간 속에서 하나님의 사랑과 인도하심이 계셨습니다. 때로는 기쁨과 감사 속에서, 때로는 고난과 아픔 속에서도 하나님을 붙들고 걸어왔음을 기억합니다. 이제 그는 인생의 마지막 길을 걸으며, 하나님께 받은 모든 은혜를 감사하며 고백하고자 합니다. "내 영혼아 여호와를 송축하며 그 모든 은택을 잊지 말지어다" 하신 말씀처럼, 이 순간이 하나님을 찬양하며 감사를 올리는 시간이 되게 하옵소서.

하나님, 사랑하는 이를 떠나보내야 하는 가족들의 마음에도 감사의 마음을 부어 주옵소서. 이별의 순간이 아프지만, 하나님께서 주신 모든 시간들이 귀했음을 기억하게 하시고, 그가 남긴 사랑과 믿음이 하나님께 대한 감사로 이어지게 하옵소서. 하나님께서 허락하신 삶의 흔적들을 통해 남겨진 자들이 위로받고, 감사의 고백을 하나님께 올리는 시간이 되게 하옵소서.

  하나님, 저희도 언젠가 이 땅을 떠나 하나님 앞에 서게 될 날을 기억하며, 매 순간을 감사함으로 살아가게 하옵소서. 주어진 하루하루를 소중히 여기며, 하나님의 뜻대로 살아가는 삶을 살게 하시옵소서. ○○○ 성도님이 보여준 신앙과 감사의 본을 따라 믿음의 길을 걸어가게 하옵소서.

  하나님, 사랑하는 ○○○ 성도님이 이 땅에서의 마지막 인사를 나누고 있습니다. 그의 영혼이 평안 속에서 하나님께 나아가게 하시고, 감사와 기쁨 가운데 하나님 나라로 들어가게 하옵소서. 남겨진 저희도 그의 삶을 본받아 하나님을 신뢰하며, 주어진 삶을 기쁨과 감사로 채우며 살아가게 하옵소서. 이별의 시간이 저희 모두에게 깊은 아픔을 주더라도, 그 속에서 하나님의 사랑과 평안이 넘치도록 하옵소서. 저희의 삶이 하나님께 영광이 되기를 간절히 바라오며, 예수 그리스도의 이름으로 기도드립니다. 아멘.

임종 예식을 위한 기도 20
하나님께서 친히 품어주시는 기도

　한없는 자비와 사랑으로 저희를 품어주시는 하나님 아버지,
　오늘 저희는 사랑하는 ○○○ 성도님의 마지막 순간을 함께 하며, 하나님께서 친히 그를 맞아 주시고 따뜻한 품으로 안아 주시기를 간절히 기도합니다. 이별의 순간이 다가오지만, 하나님께서 함께하심을 믿으며 담대하게 이 시간을 받아들이게 하옵소서.
　하나님, ○○○ 성도님의 삶을 통해 하나님께서 역사하셨음을 기억합니다. 힘든 순간에도, 기쁜 순간에도 하나님께 의지하며 살아온 그의 걸음을 돌아보며, 하나님께 감사와 찬양을 올립니다. 이제 그는 모든 무거운 짐을 내려놓고, 하나님께서 준비하신 영원한 안식 속으로 들어가고 있습니다. "너는 두려워하지 말라 내가 너와 함께 함이라" 하신 말씀처럼, 하나님께서 직접 그를 품어 주시고, 평안 속에서 안식하게 하옵소서.
　하나님, 남겨진 가족들이 이별의 순간에도 하나님의 사랑을 느끼며, 하나님의 위로 속에서 이 시간을 지나갈 수 있도록 도와주시옵소서. 사랑하는 이를 떠나보내야 하는 아픔이 있지만,

하나님께서 허락하신 모든 날들을 감사하며, ○○○ 성도님을 하나님께 맡기는 믿음을 갖게 하옵소서. 하나님께서 함께하심을 믿으며, 저희가 서로를 더욱 사랑하고 위로하며 살아가게 하옵소서.

　하나님, 저희가 이 순간을 통해 하나님의 사랑을 더욱 깊이 깨닫게 하시고, 남은 생애 동안 하나님의 뜻을 따라 살아가게 하옵소서. 하나님께서 맡기신 사명을 끝까지 감당하며, 믿음의 길을 걸어가게 하시고, 저희도 언젠가 하나님 앞에 설 날을 소망하며 살아가게 하옵소서.

　하나님, 사랑하는 ○○○ 성도님이 이 땅의 모든 수고를 내려놓고 하나님 품으로 돌아가고 있습니다. 하나님께서 친히 그의 손을 붙들어 주시고, 영원한 평안 속에서 안식하게 하옵소서. 남겨진 저희도 하나님께서 주시는 위로를 받아 새 힘을 얻고, 믿음의 여정을 끝까지 걸어갈 수 있도록 인도하여 주옵소서. 하나님께 모든 것을 맡겨드리며, 우리 주 예수 그리스도의 이름으로 기도드립니다. 아멘.

임종 예식을 위한 기도 21

가족들이 하나님을 의지하며 임종을 준비하는 기도

온 땅을 다스리시며 저희를 인도하시는 하나님 아버지, 오늘 저희는 사랑하는 ○○○ 성도님의 마지막 순간을 함께 하며, 하나님의 뜻을 더욱 깊이 의지하기를 원합니다. 사랑하는 이의 떠남을 준비하며, 하나님께서 주시는 평안과 소망으로 저희의 마음을 가득 채워 주옵소서. 이별의 아픔 속에서도 하나님의 손을 붙들고 나아가는 믿음을 허락하여 주옵소서.

하나님, ○○○ 성도님의 삶이 하나님의 은혜 가운데 있었음을 기억합니다. 고난과 기쁨 속에서도 하나님을 의지하며 살아온 그의 모습을 떠올리며, 저희도 그 믿음을 본받기를 원합니다. 이제 그는 하나님께서 예비하신 영광의 자리로 나아가고 있으며, 저희는 그를 보내는 시간을 맞이하고 있습니다. "너희 염려를 다 주께 맡기라 이는 그가 너희를 돌보심이라" 하신 말씀을 붙들며, 저희의 모든 두려움과 슬픔을 하나님께 맡겨드리게 하옵소서.

하나님, 이 시간 가족들이 서로를 위로하며, 하나님의 사랑 안에서 하나 되어 이 순간을 지나가게 하옵소서. 하나님께서 허락하신 사랑을 기억하며, 마지막까지 따뜻한 말과 손길을 나누게 하시고, 하나님의 은혜 속에서 사랑하는 이를 평안히 보내드릴 수 있도록 인도하여 주옵소서.

하나님, 저희도 이 땅에서의 삶을 살아가는 동안 하나님의 뜻을 구하며, 주어진 하루하루를 귀하게 여기며 살아가게 하옵소서. 사랑하는 ○○○ 성도님의 삶이 하나님의 영광을 위해 사용되었듯이, 저희도 하나님께 쓰임 받는 삶을 살아가게 하시옵소서. 믿음의 길을 흔들림 없이 걸어가게 하옵소서. 고인의 가족들이 이 이별의 순간을 통해, 모든 슬픔이 사랑의 기억으로 바뀌게 하옵소서. 서로에 대한 따뜻한 격려와 함께 새로운 시작의 소망이 피어나는 귀한 시간이 되게 하옵소서. 앞으로의 여정 속에서 하나님의 은혜가 계속해서 흐르게 하옵소서.

하나님, 사랑하는 ○○○ 성도님이 하나님 품으로 평안히 나아가도록 이 시간을 주관하여 주시고, 저희도 하나님의 위로와 은혜 가운데 살아갈 수 있도록 힘을 주옵소서. 하나님께서 함께 하시기에 두려움 없이 나아가기를 원하오며, 예수 그리스도의 이름으로 기도드립니다. 아멘.

임종 예식을 위한 기도 22

남겨진 자들이 하나님의 사랑을 경험하도록 돕는 기도

영원한 사랑으로 저희를 붙드시는 하나님 아버지,

오늘 저희는 사랑하는 ○○○ 성도님의 마지막 순간을 함께하며, 남겨진 저희가 하나님의 사랑을 더욱 깊이 경험하는 시간이 되기를 기도합니다. 사랑하는 ○○○ 성도님이 하나님 품으로 가는 이 순간이 저희에게 슬픔만이 아니라, 하나님의 은혜를 깨닫고 믿음을 더욱 굳게 하는 시간이 되게 하옵소서. 이별의 아픔이 크지만, 저희가 하나님의 뜻을 신뢰하며 사랑하는 이를 하나님께 온전히 맡기게 하옵소서. 하나님께서 허락하신 생명의 신비와 주권을 인정하며, 저희가 이 순간에도 하나님의 선하신 계획을 믿고 의지하게 하옵소서.

하나님, ○○○ 성도님의 삶이 하나님께 영광이 되었음을 믿으며 감사드립니다. 그의 삶의 발걸음마다 하나님의 손길이 함께하셨고, 이제 그는 모든 수고를 마치고 영원한 안식으로 들어가고 있습니다. "살아도 주를 위하여 살고 죽어도 주를 위하여 죽나니 그러므로 사나 죽으나 저희가 주의 것이로다" 하신 말씀처럼, 저희가 사랑하는 자를 하나님께 맡겨드리며 하나님의 뜻을 신뢰하는 마음을 갖게 하옵소서. 하나님께서 그를 부르셨기에 저희는 믿음으로 이 순간을 받아들이며, 하나님의 선하심을 바라보게 하옵소서.

하나님, 사랑하는 이를 보내며 저희도 삶을 더욱 귀하게 여기고, 하나님의 뜻을 이루기 위해 살아가게 하옵소서. 삶의 마지막 순간까지 하나님을 찬양하고 의지했던 ◯◯◯ 성도님의 믿음을 본받아, 저희도 신실한 믿음의 삶을 살게 하옵소서. 이 땅에서의 삶이 잠시임을 깨닫고, 저희도 하나님 나라를 소망하며 살아가게 하옵소서. 남겨진 시간 속에서 서로를 더욱 사랑하며, 하나님의 말씀을 붙들고 살아가게 하옵소서.

하나님, 사랑하는 ◯◯◯ 성도님이 하나님의 품에서 영원한 평안을 누리도록 인도하여 주시고, 남겨진 저희도 하나님의 은혜 속에서 평안과 소망을 품고 살아가게 하옵소서. 저희가 이별의 순간에도 하나님의 선하신 계획을 신뢰하며, 하나님을 더욱 사랑하고 의지하는 삶을 살아가게 하옵소서. 이 시간을 통해 삶의 가치를 다시금 깨닫고, 하나님께서 허락하신 하루하루를 감사하며 살아가게 하옵소서.

하나님, 이 순간 저희를 붙드시고, 하나님의 사랑이 저희의 삶을 감싸게 하옵소서. 하나님의 은혜 안에서 서로를 더욱 위로하며, 믿음의 공동체로 더욱 하나 되어 살아가게 하옵소서. 예수 그리스도의 이름으로 기도드립니다. 아멘.

임종 예식을 위한 기도 23
마지막 순간까지 하나님의 뜻을 이루는 기도

온 우주를 다스리시며 저희를 부르시는 하나님 아버지,
오늘 저희는 사랑하는 ○○○ 성도님의 마지막 순간을 함께 하며, 그의 삶이 끝까지 하나님의 뜻을 이루는 삶이 되기를 기도합니다. 생명의 주권자이신 하나님 앞에서, 저희가 이 시간을 겸손한 마음으로 받아들이고, 하나님의 인도하심을 신뢰하는 믿음을 갖게 하옵소서. 하나님께서 허락하신 생명의 길을 마무리하는 이 시간이 두려움이 아니라, 하나님의 영광을 바라보는 시간이 되게 하옵소서.

하나님, ○○○ 성도님의 삶을 돌아보며, 하나님께서 그의 생애를 통해 이루신 놀라운 일들을 기억합니다. 사랑하는 고인을 통해 저희에게 믿음과 사랑을 가르쳐 주셨고, 그의 삶이 하나님께 드려진 귀한 예배였음을 깨닫습니다. 이제 그는 모든 것을 내려놓고, 하나님께서 예비하신 영원한 안식 속으로 들어가고 있습니다. "너희가 먹든지 마시든지 무엇을 하든지 다 하나님의 영광을 위하여 하라" 하신 말씀처럼, 그의 삶이 하나님의 영광을 드러내는 삶이었음을 고백합니다.

하나님, 남겨진 저희도 삶의 마지막 순간까지 하나님의 뜻을 이루는 삶을 살게 하옵소서. 저희의 삶이 헛되지 않도록 하시고, 하나님께서 맡기신 사명을 끝까지 감당하는 믿음을 허락하여 주옵소서. 저희가 이 순간을 통해 삶의 의미를 되새기며, 하나님의 계획 안에서 충실한 하루하루를 살아가게 하옵소서.

하나님, 사랑하는 이를 보내며 저희가 하나님의 사랑과 계획을 더욱 신뢰하게 하시고, 하나님의 손길 속에서 평안을 얻게 하옵소서. 저희가 이별의 순간을 맞이하지만, 하나님의 품에서 안식할 사랑하는 이를 기억하며, 감사와 소망의 마음을 품고 살아가게 하옵소서.

하나님, ○○○ 성도님의 영혼이 하나님의 따뜻한 품 안에서 영원한 기쁨과 평안을 누리게 하옵소서. 저희는 이별의 아픔 속에서도 하나님의 놀라운 은혜와 자비를 기억하며, 서로의 마음을 따뜻하게 감싸 안는 축복의 시간이 되길 소망합니다. 슬픔 속에서도 하나님의 약속이 새 힘을 주어, 가족들이 다시 힘을 받을 수 있도록 인도하옵소서. 하나님의 선하신 뜻을 끝까지 신뢰하며, 주어진 날들을 감사함으로 채우며 살아가기를 원하옵나이다. 모든 것을 하나님께 맡겨드리며, 예수 그리스도의 이름으로 기도드립니다. 아멘.

임종 예식을 위한 기도 24

사랑하는 이를 하나님께 온전히 맡기는 기도

거룩하시며 신실하신 하나님 아버지,

오늘 저희는 사랑하는 ○○○ 성도님의 마지막 순간을 함께 하며, 하나님께 그의 영혼을 온전히 맡기고자 합니다. 이별의 순간이 다가올수록 저희의 마음은 더욱 무겁지만, 하나님께서 이 모든 시간을 주관하고 계심을 믿으며, 하나님께 사랑하는 자녀를 올려드립니다. 이 땅에서 함께한 시간들이 소중했음을 깨닫게 하시고, 하나님께서 허락하신 모든 순간들을 감사하는 마음으로 받아들이게 하옵소서.

하나님, ○○○ 성도님의 삶을 되돌아볼 때, 그는 언제나 하나님을 의지하며 살아왔습니다. 하나님께서 주신 삶을 충실히 살며, 믿음으로 걸어왔던 그의 발자취를 기억하며, 저희도 그를 본받아 신실한 삶을 살아가기를 원합니다. 이제 그는 모든 아픔과 슬픔을 내려놓고, 하나님의 품 안에서 영원한 안식을 누리고 있습니다. "주께서 나를 인도하시리니 후에는 영광 중에 나를 맞이하시리이다" 하신 말씀을 의지하며, 사랑하는 이를 하나님께 맡겨드립니다.

하나님, 남겨진 저희가 이별을 받아들이는 것이 쉽지는 않지만, 하나님께서 주시는 위로와 평안이 저희의 마음을 감싸게 하옵소서. 슬픔 속에서도 감사할 수 있는 믿음을 주시고, 사랑하는 이와 함께했던 모든 순간을 하나님의 선물로 기억하게 하옵소서. 또한, 저희가 남은 삶을 허투루 보내지 않고, 하나님께서 맡기신 사명을 끝까지 감당하는 자들이 되게 하옵소서.

하나님, 사랑하는 ○○○ 성도님의 영혼을 주님의 크신 사랑과 자비로운 품 안에서 온전히 보호하시고, 영원한 안식 가운데 거하게 하옵소서. 이 땅에서의 모든 수고를 마친 고인이 이제는 하나님께서 예비하신 천국의 기쁨을 누리며, 그곳에서 변함없는 평강과 영광을 경험하게 하옵소서. 남겨진 저희는 고인이 남긴 믿음의 유산을 깊이 새기며, 날마다 하나님을 더욱 의지하는 삶을 살아가기를 원합니다. 고인의 삶을 통해 저희에게 주신 교훈과 사랑을 기억하며, 하나님께서 맡기신 사명을 충실히 감당하는 자들이 되도록 인도하여 주옵소서.

하나님, 저희는 오늘 이별의 순간에도, 하나님의 자비로운 인도하심을 통해 새로운 희망과 기쁨을 발견하길 원합니다. 각자의 마음속에 하나님의 빛이 가득 차서, 모든 어둠이 밝은 빛으로 물들게 하옵소서. 저희가 서로에게 사랑과 격려를 전하는 축복의 공동체로 나아가게 하옵소서. 모든 것을 하나님께 맡겨드리며, 예수 그리스도의 이름으로 기도드립니다. 아멘.

임종 예식을 위한 기도 25

천국에서의 기쁨을 바라보는 기도

영원한 생명과 소망을 주시는 하나님 아버지,

오늘 저희는 사랑하는 ○○○ 성도님의 마지막 순간을 함께 하며, 하나님께서 예비하신 천국의 기쁨을 바라봅니다. 이 땅에서의 시간이 끝나는 것이 아니라, 하나님 나라에서 새로운 생명이 시작됨을 믿으며 감사드립니다. 사랑하는 ○○○ 성도님이 하나님께서 예비하신 영광스러운 곳으로 나아가는 이 시간이 두려움이 아닌 기쁨의 시간이 되게 하옵소서. 하나님께서 이곳에 함께하시며, 남겨진 저희가 슬픔 가운데서도 하나님의 은혜를 붙들게 하옵소서. 사랑하는 이를 보내는 것이 아프지만, 그의 영혼이 하나님의 사랑 안에서 영원한 평안을 누리고 있음을 확신하며 위로받게 하옵소서.

하나님, ○○○ 성도님의 삶을 돌아보며, 하나님께서 그의 걸음을 인도하셨음을 기억합니다. 기쁨과 슬픔, 도전과 승리의 순간 속에서도 그는 하나님을 의지하며 걸어왔고, 이제는 영원한 안식과 기쁨 속으로 들어가고 있습니다. "하나님이 예비하신 것은 눈으로 보지 못하고 귀로 듣지 못하고 사람의 마음에 생각하지도 못한 것이라" 하신 말씀처럼, ○○○ 성도님이 하나님께서 마련하신 놀라운 영광을 누리게 하옵소서. 그의 삶이 헛되지 않도록 그가 남긴 사랑과 믿음의 흔적을 통해, 남겨진 저희의 신앙을 더욱 굳건하게 하시옵소서. 하나님의 뜻을 더욱 깊이 깨닫는 시간이 되게 하옵소서.

하나님, 남겨진 저희가 슬픔에 머무르지 않고, 하나님의 나라를 소망하며 살아가게 하옵소서. 사랑하는 이를 떠나보내는 아픔 속에서도, 하나님께서 주시는 위로와 소망을 붙들게 하시고, 하나님의 뜻을 신뢰하는 믿음을 허락하여 주옵소서. 저희도 언젠가 하나님 앞에 설 날을 기억하며, 오늘을 더욱 충실하게 살아가게 하옵소서. 이별을 통한 깨달음을 마음에 새기며, 삶의 모든 순간이 하나님께 드려지는 예배가 되게 하옵소서. 사랑하는 ○○○ 성도님의 삶이 그러하였듯이, 저희도 날마다 하나님을 더욱 의지하며 살아가게 하옵소서.

하나님께서 사랑하는 ○○○ 성도님의 영혼을 영원한 기쁨과 평안 가운데 거하게 하시고, 남겨진 저희도 그의 삶을 본받아 하나님의 나라를 바라보며 살아가게 하옵소서. 하나님께서 저희와 늘 함께하시며, 하나님의 사랑이 저희를 끝까지 붙드심을 확신합니다. 이제 모든 것을 하나님께 맡겨드리며, 예수 그리스도의 이름으로 기도드립니다. 아멘.

Part 2
입관 예식을 위한 기도문

입관 예식을 위한 기도 1
하나님의 손길로 영혼을 품어주시기를 구하는 기도

거룩하시며 자비로우신 하나님 아버지,

오늘 저희는 사랑하는 ○○○ 성도님의 마지막 길을 준비하며, 하나님의 크신 은혜와 위로를 간절히 구합니다. 사랑하는 자의 육신을 이 땅에 남겨두지만, 그의 영혼은 이미 하나님께로 나아갔음을 믿으며, 이 시간 하나님께서 친히 그를 품어 주시기를 기도합니다. 하나님께서 그의 삶을 인도하셨고, 이제는 하나님의 품 안에서 영원한 평안을 누리게 하셨음을 믿으며 감사드립니다.

하나님, ○○○ 성도님이 이 땅에서 살아온 모든 날이 하나님의 손길 안에 있었음을 기억합니다. 삶의 기쁨과 슬픔, 도전과 인내의 순간마다 하나님께서 함께하셨고, 그의 걸음을 지켜 주셨습니다. 이제 그의 육신이 흙으로 돌아가지만, 그의 영혼은 하나님과 함께 영광 가운데 거하게 하옵소서. "주께서 나를 인도하시리니 후에는 영광 중에 나를 맞이하시리이다" 하신 말씀처럼, 하나님께서 직접 그를 맞아 주시고, 영원한 평안을 허락하여 주옵소서.

하나님, 남겨진 저희는 사랑하는 이를 보내며 깊은 아쉬움과 슬픔을 느낍니다. 그러나 하나님께서 주시는 위로와 소망이 저희를 붙들어 주시기를 원합니다. 하나님께서 우리와 함께하시기에 저희가 낙심하지 않게 하시고, 이별을 맞이하는 이 순간에도 하나님의 크신 사랑을 경험하게 하옵소서. 사랑하는 이를 기억하며, 그의 삶이 하나님의 은혜 가운데 있었음을 감사하며, 저희도 남은 삶을 신실하게 살아가게 하옵소서.

하나님, 이 입관의 시간이 단순한 절차가 아니라, 하나님의 뜻을 되새기는 시간이 되게 하옵소서. 저희가 이 땅의 삶을 더욱 소중히 여기며, 하나님께서 맡기신 사명을 감당하는 삶을 살게 하옵소서. 오늘 사랑하는 ○○○ 성도님을 하나님께 맡겨드리며, 저희도 언젠가 하나님 앞에 서게 될 날을 기억하며 믿음으로 살아가게 하옵소서.

하나님께서 사랑하는 ○○○ 성도님의 영혼을 친히 맞아 주시고, 하나님의 품에서 영원한 안식을 누리게 하시옵소서. 남겨진 저희도 그의 믿음을 본받아 신실한 삶을 살아가게 하옵소서. 모든 것을 하나님께 맡겨드리며, 예수 그리스도의 이름으로 기도드립니다. 아멘.

입관 예식을 위한 기도 2
육신의 장막을 벗고 천국을 소망하는 기도

영원한 생명을 약속하신 하나님 아버지,
오늘 저희는 사랑하는 ○○○ 성도님의 마지막 여정을 준비하며, 하나님의 크신 은혜와 위로를 구합니다. 사랑하는 고인이 이 땅에서의 모든 삶을 마치고 하나님 나라로 나아갔음을 믿습니다. 이 입관의 순간이 슬픔이 아니라, 하나님의 섭리 안에서 이루어지는 영원한 소망의 시간이 되게 하옵소서.

하나님, ○○○ 성도님의 삶을 돌아보며, 그가 믿음으로 살아왔음을 기억합니다. 세상의 무게 속에서도 하나님을 바라보며 걸어왔고, 이제는 모든 고통과 수고를 내려놓고 영원한 기쁨 속으로 들어가고 있습니다. "땅의 장막 집이 무너지면 하나님께서 지으신 영원한 집이 우리에게 있는 줄을 아느니라" 하신 말씀처럼, 이제 ○○○ 성도님이 이 땅의 장막을 벗고 하나님의 집으로 들어갔음을 믿으며 감사드립니다.

하나님, 이 입관의 시간이 저희에게 하나님의 나라를 더욱 깊이 묵상하는 시간이 되게 하옵소서. 사랑하는 이를 보내는 아픔이 있지만, 저희도 언젠가 하나님 앞에 서게 될 것을 기억하며,

믿음 안에서 준비된 삶을 살아가게 하옵소서. 하나님께서 허락하신 날들을 헛되이 보내지 않고, 하나님의 영광을 위해 살아가도록 인도하여 주옵소서.

하나님, 오늘 저희는 ○○○ 성도님의 생애를 깊이 기억하며, 고인이 하나님의 사랑 안에서 걸어온 길에 감사드립니다. 이별의 아픔 속에서도 하나님의 인도와 위로가 우리의 마음을 어루만져, 서로의 슬픔이 새로운 희망의 씨앗으로 피어나게 하시옵소서. 이 입관 예식이 우리에게 하나님의 크신 사랑을 새롭게 체험하는 거룩한 시간이 되게 하옵소서.

하나님, 남겨진 저희가 이 순간을 통해 더욱 하나님을 의지하며, 천국의 소망을 붙들고 살아가게 하옵소서. ○○○ 성도님이 남긴 신앙과 사랑의 유산을 기억하며, 저희도 하나님께서 원하시는 길을 걸어가게 하옵소서. 하나님께서 주시는 평안과 위로가 가족들과 사랑하는 이들의 마음을 채우게 하시고, 서로를 위로하며 살아가도록 도와주시옵소서.

하나님께서 사랑하는 ○○○ 성도님의 영혼을 하나님의 손으로 품어 주시고, 영광 가운데 맞아 주시기를 간절히 바라옵나이다. 저희도 언젠가는 하나님 나라에서 다시 만나 기쁨을 나누게 되기를 간절히 소망하며, 예수 그리스도의 이름으로 기도드립니다. 아멘.

입관 예식을 위한 기도 3
입관 예식을 통해 하나님의 위로를 경험하는 기도

한없는 위로와 사랑으로 저희를 감싸주시는 하나님 아버지,
오늘 저희는 사랑하는 ○○○ 성도님의 육신을 이 땅에 남기며, 하나님의 크신 위로를 구합니다. 이별의 아픔이 크지만, 하나님께서 주시는 평안과 소망이 저희를 붙들어 주시기를 간절히 기도합니다. 오늘 이 입관의 시간이 단순한 슬픔의 순간이 아니라, 하나님의 사랑과 은혜를 깊이 경험하는 시간이 되게 하옵소서.
하나님, ○○○ 성도님의 생애를 돌아보며, 그가 하나님과 동행하며 살아왔음을 기억합니다. 삶의 기쁨과 도전 속에서 언제나 하나님을 의지했던 그의 모습을 떠올리며, 저희도 그러한 믿음의 삶을 살아가기를 소망합니다. 이제 그는 모든 고난과 수고를 내려놓고, 하나님의 품 안에서 참된 안식을 누리게 되었습니다. "주께서 마음이 상한 자를 가까이 하시며 중심이 찢긴 자를 구원하신다" 하신 말씀처럼, 하나님께서 남겨진 저희의 마음을 붙들어 주시고, 깊은 위로를 내려 주옵소서.
하나님, 사랑하는 이를 떠나보내는 이 시간이 아프고 힘들지

만, 하나님께서 함께하시기에 저희가 낙심하지 않도록 붙들어 주옵소서. 이별이 끝이 아니라, 하나님께서 예비하신 영원한 생명을 소망하며 살아가게 하시고, 하나님의 뜻 안에서 더욱 신실한 삶을 살게 하옵소서. 하나님께서 주시는 위로로 서로를 격려하며, 하나님께서 허락하신 날들을 감사함으로 살아가게 하옵소서.

하나님, 입관의 시간이 단순한 형식적 예식이 아닌, 저희의 삶을 돌아보며 하나님께 헌신하는 시간이 되게 하옵소서. ○○○ 성도님의 헌신과 사랑을 기억하며 오늘 이 자리에서 고인의 발자취가 우리 각자의 삶에 빛나는 등불이 되게 하시옵소서. 슬픔의 시간이 하나님의 평화와 치유로 채워져 서로에게 위로와 용기를 주는 성스러운 만남이 되도록 인도하여 주시옵소서. ○○○ 성도님이 남긴 신앙과 사랑의 유산을 기억하며, 저희도 믿음으로 하나님을 섬기며 살아가게 하옵소서.

하나님, 사랑하시는 ○○○ 성도님의 영혼을 하나님의 따스한 품에 안아 주시고, 남은 저희도 믿음의 빛 아래 새로운 소망으로 살아가게 하옵소서. 주어진 생애를 하나님의 영광에 온전히 드리며, 언제나 하나님을 의지하는 굳건한 믿음의 발걸음을 내딛게 하시길 기도드리나이다. 예수 그리스도의 이름으로 기도드립니다. 아멘.

입관 예식을 위한 기도 4
하나님의 뜻 안에서 고인을 보내는 기도

모든 것을 주관하시며 선하게 인도하시는 하나님 아버지,

오늘 저희는 사랑하는 ○○○ 성도님의 입관 예식을 거행하며, 하나님의 선하신 뜻을 바라봅니다. 사랑하는 사람을 보내는 것이 쉽지 않지만, 하나님께서 그의 모든 날을 계획하시고, 지금도 신실하게 이끌어 가심을 믿으며 감사드립니다. 이 순간이 슬픔만이 아니라, 하나님의 섭리를 깨닫고 신뢰하는 시간이 되게 하옵소서.

하나님, ○○○ 성도님의 삶을 돌아볼 때, 모든 순간이 하나님의 손길 안에 있었음을 확신합니다. 그의 기쁨과 눈물, 승리와 고난의 순간마다 하나님께서 동행하셨으며, 이제는 하나님께서 예비하신 영원한 안식으로 부르셨음을 믿습니다. "사람이 마음으로 자기 길을 계획할지라도 그의 걸음을 인도하시는 이는 여호와시니라" 하신 말씀처럼, 그의 생애가 하나님의 뜻대로 이루어졌음을 감사하며 받아들이게 하옵소서.

하나님, 남겨진 저희가 이 순간을 통해 하나님의 섭리를 더욱 깊이 깨닫고, 삶과 죽음이 하나님의 계획 안에 있음을 신뢰하게

하옵소서. 사랑하는 고인을 보내며 저희도 언젠가 하나님 앞에 설 날을 기억하게 하시고, 남은 날들을 더욱 신실하게 살아가게 하옵소서. 하나님의 뜻을 따르는 것이 저희 삶의 가장 큰 기쁨이 되게 하시고, 주어진 날들을 하나님의 영광을 위해 살아가게 하옵소서.

하나님, 입관의 시간이 단순한 형식적인 순간이 아니라, 저희가 자신의 삶을 깊이 성찰하고 하나님 앞에 더욱 가까이 나아가는 거룩한 시간이 되게 하옵소서. 저희가 살아가는 동안 하나님께서 주신 귀한 시간을 헛되이 보내지 않도록 하시고, 하루하루를 의미 있게 살아가며 하나님의 뜻을 이루어가는 삶이 되게 하옵소서. 사랑하는 이를 보내는 이 과정 속에서, 저희도 언젠가 하나님 앞에 서게 될 날을 기억하며, 남은 삶을 더욱 겸손하고 경건하게 살아가도록 인도하여 주옵소서.

하나님, 사랑하는 ○○○ 성도님을 주님의 자비로운 손길로 품어 주시고, 영원한 안식과 빛 가운데 거하게 하옵소서. 하나님께서 그의 모든 수고를 기억하시고, 이 땅에서의 삶이 헛되지 않도록 하늘의 상급으로 채워 주시기를 간구합니다. 남겨진 저희도 믿음을 더욱 굳게 하여, 하나님께서 예비하신 길을 따라 정직하고 신실한 삶을 살아가게 하옵소서. 저희의 모든 슬픔을 주님께 맡기며, 소망의 길을 걸어가도록 인도하여 주시기를 간절히 기도드립니다. 예수 그리스도의 이름으로 기도드립니다. 아멘.

입관 예식을 위한 기도 5
입관 예식을 통해 믿음의 소망을 되새기는 기도

　모든 생명을 다스리시며 소망을 주시는 하나님 아버지,
　오늘 저희는 사랑하는 ○○○ 성도님의 입관을 준비하며, 이 시간을 통해 하나님의 선하심을 묵상하고자 합니다. 인간의 생로병사가 하나님의 손안에 있음을 고백하며, 저희가 이 순간을 믿음으로 받아들이게 하옵소서. 슬픔 속에서도 하나님의 위로를 경험하며, 사랑하는 자녀의 삶이 하나님의 은혜 가운데 있었음을 기억하며 감사하게 하옵소서.
　하나님, ○○○ 성도님의 삶은 하나님을 사랑하고 섬기는 여정이었음을 저희가 기억합니다. 그는 하나님께서 맡기신 삶을 충실히 살아왔고, 주님의 인도하심 속에서 신실한 걸음을 걸어왔습니다. 이제는 이 땅의 삶을 마치고 하나님께서 마련하신 영원한 안식으로 나아가고 있습니다. 저희가 이 이별의 순간을 단순한 슬픔이 아니라, 하나님의 나라를 향한 소망의 시간으로 받아들이게 하옵소서. "너희는 마음에 근심하지 말라 하나님을 믿으니 또 나를 믿으라" 하신 말씀을 기억하며, 저희도 믿음으로 살아가게 하옵소서.

하나님, 입관의 순간이 하나님의 말씀을 되새기며 믿음을 새롭게 하는 시간이 되게 하옵소서. 저희가 이 순간을 통해 영원한 생명을 소망하며, 이 땅에서의 삶을 더욱 소중히 여기게 하옵소서. 남은 날들을 헛되이 보내지 않고, 하나님께서 맡기신 사명을 충실히 감당하는 삶을 살아가게 하옵소서.

하나님, 이별의 순간이 저희에게 신앙을 더욱 굳건히 하는 계기가 되게 하시고, 남겨진 저희가 더욱 하나님의 뜻을 좇아 살아가도록 도와주시옵소서. 저희의 마음이 흔들리지 않도록 붙드시고, 하나님의 크신 사랑과 평강이 저희를 감싸 주시옵소서. 이별의 아픔을 넘어 하나님께서 주시는 소망을 붙잡고, 서로를 격려하며 믿음의 공동체로 살아가게 하옵소서.

하나님께서 사랑하는 ○○○ 성도님의 영혼을 따뜻한 품으로 맞아 주시고, 영원한 평안과 기쁨 속에서 안식하게 하옵소서. 남겨진 저희도 그가 남긴 믿음과 사랑을 가슴에 새기며, 하나님께서 맡기신 삶을 더욱 신실하게 살아가게 하옵소서. 모든 순간을 하나님께 맡기며, 예수 그리스도의 이름으로 기도드립니다. 아멘.

입관 예식을 위한 기도 6

장례 절차 속에서도 하나님께 감사하는 기도

모든 상황 속에서 선을 이루시는 하나님 아버지,

오늘 저희는 사랑하는 ○○○ 성도님의 입관 예식을 준비하며, 하나님께서 그의 삶을 인도하셨음을 기억하고 감사드립니다. 이별의 순간이 아프지만, 하나님께서 주신 모든 날들을 돌아보며 감사하는 마음으로 이 시간을 맞이하게 하옵소서. 하나님께서 허락하신 시간과 함께했던 추억이 저희에게 위로가 되게 하시고, 사랑하는 사람을 보내는 이 순간에도 하나님의 은혜를 붙들게 하옵소서.

하나님, ○○○ 성도님의 삶이 하나님의 은혜로 가득했음을 믿으며 감사드립니다. 하나님께서 그의 걸음을 지키시고 인도하셨으며, 그가 살아온 모든 순간이 하나님의 뜻 안에서 이루어졌음을 확신합니다. 이제 그는 모든 수고를 내려놓고, 하나님께서 예비하신 영광의 자리로 나아가고 있습니다. "범사에 감사하라 이는 그리스도 예수 안에서 너희를 향하신 하나님의 뜻이니라" 하신 말씀을 붙들며, 저희도 모든 상황 속에서 하나님께 감사하는 삶을 살게 하옵소서.

하나님, 남겨진 저희가 슬픔 가운데서도 감사의 마음을 품고, 하나님께서 베푸신 은혜를 기억하며 살아가게 하옵소서. 사랑하는 이를 보내는 것이 힘들지만, 그가 남긴 믿음과 사랑을 기억하며, 저희도 더욱 신실한 삶을 살아가게 하옵소서. 장례 절차 속에서도 하나님의 사랑을 깊이 경험하며, 하나님의 뜻을 신뢰하는 시간이 되게 하옵소서.

하나님, 이 순간이 저희에게 삶의 소중함을 다시금 일깨우는 시간이 되게 하시고, 주어진 하루하루를 감사함으로 살아가게 하옵소서. 사랑하는 ○○○ 성도님이 남긴 신앙과 사랑을 본받아, 저희도 믿음의 유산을 이어가는 자들이 되게 하시고, 하나님의 영광을 위한 삶을 살아가게 하옵소서.

하나님께서 사랑하는 ○○○ 성도님의 영혼을 친히 맞아 주시고, 하나님의 나라에서 영원한 기쁨과 평안을 누리게 하옵소서. 남겨진 저희도 하나님의 뜻을 따라 살며, 감사와 믿음으로 하루하루를 채우며 살아가게 하시기를 간절히 바라오며, 예수 그리스도의 이름으로 기도드립니다. 아멘.

입관 예식을 위한 기도 7
사랑하는 사람과의 이별을 받아들이는 기도

  모든 시간을 주관하시며 저희와 함께하시는 하나님 아버지, 오늘 저희는 사랑하는 ○○○ 성도님의 입관을 맞이하며, 하나님의 위로와 평안을 구합니다. 사랑하는 이를 떠나보내는 것이 쉽지 않지만, 하나님께서 저희와 함께하시며 이 시간을 인도하심을 믿으며 나아갑니다. 저희가 하나님의 사랑 안에서 이별을 받아들이고, 믿음으로 이 시간을 지나가게 하옵소서.
  하나님, ○○○ 성도님의 삶을 통해 하나님께서 역사하셨음을 기억합니다. 그의 모든 발걸음이 하나님의 인도하심 속에 있었으며, 이제는 하나님께서 친히 그를 품어주셨음을 믿습니다. 이별이 아프지만, 하나님의 사랑 안에서 다시 만날 소망을 품으며, 슬픔 속에서도 감사와 평안을 경험하게 하옵소서. "네 길을 여호와께 맡기라 그를 의지하면 그가 이루시고" 하신 말씀을 붙들며, 저희가 하나님께 모든 것을 맡기게 하옵소서.
  하나님, 남겨진 가족들과 사랑하는 이들에게 위로를 허락하여 주옵소서. 사랑하는 이를 떠나보내야 하는 아픔이 크지만, 하나님께서 주시는 위로가 저희의 마음을 감싸 주시고, 하나님의 사랑 속에서 다시 힘을 얻고 살아가게 하옵소서. 하나님께서 허락하신 시간 동안 사랑을 나누게 하셨음을 감사하며, 그를 기억하며 살아가는 저희가 되게 하옵소서.

하나님, 이 순간이 저희에게 인생의 의미를 다시금 깨닫게 하는 시간이 되게 하옵소서. 저희도 언젠가 하나님 앞에 서게 될 것을 기억하며, 매일을 하나님께서 기뻐하시는 삶으로 채워가게 하옵소서. 사랑하는 ○○○ 성도님이 하나님의 품에서 안식하듯, 저희도 믿음으로 주어진 삶을 살아가며, 하나님을 신뢰하는 삶을 살아가게 하옵소서.

하나님, 이 땅에서 살아가는 동안 저희가 사랑을 실천하며, 하나님의 뜻을 따라 살아가도록 이끌어 주옵소서. ○○○ 성도님의 삶이 저희에게 남긴 믿음과 헌신을 잊지 않게 하시고, 그가 보여 준 신앙의 본을 따라 살게 하옵소서. 저희가 이별의 순간을 통해 더욱 하나님을 갈망하며, 영원한 생명의 소망을 붙잡고 살도록 도와주시기를 간구합니다.

하나님, 사랑하는 ○○○ 성도님의 영혼을 영원한 평강으로 감싸 주시고, 그가 이제는 아픔도 눈물도 없는 하나님 나라에서 안식을 누리게 하옵소서. 남겨진 저희도 그의 삶을 통해 배운 믿음과 사랑을 기억하며, 주어진 날들을 더욱 소중히 여기게 하옵소서. 이별의 아픔을 이겨내며 하나님께 더욱 가까이 나아가는 은혜를 허락하여 주시기를 간구하오며, 예수 그리스도의 이름으로 기도드립니다. 아멘.

입관 예식을 위한 기도 8
하나님의 계획을 신뢰하며 고인을 보내는 기도

　모든 것을 아시고 선하게 인도하시는 하나님 아버지,
　오늘 저희는 사랑하는 ○○○ 성도님의 입관 예식을 맞이하며, 하나님의 섭리와 계획을 신뢰하는 마음으로 기도합니다. 사랑하는 사람을 보내야 하는 아픔 속에서도, 하나님의 계획 안에서 모든 것이 이루어지고 있음을 믿으며 나아갑니다. 하나님께서 그의 삶을 인도하셨고, 이제는 하나님 나라에서 평안을 누리도록 허락하셨음을 믿으며 감사드립니다.
　하나님, ○○○ 성도님의 생애를 돌아보며, 모든 순간이 하나님의 손길 안에 있었음을 기억합니다. 하나님을 사랑하며 신실하게 살아왔던 그의 모습이 저희에게 큰 교훈과 본이 되었고, 그의 삶을 통해 하나님께서 일하셨음을 확신합니다. 이제 그는 모든 수고를 마치고, 하나님께서 예비하신 영원한 안식 가운데 들어가고 있습니다. "너희를 향한 나의 생각을 내가 아나니 평안이요 재앙이 아니라 너희에게 미래와 희망을 주려는 것이라" 하신 말씀처럼, 저희가 하나님의 뜻을 신뢰하며 사랑하는 이를 하나님께 맡기게 하옵소서.

　하나님, 저희가 이 순간을 슬픔으로만 받아들이지 않고, 하나님의 계획을 더욱 신뢰하며 살아가게 하옵소서. 사랑하는 이를 보내는 것은 힘들지만, 하나님의 뜻 안에서 이루어지는 모든 일들을 감사함으로 받아들이며, 하나님의 선하신 계획을 믿게 하옵소서. 하나님께서 주시는 평안이 저희의 마음을 채우고, 하나님의 인도하심 속에서 소망을 품고 살아가게 하옵소서.

　하나님, 입관의 순간이 저희에게 다시금 하나님을 바라보는 시간이 되게 하시고, 사랑하는 이를 떠나보내며 저희도 더욱 신실한 삶을 살아가게 하옵소서. ○○○ 성도님이 남긴 믿음과 사랑을 본받아, 저희도 하나님의 뜻을 따라 살아가게 하옵소서.

　하나님, 사랑하는 ○○○ 성도님의 영혼을 주님의 크신 사랑과 은혜로 받아 주시고, 그의 영이 평안과 기쁨이 가득한 주님의 품에서 안식하게 하옵소서. 저희도 그의 삶을 통해 배운 믿음과 사랑을 기억하며, 남은 날들을 더욱 겸손과 감사로 채우며 살아가게 하시고, 주님께서 맡기신 사명을 충실히 감당하게 하옵소서. 모든 것을 주님의 뜻에 온전히 의탁하며, 예수 그리스도의 이름으로 기도드립니다. 아멘.

입관 예식을 위한 기도 9

천국에서 다시 만날 소망을 품는 기도

소망의 하나님,

오늘 이 거룩한 입관 예식의 자리에 모인 저희는 사랑하는 ○○○ 성도님의 생애를 되돌아보며, 이별의 아픔 가운데서도 하늘의 영원한 소망을 굳게 붙들고자 합니다. 저희는 이 땅에서 함께 나눈 기쁨과 슬픔, 사랑과 헌신의 순간들이 단순한 시간의 흐름을 넘어 하나님께서 예비하신 영원한 만남의 약속임을 믿습니다. 마음 깊은 곳에서 다시 한번 천국에서 만나리라는 확신을 품습니다. 이 시간 저희의 눈물과 그리움이 하나님의 크신 위로와 사랑으로 채워져, 끝없는 은혜의 빛으로 인도되기를 간절히 기도드립니다.

사랑의 하나님, ○○○ 성도님께서 걸어온 길마다 하나님의 인도와 자비가 함께하였음을 기억합니다. 고인의 진실한 믿음과 헌신, 따스한 미소는 저희에게 큰 영적 유산이 되어, 앞으로 저희가 삶의 여정 속에서 하나님의 약속을 붙들고 살아갈 수 있는 든든한 토대가 되게 하옵소서. 저희는 이별의 순간이 결코 끝이 아니라, 새로운 시작과 천국에서의 재회를 예고하는 신성한 서막임을 믿으며, 그 믿음으로 매 순간 하나님의 손길을 의지하기를 간절히 원합니다.

전능하신 하나님, 이 입관 예식을 통해 저희는 슬픔의 어둠 속에서도 한 줄기 빛과 같은 하나님의 소망을 발견하게 하옵소서. 저희의 마음속에 새겨진 ○○○ 성도님의 사랑과 온유함이, 이별의 아픔을 넘어 영원한 만남의 약속으로 이어지는 다리 역할을 하게 하시며, 언젠가 하늘에서 다시 한자리에 모여 기쁨의 찬양을 올릴 그날을 향한 기대와 희망을 더욱 견고히 세워 주시옵소서.

은혜로우신 하나님, 저희는 이 땅의 이별이 결코 영원하지 않음을 믿습니다. 슬픔이 저희를 짓누를 때마다 하나님의 약속을 기억하고, 천국에서 다시 만날 소망을 마음에 새기며 살아가게 하옵소서. 저희가 하나님의 말씀과 사랑의 빛 아래서 서로를 격려하며, 그리움이 기쁨으로, 눈물이 찬양으로 변화되는 놀라운 은총을 경험하게 하시옵소서. 하루하루가 하나님의 축복 속에서 의미 있는 발걸음이 되도록 인도하여 주시옵소서.

자비와 진리의 하나님, 오늘 이 성스러운 예식을 마무리하는 순간까지 저희의 모든 생각과 마음이 오직 하나님의 뜻에 머물게 하옵소서. ○○○ 성도님을 천국에서 다시 만날 그날까지 굳건한 믿음과 사랑으로 서로를 지켜가기를 원합니다. 모든 것을 하나님께 의탁하며, 예수 그리스도의 이름으로 이 기도를 올립니다. 아멘.

입관 예식을 위한 기도 10
입관 예식 속에서 하나님의 사랑을 기억하는 기도

끝까지 신실하시며 우리를 사랑하시는 하나님 아버지,

오늘 저희는 사랑하는 ○○○ 성도님의 입관을 맞이하며, 하나님의 크신 사랑을 기억합니다. 이별의 순간이 다가왔지만, 하나님께서 우리와 함께하시며, 사랑하는 이를 친히 맞아 주심을 믿으며 위로받기를 원합니다. 하나님의 사랑이 이 순간 저희의 마음을 감싸 주시고, 저희가 하나님의 은혜 안에서 이 시간을 받아들이게 하옵소서.

하나님, ○○○ 성도님의 삶을 통해 하나님의 사랑이 얼마나 크고 놀라운지 다시금 깨닫습니다. 그의 모든 발자취 속에서 하나님의 손길이 있었으며, 삶의 고난과 기쁨 속에서도 하나님을 신뢰하며 살아온 그의 모습이 저희에게 믿음의 본이 되었습니다. 이제 그는 모든 수고를 마치고, 하나님의 품에서 영원한 안식을 누리게 되었습니다. "나를 사랑하는 자들이 나의 사랑을 입으며 나를 간절히 찾는 자가 나를 만날 것이니라" 하신 말씀처럼, 그의 영혼이 하나님의 사랑 안에서 안식하게 하옵소서.

하나님, 남겨진 저희가 이 순간을 통해 하나님의 사랑을 더욱 깊이 경험하게 하시고, 하나님을 더욱 의지하는 시간이 되게 하옵소서. 사랑하는 사람을 떠나보내는 것이 아프지만, 하나님께서 저희와 함께하시며, 하나님의 위로와 평안을 부어주심을 믿고 나아가게 하옵소서. 저희가 하나님의 사랑을 더욱 깊이 깨달으며, 그 사랑을 실천하며 살아가게 하옵소서.

하나님, 이 입관 예식이 하나님의 사랑을 되새기고, 믿음을 더욱 굳건히 하는 시간이 되게 하옵소서. 저희의 삶이 하나님의 뜻대로 살아가는 삶이 되게 하시고, 남은 날들을 헛되이 보내지 않고 하나님의 영광을 위해 살아가게 하옵소서. 사랑하는 이를 하나님께 맡겨드리며, 저희도 날마다 하나님을 신뢰하는 삶을 살게 하옵소서.

하나님께서 사랑하는 ○○○ 성도님의 영혼을 품어 주시고, 하나님의 나라에서 하나님께서 주시는 풍성한 복을 누리게 하옵소서. 이곳에 남겨진 저희도 그의 삶을 본받아 하나님을 사랑하며, 믿음 안에서 흔들림 없이 살아가게 하시기를 간절히 바라오며, 예수 그리스도의 이름으로 기도드립니다. 아멘.

입관 예식을 위한 기도 11

하나님께서 고인을 영원한 안식으로 인도하시길 구하는 기도

선한 목자이신 하나님 아버지,

오늘 저희는 사랑하는 ○○○ 성도님의 입관 예식을 드리며, 고인의 영혼이 하나님께서 예비하신 영원한 안식의 땅으로 들어가게 하시길 간절히 기도드립니다. 이 땅에서의 긴 여정을 마치고 하나님 나라의 참된 안식 속에 들어가는 이 시간, 슬픔보다는 하나님의 크신 은혜와 밝은 소망으로 가득 차게 하옵소서.

하나님, ○○○ 성도님의 생애를 돌아보며, 고인의 발걸음마다 하나님의 인도와 보호가 있었음을 깊이 감사드립니다. 삶의 모든 순간마다 하나님께서 함께하시며, 그의 믿음을 굳건히 지켜 주셨음을 믿습니다. 이제 고인은 이 세상의 장막을 벗고, 하나님의 영광 가운데 거하시리라 하신 약속을 따라, 영원한 기쁨의 땅으로 들어가시기를 간구합니다.

하나님, 이 입관 예식의 시간 속에서 저희 또한 하나님의 인도하심을 새롭게 깨닫게 하시고, 사랑하는 ○○○ 성도님을 보내며 우리의 삶이 하나님께 온전히 의탁되는 결단의 시간이 되게 하옵소서. 주어진 모든 날들을 소중히 여기며, 매 순간 하나님의 은총을 체험하는 삶을 살아가도록 도와주시며, 슬픔 속에서도 서로의 위로와 격려를 나누게 하시옵소서.

하나님, 이 시간 우리 마음에 감도는 그리움과 아픔이 하나님의 무한한 사랑으로 채워지게 하시어, 우리의 눈물이 기쁨의 노래로 변모되도록 인도하여 주시옵소서. 저희 각자의 마음속에 새겨진 기억들이 하나님의 빛나는 진리와 약속으로 치유되며, 서로를 향한 사랑의 다리가 되어 앞으로 나아갈 힘과 용기를 불어넣어 주시기를 간절히 기도드립니다.

은혜로운 하나님, 이 세상의 무수한 불확실함과 고난 가운데서도 ○○○ 성도님의 삶이 남긴 가르침을 본받게 하옵소서. 우리의 모든 발걸음이 하나님의 선한 계획 아래 조화롭게 이루어지도록 인도해 주시옵소서. 시련과 역경 속에서도 하나님의 깊은 지혜와 인도하심이 우리의 선택과 길을 환하게 밝혀 주어, 한순간의 흔들림 없이 확고한 믿음으로 살아가게 하옵소서.

사랑과 자비의 하나님, 이 모든 기도를 드리며 저희의 마음을 하나님 앞에 겸손히 내려놓습니다. 하나님의 계획 안에서 우리 각자의 삶이 하나님의 사랑으로 충만하여, 오늘의 이 입관 예식이 새로운 소망의 시작으로 빛나게 하옵소서. 영원한 안식의 땅에서 고인의 귀한 영혼이 평안히 쉬시기를 믿음으로 간절히 기도드립니다. 이 모든 말씀을 우리 주 예수 그리스도의 이름으로 기도드립니다. 아멘.

입관 예식을 위한 기도 12

가족과 친지들이 하나님의 평안을 누리도록 돕는 기도

하나님, 오늘 이 거룩한 입관 예식의 자리에 모인 저희는 사랑하는 ○○○ 성도님의 생애를 깊이 회상하며, 가족과 친지들 각자의 마음에 하나님의 자비와 평안이 내려앉기를 간절히 기도드립니다. 이 소중한 시간을 통해 저희는 슬픔과 그리움 가운데서도 하나님의 따스한 사랑이 모든 상처를 감싸 안아 치유의 은총으로 변화되게 하옵소서. 서로를 위로하며 하나님의 약속을 굳게 붙들 수 있도록 인도하여 주시옵소서.

존귀하신 하나님, ○○○ 성도님께서 남기신 사랑과 헌신의 발자취가 저희 가족과 친지들에게 영원한 기억으로 새겨지게 하시며, 이별의 아픔 속에서도 하나님의 평강과 기쁨의 소식이 전해지기를 원합니다. 저희는 오늘 이 예식을 통해 서로의 마음을 더욱 가까이 나누며, 하나님의 빛나는 은혜 속에 한 마음 한 뜻으로 미래를 향한 희망을 품게 하시길 간절히 청합니다.

하나님, 이 시간 저희는 슬픔이 머무는 모든 순간마다 하나님의 평안을 경험하고자 합니다. 각 가정마다 하나님의 사랑이 흘러 넘쳐, 이별로 인한 허무함 대신 따스한 추억과 감동이 자리 잡게 하옵소서. 모든 친지들이 서로에게 위로의 손길을 전하며, 하나님의 인도하심 아래 하나되어 살아갈 수 있도록 은혜를 내려 주시옵소서.

　하나님, 오늘 입관 예식을 드리며 저희는 각자의 아픔을 하나님의 자비로운 품에 맡기고, 마음 깊은 곳에서 새롭게 피어나는 평안과 소망의 씨앗을 발견하게 하시기를 원합니다. 이 시간 유가족들이 하나님의 말씀을 통해 서로에게 격려와 용기를 주며, 영원한 삶의 약속을 향한 믿음으로 한결같이 나아가는 귀한 기회가 되게 하시고, 그리스도의 빛이 밝히게 하시옵소서.

　은총의 하나님, 저희는 이 입관 예식을 통해 슬픔 속에서도 서로의 마음에 하나님의 축복과 평강이 넘치도록 기도드립니다. 사랑하는 ○○○ 성도님의 따스한 기억이 저희에게 위로와 기쁨의 원천이 되게 하옵소서. 각 가정의 문마다 하나님의 자비로운 은총이 내려와 고단한 영혼을 어루만지고, 하나님의 사랑 안에서 새로운 희망의 날들이 열리게 하시기를 간절히 원합니다.

　전능하신 하나님, 오늘 이 예식의 마지막 순간까지 저희 모든 기도와 찬양이 하나님의 무한한 자비와 사랑을 증거하게 하옵소서. 가족과 친지들이 서로를 향한 따뜻한 관심과 격려 속에서 하나님의 평안을 온전히 누리게 하옵소서. 저희가 이별의 아픔을 넘어서 서로를 돕고 사랑하는 증인으로 살아갈 수 있도록 인도하옵소서. 예수 그리스도의 이름으로 기도드립니다. 아멘.

입관 예식을 위한 기도 13
입관 예식을 통해 하나님께 영광을 돌리는 기도

모든 것 위에 계시며 영광을 받으실 하나님 아버지,
오늘 저희는 사랑하는 ○○○ 성도님의 입관 예식을 드리며, 이 시간이 하나님의 위대한 능력과 은혜가 온전히 드러나는 찬란한 순간이 되기를 간절히 소망합니다.
하나님, 저희는 ○○○ 성도님의 헌신된 삶을 되돌아보며, 그의 발걸음마다 하나님의 인도와 자비가 함께하셨음을 깊이 감사드립니다. 고인이 보여주신 사랑의 본보기가 오늘 우리 모두의 신앙에 귀한 자극이 되게 하옵소서. 오늘 이 예배가 단순한 장례 절차를 넘어, 하나님의 놀라운 구원의 역사와 약속을 재확인하는 귀한 기회가 되게 하옵소서. 슬픔의 눈물 속에서도 감사와 찬양이 넘치도록 우리 마음을 새롭게 하옵소서.
하나님, 오늘 이 성스러운 시간에 우리의 마음이 고요한 기도의 물결 속에 잠기어, 사랑하는 ○○○ 성도님의 인생 여정에 담긴 하나님의 깊은 뜻과 은혜를 깨닫게 하옵소서. 그의 삶 속에 비추어진 하나님의 빛과 진리의 흔적이 우리 각자의 가슴에 남게 하옵소서. 우리가 매일의 순간 속에서 하나님의 충만한 은총과 자비를 체험하며, 새로운 희망과 용기를 품게 하시기를 간절히 기도드립니다.

하나님의 위대한 계획 안에서, 이 입관 예식이 우리 모두에게 깊은 깨달음의 시간이 되게 하시고, 사랑하는 이를 통해 전해진 하나님의 진리와 약속이 우리의 삶에 강한 믿음의 기둥이 되게 하옵소서. 우리 각자의 눈물 속에 스며드는 하나님의 위로와 평안이, 날마다 새롭게 솟아나는 감사와 찬양으로 변모되어, 이 땅의 어둠을 밝히는 빛이 되어 주시기를 간절히 구하나이다.

하나님, 이 시간 우리 모두가 ○○○ 성도님의 기억을 품고, 매 순간 하나님의 말씀과 사랑을 되새기며 살아가도록 인도하옵소서. 고인의 삶이 하나님의 영광을 증거했듯이, 저희도 각자의 자리에서 하나님의 위대하신 이름을 높이는 삶을 살아가게 하옵소서. 또한, 남겨진 저희가 이 땅의 덧없음을 넘어, 하나님의 영원한 약속을 바라보며, 서로에게 위로와 격려의 손길을 나누어 하나님의 사랑 안에서 하나됨을 이루게 하시옵소서. 오늘의 이 예배가 우리 삶에 새로운 결단과 소망의 불씨가 되어 지속되게 하옵소서.

하나님, 이 성스러운 예배의 마무리 순간에, 우리의 영혼이 하나님의 크신 사랑으로 온전히 채워져 매일의 삶이 부활의 기쁨과 기적의 증거가 되게 하옵소서. 어둠 속에서도 그 찬란한 빛으로 세상을 밝히는 새로운 시작의 서막이 되기를 간절히 원합니다. 예수 그리스도의 이름으로 기도드립니다. 아멘.

입관 예식을 위한 기도 14

장례 절차가 하나님의 은혜 가운데 진행되도록 구하는 기도

모든 일을 선하게 이루시는 하나님 아버지,

오늘 저희는 사랑하는 ○○○ 성도님의 입관 예식을 드리며, 이 예식의 모든 단계가 하나님의 무한한 은혜와 자비 속에 온전하게 진행되기를 간절히 간구합니다. 각 과정마다 하나님의 따스한 손길이 함께하여, 저희가 하나님의 인도하심을 깊이 체험하는 값진 시간이 되게 하옵소서.

하나님, ○○○ 성도님의 생애를 되돌아보며, 고인이 걸어온 길마다 하나님의 인도와 자비가 충만하셨음을 믿습니다. 고인의 믿음과 헌신이 오늘 이 예배를 통해 드러나, 저희 각자의 마음에 하나님의 사랑과 약속을 새기는 귀한 본보기가 되게 하옵소서.

하나님, 이 입관 예식이 단순한 절차를 넘어서, 슬픔의 그늘 속에서도 하나님의 구원과 위로가 찬란히 비추어지게 하옵소서. 사랑하는 ○○○ 성도님의 기억이 저희에게 영원한 소망과 평안의 증거로 남도록 인도하여 주옵소서. 저희의 눈물 속에 하나님의 위로가 스며들어, 새로운 시작의 기쁨으로 변화되게 하시길 간구드립니다.

하나님, 남겨진 저희가 이 자리에서 서로의 아픔을 나누며, 하나님의 무한한 자비와 평안을 경험하는 귀한 시간을 누리게 하시고, 모든 의식과 절차가 하나님의 뜻 안에서 질서 있게 이루어지도록 축복하여 주옵소서. 저희 각자의 마음에 하나님의 평화가 내려앉아, 이 땅의 슬픔이 하나님의 은총으로 밝은 빛으로 변모되게 하시길 기도드립니다.

하나님, 이 입관 예식을 통해 저희가 매 순간 하나님의 위대한 뜻을 깨닫고, 앞으로의 날들 속에서도 하나님의 사랑과 인도에 전적으로 의지하는 결단을 하게 하옵소서. 저희의 삶이 하나님의 은혜와 축복으로 가득 차, 각자의 길이 하나님의 기적과 평안으로 아름답게 열리도록 인도하옵소서. 모든 순간이 하나님의 영광을 드러내는 찬란한 증거가 되기를 간절히 원합니다.

하나님, 이 예배의 모든 순간들이 저희에게 영원한 생명의 약속과 부활의 기쁨을 상기시키며, 슬픔 속에서도 기쁨의 씨앗이 되게 하옵소서. 저희 각자의 마음에 하나님의 사랑과 진리의 말씀을 깊이 심어, 앞으로의 여정마다 두려움 대신 담대함과 희망이 넘치도록 인도하여 주시옵소서. 이 땅에서의 모든 고난과 시련이 하나님의 축복 속에서 아름다운 기적으로 변모되게 하시길 간절히 원하오며 예수 그리스도의 이름으로 기도드립니다. 아멘.

입관 예식을 위한 기도 15
입관 순간에도 믿음을 지키는 기도

믿음을 굳게 붙들어 주시는 하나님 아버지,

오늘 저희는 사랑하는 ○○○ 성도님의 입관을 맞이하며, 이 순간에도 변함없는 믿음으로 하나님의 뜻을 따르길 소망합니다. 삶과 죽음의 경계에서, 주어진 시간 속에 하나님의 위로와 진리가 저희를 감싸 안아 주시기를 간절히 기도드립니다.

하나님, 이 고요한 입관의 시간이 단순한 이별이 아니라, 영원한 소망과 생명의 약속을 다시 한번 확신하게 하는 거룩한 순간임을 깨닫게 하시고, 저희의 마음 깊은 곳에 하나님의 약속이 확고히 뿌리내리도록 도와 주시옵소서.

저희는 ○○○ 성도님의 충실한 삶을 회상하며, 고인이 하나님의 인도하심 아래 걸어온 길이 저희에게 귀한 본보기가 되었음을 깊이 새깁니다. 고인의 헌신과 사랑이 저희에게 하나님의 은혜를 더욱 믿게 하는 빛이 되었음을 감사드립니다. 저희도 그 길을 따르기를 원하오니, 매 순간마다 하나님의 말씀에 귀 기울이게 하시옵소서.

입관의 이 시간이 슬픔 속에서도 저희의 믿음이 흔들림 없이 굳건하게 서도록, 하나님의 말씀과 약속을 더욱 깊이 새기게 하옵소서. 고통스러운 이별이 새로운 신앙의 다짐과 영원한 희망으로 승화되게 인도하여 주시옵소서.

하나님, 사랑하는 사람을 떠나보내는 아픔이 저희에게 시련이 되지만, 하나님의 크신 사랑을 체험하는 값진 기회가 되게 하시옵소서. 저희 각자의 삶 속에 성령의 도우심과 평안이 충만하여, 매일의 여정 속에서 하나님의 길을 묵묵히 걸어가게 하옵소서.

하나님, 이 입관예식의 과정중에도 저희의 영혼이 하나님의 거룩한 진리와 사랑을 새롭게 깨닫게 하시옵소서. 고난의 시간 속에서도 믿음의 불꽃이 꺼지지 않도록 하여, 그리스도의 빛이 저희를 인도하는 길이 되게 하시옵소서. 저희의 모든 마음이 하나님의 자비로 충만하여, 슬픔이 희망으로 변화되는 놀라운 은총을 경험하게 하시길 간절히 간구하옵나이다.

영원한 생명의 빛 아래, 사랑하는 ○○○ 성도님의 영혼이 하나님의 품 안에서 평안과 기쁨 가운데 거하시기를 간절히 바라며, 저희도 고인의 증언을 본받아 날마다 하나님께 감사와 찬양을 드리는 굳건한 신앙의 길을 걸어가게 하옵소서. 이 모든 간구와 소망을 예수 그리스도의 이름으로 기도드립니다. 아멘.

입관 예식을 위한 기도 16

하나님께서 남겨진 이들을 위로해 주시기를 간구하는 기도

언제나 저희를 위로하시는 하나님,

오늘 저희는 사랑하는 ○○○ 성도님의 입관 예식을 맞이하여, 이 땅에서의 고된 여정을 마감하고 하나님의 품 안에서 참된 안식을 누릴 그 날을 기다리며 간절한 마음으로 기도드립니다. 지금 이 시간, 저희의 모든 눈물과 아픔이 하나님의 따스한 위로로 채워져, 슬픔의 그늘 속에서도 하나님의 자비로운 사랑이 넘쳐흐르기를 소망합니다. 저희가 이별의 아픔을 견디며, 하나님의 약속과 영원한 생명의 소망을 깊이 깨닫게 하시어, 앞으로의 삶 속에 굳건한 믿음의 밑거름이 되게 하시옵소서.

하나님, 사랑하는 ○○○ 성도님의 생애를 돌아보며, 고인이 걸어온 길마다 하나님의 인도와 은총이 함께하셨음을 기억합니다. 지금 이 입관 예식은 단순한 의례가 아니라, 하나님의 선하신 역사와 놀라운 구원의 능력을 다시금 깨닫는 거룩한 시간이 되기를 원합니다. 저희의 마음속에 하나님의 말씀과 약속이 깊이 뿌리내려, 모든 어려움 속에서도 굳건히 서는 믿음이 자라나게 하시고, 저희가 서로 위로하며 한 가족으로서 하나님의 사랑을 나누게 하옵소서.

하나님, 이 땅의 덧없음을 넘어, 저희는 ○○○ 성도님의 영원한 안식과 천국의 기쁨을 바라봅니다. 입관의 이 순간이 슬픔과 이별의 시간이 아니라, 하나님의 영원한 사랑과 생명의 기적을 재확인하는 신성한 의식으로 드러나게 하옵소서. 저희의 눈물 대신 하나님의 은혜와 평강의 미소가 피어나는 축복의 시간이 되게 하옵소서. 저희 각자의 마음에 하나님의 위로가 내려, 새로운 희망의 불씨로 살아나게 하시며, 미래의 길을 하나님께 맡기는 믿음의 결단이 이루어지게 하옵소서.

전능하신 하나님, 이 입관의 순간에 저희의 영혼이 하나님의 진리와 빛으로 온전히 새로워지게 하시며, ○○○ 성도님의 삶에서 나타난 믿음의 흔적들이 저희에게 영원한 소망의 등불로 반짝이게 하옵소서.

하나님, 이 거룩한 입관 예식의 모든 순간들이 저희에게 하나님의 영원한 사랑을 다시금 깨닫게 하고, ○○○ 성도님의 귀한 삶이 하나님의 은총 속에서 영원한 기쁨과 평화를 누리도록 인도하심을 믿습니다. 남겨진 저희가 서로를 향한 진심 어린 사랑과 위로를 통해, 하나님의 나라가 이 땅에 임하는 놀라운 기적을 경험하게 하옵소서. 모든 시련 속에서도 하나님의 축복과 평강이 끊임없이 함께 하시기를 간절히 원하오며, 예수 그리스도의 이름으로 기도드립니다. 아멘.

입관 예식을 위한 기도 17
고인의 삶을 기억하며 하나님께 감사하는 기도

전능하신 하나님, 오늘 이 거룩한 입관 예식의 자리에 모여, 사랑하는 ○○○ 성도님의 소중한 생애를 기념하며 고인이 걸어온 길과 나누신 사랑의 역사를 마음 깊이 새깁니다. 하나님의 크신 은총으로 허락하신 시간 동안, 우리 각자의 기억 속에 고인의 따스한 미소와 헌신이 영원히 남아, 이 땅의 한 순간 한 순간이 하나님의 선하신 역사로 충만함을 깨닫게 하옵소서.

오래도록 하나님께서 부여하신 생명의 선물 가운데, ○○○ 성도님께서 남기신 믿음의 발자취와 은혜로운 행보를 돌아봅니다. 고인이 삶의 기쁨과 고난 속에서 하나님의 인도하심을 신뢰하고, 순수한 마음으로 사랑을 실천한 모습을 기억합니다. 저희 역시 하나님의 뜻에 따라 담대하고 겸손하게 살아가기를 다짐하게 하시며, 그 소중한 본보기가 저희 각자의 길에 큰 힘이 되게 하옵소서.

하나님, 이 슬픔과 이별의 시간이 결코 헛되지 않음을 믿습니다. ○○○ 성도님께서 보여주신 신실한 믿음과 사랑의 실천이 우리에게 하나님의 약속을 다시금 확신하게 하는 증거임을 고백하며, 이 땅을 떠난 고인이 영원한 안식과 평화를 누릴 그날을 바라보게 하옵소서. 남겨진 저희의 가슴 속에 위로와 소망의 불씨가 가득 타오르도록 은총을 내려 주시옵소서.

하나님, 저희는 지금 이 시간, 무거운 이별의 아픔 속에서도 서로의 마음을 어루만지며 하나님의 위로를 구합니다. 슬픔의 그림자가 드리운 순간마다 하나님의 자비로운 손길이 저희를 감싸 안아, 눈물 대신 희망의 노래가 흐르고, 그리움 속에서도 서로를 격려하며 사랑의 온기를 나누게 하시며, 우리의 마음을 새롭게 하시는 하나님의 신비로운 기적을 체험하게 하옵소서.

하나님, 이 입관 예식이 단순한 의식의 행위가 아니라, 하나님의 크신 계획과 무한한 사랑을 드러내는 거룩한 예식이 되게 하시옵소서. ○○○ 성도님의 삶에서 드러난 하나님의 인도와 은혜를 기억하며, 고인이 걸어온 길이 우리 각자에게 소망과 기쁨의 증거로 남게 하옵소서. 앞으로의 날들이 하나님의 진리와 사랑으로 채워지는 귀한 시간이 되도록 인도하여 주시기를 간절히 원합니다.

사랑과 자비의 하나님, 이 입관 예식이 저희에게 새로운 시작의 다짐이 되게 하시며, 슬픔 속에서도 하나님의 영원한 생명의 약속을 향한 믿음을 다시금 불태우게 하옵소서. ○○○ 성도님의 기억이 저희에게 큰 영적 유산이 되어, 서로 다른 상처와 아픔을 하나님의 치유와 위로로 녹여 주옵소서. 예수 그리스도의 이름으로 기도드립니다. 아멘.

입관 예식을 위한 기도 18
하나님의 뜻을 신뢰하는 기도

전능하신 하나님, 오늘 이 거룩한 입관 예식의 자리에서 저희는 사랑하는 ○○○ 성도님의 생애를 온전히 기억하며, 고인이 걸어온 길 위에 하나님의 신비로운 뜻과 섭리가 계셨음을 깊이 고백합니다. 저희는 이 시간, 슬픔과 이별의 아픔을 넘어 하나님의 계획 안에 감춰진 은총과 자비를 믿으며, 모든 순간이 하나님의 뜻 아래에서 아름답게 재구성되고 있다는 확신으로 마음을 모읍니다. 이 귀한 예식이 단순한 의식이 아니라, 저희 각자의 삶에 하나님의 섭리를 다시 한번 깨닫게 하며, 한없는 사랑과 평안을 선사하는 거룩한 시간이 되도록 간구합니다.

존귀하신 하나님, 저희는 오늘 ○○○ 성도님께서 이 땅의 여정을 마치고 영원한 안식으로 들어가심을 믿으며, 고인의 신실한 믿음과 사랑의 발자취가 저희에게 늘 살아있는 교훈으로 남았음을 고백합니다. 하나님께서 허락하신 그 크신 계획 속에, 슬픔과 눈물 대신 오랜 기억과 감사의 미소가 피어오르기를 원하며, 저희의 눈과 마음이 항상 하나님의 인도와 약속에 기대어 굳건히 서게 하옵소서. 또한, 이 고요한 예식을 통해 저희 모두가 하나님의 뜻을 신뢰하고 따르며, 각자의 삶 속에서 하나님의 인도하심을 온전히 체험하는 값진 시간이 되기를 간절히 기도드립니다.

사랑과 은혜의 하나님, 이 입관 예식을 맞이하여 ○○○ 성도님의 생애에 담긴 하나님의 진리와 빛나는 증거들을 다시 한번 되새깁니다. 세상의 유한함을 넘어 영원한 생명의 약속을 믿는 믿음으로, 저희는 지금의 이별이 단지 잠정적인 이별임을 깨닫고, 하나님께서 예비하신 찬란한 내일을 바라보며 새로운 소망을 품습니다. 슬픔 가운데서도 저희의 마음에 깊은 감동과 깨달음을 내려 주셔서, 서로의 아픔을 함께 나누며 하나님의 사랑을 실천하는 공동체로서 더욱 굳건해지게 하옵소서.

전능하신 하나님, 이 입관 예식을 마무리하는 이 시간, 저희는 ○○○ 성도님의 생애에서 하나님의 뜻이 어떻게 역사하였는지를 깊이 묵상하며, 고인의 삶이 하나님의 크신 계획 속에서 하나님의 영광을 드러내는 살아있는 증거임을 고백합니다. 저희 각자의 가슴에 하나님의 깊은 사랑과 은총이 영원히 자리잡아, 세상의 덧없음을 넘어 영원한 생명의 약속을 붙들고 살아가게 하시옵소서. 이 고요한 예식이 앞으로의 날들 속에서 하나님의 뜻을 온전히 신뢰하고 따르는 삶의 새로운 결단이 되도록 도와주시옵소서. 예수 그리스도의 이름으로 기도드립니다. 아멘.

입관 예식을 위한 기도 19

하나님의 위로와 소망을 붙드는 기도

전능하신 하나님 아버지,

오늘 이 거룩한 입관 예식의 자리에 모여, 사랑하는 ○○○ 성도님의 생애와 헌신을 기억하며 하나님의 무한한 위로와 자비를 간구합니다. 이 땅에서의 모든 순간마다 하나님의 인도하심을 체험했던 고인의 삶이 저희에게 큰 감동과 소망으로 남았음을 고백합니다. 이별의 아픔 속에서도 하나님의 크신 은총이 저희의 마음 깊은 곳에 스며들어 슬픔이 감사의 눈물로 변모하게 하옵소서. 하나님의 빛으로 저희의 어두운 길을 밝혀 주시고, 한없는 사랑과 평안이 넘치는 은혜의 강물이 저희 삶에 흘러들어 모든 고난을 이겨내게 하시기를 간절히 원합니다.

존귀하신 하나님, 오늘 이 입관 예식을 통해 ○○○ 성도님께서 하나님의 품 안에서 누리실 영원한 안식과 기쁨의 약속을 다시금 믿으며, 고인의 걸어온 길 위에 나타난 하나님의 놀라운 섭리와 은혜를 깊이 묵상합니다. 세상의 한계를 넘어선 하나님의 약속을 붙들고, 저희 각자의 마음에 살아있는 소망이 자라나도록 도와 주시옵소서. 슬픔 속에서도 하나님의 말씀을 힘입어

한걸음 한걸음 담대히 나아갈 수 있는 믿음의 근원을 주시옵소서. 저희가 하나님의 뜻 안에서 서로 격려하며, 오늘의 이 예식이 미래의 기쁨과 회복의 시작이 되게 하시기를 간절히 기도드립니다.

사랑과 위로의 하나님, 이 입관 예식의 순간마다 저희는 하나님의 깊은 자비와 은총을 온전히 체험하고자 합니다. ○○○ 성도님께서 보여주신 진실한 신앙과 따스한 사랑의 빛이 저희에게 큰 위로와 용기를 주었음을 기억하며, 지금의 이별이 단지 잠시의 아픔임을 깨닫게 하옵소서. 하나님의 말씀과 성령의 감동이 저희의 마음 한 켠에 늘 자리 잡아, 슬픔의 시간이 오히려 감사와 찬양의 계기로 변화되게 하옵소서. 저희가 서로의 아픔을 함께 나누며 더욱 깊은 신뢰로 하나되는 축복의 공동체가 되게 하시옵소서.

은총의 하나님, 오늘 이 성스러운 예식이 단순한 절차를 넘어, 하나님의 위로와 소망이 가득한 진정한 만남의 시간이 되기를 기도드립니다. ○○○ 성도님의 생애에서 드러난 하나님의 은혜와 인도하심이 저희에게 커다란 영적 유산으로 남아, 앞으로의 날들마다 하나님의 사랑을 실천하며 살아갈 수 있는 힘과 용기를 주시옵소서. 남겨진 저희가 세상의 모든 고난과 슬픔속에도 하나님의 자비로운 역사 속에서 아름다운 기적으로 변화되도록 도와 주시옵소서. 이 모든 간구를 예수 그리스도의 이름으로 하나님께 올려드립니다. 아멘.

입관 예식을 위한 기도 20
천국을 향한 믿음을 더욱 굳게 하는 기도

　전능하신 하나님, 오늘 이 거룩한 입관 예식의 자리에서 저희는 사랑하는 ○○○ 성도님의 생애를 온전히 기억하며, 고인이 걸어온 길 위에 하나님의 신비로운 뜻과 섭리가 있었음을 깊이 고백합니다. 저희는 이 시간, 슬픔과 이별의 아픔을 넘어 하나님의 계획 안에 감춰진 은총과 자비를 믿으며, 모든 순간이 하나님의 뜻 아래에서 아름답게 재구성되고 있다는 확신으로 마음을 모읍니다. 이 귀한 예식이 단순한 의식이 아니라, 저희 각자의 삶에 하나님의 섭리를 다시 한번 깨닫게 하며, 한없는 사랑과 평안을 선사하는 거룩한 시간이 되도록 간구합니다.
　존귀하신 하나님, 저희는 오늘 ○○○ 성도님께서 이 땅의 여정을 마치고 영원한 안식으로 들어가심을 믿습니다. 고인의 신실한 믿음과 사랑의 발자취가 저희에게 늘 살아있는 교훈으로 남았음을 고백합니다. 하나님께서 허락하신 그 크신 계획 속에, 슬픔과 눈물 대신 오랜 기억과 감사의 미소가 피어오르기를 원하오니, 저희의 눈과 마음이 항상 하나님의 인도와 약속에 기대어 굳건히 서게 하옵소서.

사랑과 하나님, 이 입관 예식을 맞이하여 저희는 ◯◯◯ 성도님의 생애에 담긴 하나님의 진리와 빛나는 증거들을 다시 한번 되새깁니다. 세상의 유한함을 넘어 영원한 생명의 약속을 믿는 믿음으로, 저희는 지금의 이별이 단지 잠정적인 이별임을 깨닫고, 하나님께서 예비하신 찬란한 내일을 바라보며 새로운 소망을 품습니다. 슬픔 가운데서도 저희의 마음에 깊은 감동과 깨달음을 내려 주셔서, 서로의 아픔을 함께 나누며 하나님의 사랑을 실천하는 공동체로서 더욱 굳건해지게 하옵소서.

거룩하신 주권의 하나님, 이 시간 저희는 ◯◯◯ 성도님의 입관을 준비하며, 한없는 믿음으로 하나님의 뜻을 온전히 신뢰하는 마음을 품습니다. 세상의 고난과 시련 속에서도 하나님께서 펼치신 섭리와 인도하심을 깊이 묵상하며, 저희 각자의 삶이 하나님의 빛 아래에서 새롭게 시작되도록 기도드립니다. 이 귀한 예식이 단순한 형식적 절차를 넘어, 저희로 하여금 하나님의 뜻을 온전히 깨닫게 하옵소서. 고인의 은총 속에서 살아가는 굳건한 신앙의 다짐이 되게 하시며, 매 순간 하나님의 자비와 사랑을 온전히 체험하는 값진 시간이 되기를 간절히 원합니다.

하나님, 이 정숙한 예식이 앞으로의 날들 속에서 하나님의 뜻을 온전히 신뢰하고 따르는 삶의 새로운 결단이 되도록 도와주시옵소서. 예수 그리스도의 이름으로 기도드립니다. 아멘.

입관 예식을 위한 기도 21
하나님의 영원한 위로를 구하는 기도

영원한 위로와 자비의 근원이신 하나님 아버지,

오늘 저희는 사랑하는 ○○○ 성도님의 입관 예식을 맞이하여, 이 세상에서의 모든 아픔과 이별의 슬픔을 하나님의 품 안에서 감싸주시길 간절히 기도드립니다. 저희의 눈물과 마음의 상처가 하나님의 무한한 사랑으로 치유되어, 이 순간이 깊은 슬픔 속에서도 하나님의 은혜와 위로가 넘치는 성스러운 시간이 되게 하옵소서. 저희는 이 예식을 통해 고인의 삶이 남긴 아름다운 흔적과 하나님의 섭리가 이 땅에서 계속해서 빛나도록 믿음으로 나아가기를 원합니다.

하나님, ○○○ 성도님께서 걸어오신 길은 하나님의 놀라운 인도하심과 자비가 충만했던 증거임을 저희는 기억합니다. 고인이 누렸던 기쁨과 고난, 승리와 도전의 순간마다 하나님의 음성이 함께하셨음을 깊이 새기게 하옵소서. 고인의 헌신적인 삶이 하나님의 크신 계획 속에서 하나님의 영광을 드러내는 귀한 본보기가 되게 하옵소서. 저희의 마음속에 고인의 선한 발자취가 언제나 빛나는 등불이 되어, 앞으로의 날들마다 하나님의 사랑과 인도하심을 따르도록 도와주시길 기도드립니다.

위로의 하나님, 이 입관 예식을 준비하는 저희의 마음이 슬픔에 잠기지 않고, 하나님의 약속과 영원한 생명의 소망을 붙드는 굳건한 믿음으로 새롭게 일어나게 하옵소서. 세상의 허망한 고통과 이별의 아픔을 넘어, 저희 각자의 심령에 하나님의 따스한 위로와 치유가 내려와 서로에게 힘과 용기를 불어넣게 하옵소서. 이 예식이 단순한 의례를 넘어 하나님의 놀라운 기적과 사랑을 재확인하는 귀한 시간이 되도록 인도하여 주시옵소서.

하나님, 저희는 오늘 이 엄숙한 입관의 시간 속에서 슬픔과 아쉬움 대신 하나님의 평안과 위로를 온전히 체험하기를 간절히 원합니다. ○○○ 성도님께서 이 땅에서 하나님의 뜻에 따라 살아가신 모습이 저희에게 귀감이 되게 하옵소서. 각자의 길 위에서 하나님의 음성을 듣고 그 인도하심에 순종하며, 서로의 아픔을 어루만지는 따뜻한 공동체가 되도록 축복하여 주시옵소서. 저희의 모든 눈물이 하나님의 기적 같은 사랑으로 닦여져, 새로운 희망의 날개를 달 수 있게 하시길 기도드립니다.

하나님, 이 입관 예식을 통해 저희는 이별의 아픔을 넘어 영원한 생명의 약속을 믿는 굳건한 신앙의 길로 걸어가기를 원합니다. ○○○ 성도님께서 남기신 귀한 기억과 고인의 온전한 신앙이 저희에게 영원한 위로의 메시지로 다가와, 매 순간 하나님의 은혜를 의지하며 살아갈 수 있는 힘과 지혜를 허락하여 주시옵소서. 예수 그리스도의 이름으로 간절히 기도드립니다. 아멘.

입관 예식을 위한 기도 22

하나님의 나라를 바라보는 기도

사랑의 하나님,

오늘 이 거룩한 입관 예식의 자리에 모여 사랑하는 ○○○ 성도님의 생애를 기억하며, 이 땅의 한계 너머 펼쳐진 하나님의 나라를 바라보는 마음을 새롭게 합니다. 저희는 이별의 아픔 속에서도 주어진 시간 동안 고인과 함께한 은혜의 순간들을 되새기며, 하나님의 크신 계획 안에 담긴 영원한 소망을 찬양합니다. 이 예식이 단순한 의례를 넘어서 저희의 삶 속에 하늘나라의 빛을 비추는 기도로 새롭게 태어나게 하시옵소서.

사랑과 은혜의 하나님, ○○○ 성도님의 발자취 속에서 하나님의 뜻과 인도하심이 온전히 드러난 것을 기억하며, 고인의 헌신과 사랑이 저희에게 영원한 증거로 남았음을 고백합니다. 저희는 이별의 순간마다 슬픔을 넘어 하나님 나라의 찬란한 약속을 붙들고, 고인이 경험한 기쁨과 평안을 본받아 영원한 생명의 길로 나아가기를 간절히 소망합니다. 저희의 마음이 하나님의 말씀으로 단단히 세워져, 앞으로의 날들이 하늘의 빛과 소망으로 가득 차게 하옵소서.

하나님, 이 땅에서의 모든 시련과 고난 속에서도 저희는 하나님의 나라를 바라보는 믿음을 결코 잃지 않기를 원합니다. 사랑하는 ○○○ 성도님의 삶을 통해 드러난 하나님의 섭리와 은총이 저희에게 큰 위로와 도전이 되게 하옵소서. 어둠 속에서도 하나님의 영원한 빛을 향해 나아가는 결단을 이루게 하시며, 그 길 위에 하나님의 평강이 가득 넘치도록 도와주시옵소서.

하나님, 오늘 이 입관 예식의 모든 절차와 순간이 하나님의 나라를 향한 희망의 기초가 되게 하시며, 저희의 삶이 고인의 영광을 드러내는 증거로 남기를 원합니다. 슬픔의 순간마다 하나님의 자비로운 손길을 느끼며, 그리움과 상실이 오히려 영원한 생명의 소망으로 승화되어, 각자의 마음에 새로운 믿음의 씨앗이 자라나게 하시옵소서. 저희가 서로의 아픔을 나누며 하나님의 인도하심 아래 단합된 공동체로 거듭나게 하옵소서.

영원하신 하나님, 저희는 이 입관 예식을 통해 ○○○ 성도님께서 누리실 하늘나라의 평안과 기쁨을 깊이 묵상하며, 고인의 귀한 삶이 저희에게 남긴 가르침을 되새깁니다. 남겨진 저희가 이 땅의 덧없음을 넘어, 하나님의 나라에 대한 굳건한 믿음과 희망을 품고 살아가며, 매 순간 하나님의 뜻과 사랑을 체험하는 귀한 증인이 되게 하시옵소서. 모든 시련 속에서도 하나님의 영원한 약속을 바라보며 살아갈 수 있도록 인도하여 주시옵소서. 예수 그리스도의 이름으로 기도드립니다. 아멘.

입관 예식을 위한 기도 23
영원한 소망을 붙드는 기도

우리들의 영원하신 하나님,

오늘 이 거룩한 입관 예식의 자리에 모여 사랑하는 ○○○ 성도님의 삶과 헌신을 깊이 묵상합니다. 저희는 이별의 슬픔 속에서도 하나님의 무한한 사랑과 은총을 믿고, 하늘나라의 영원한 소망을 향한 믿음을 굳게 붙들게 하옵소서. 이 땅의 아픔을 넘어선 영원한 생명의 약속을 바라보게 하옵소서. 지금 이 시간 저희의 마음에 하나님의 진리와 평안이 임하여, 어둠 가운데서도 빛나는 희망의 불씨가 되게 하시며, 모든 고난이 하나님의 선하신 역사로 승화되도록 도와주시옵소서.

사랑과 자비의 하나님, ○○○ 성도님께서 걸어온 길 위에서 하나님의 인도와 은혜가 어떻게 역사하셨는지를 기억하며, 저희도 하나님의 뜻에 따라 한걸음 한걸음 나아가기를 원합니다. 삶의 기쁨과 슬픔 속에서 하나님의 약속을 체험한 고인의 발자취가, 저희에게 크나큰 영적 유산이 되어, 앞으로의 여정마다 하나님의 빛과 소망을 새롭게 깨닫게 하옵소서. 언제나 하나님의 인도하심에 의지하는 굳건한 믿음으로 이끌어 주옵소서.

전능하신 하나님, 이 입관 예식이 단순한 이별의 시간이 아니라, 하늘나라의 영원한 기쁨과 사랑을 되새기는 성스러운 의식이 되게 하옵소서. 저희의 눈물과 아픔이 하나님의 치유와 위로로 녹아내려, 슬픔 대신 감사와 찬양으로 변하게 하옵소서. 서로의 상처를 어루만지며 하나님의 온전한 사랑 안에서 새 힘과 용기를 얻도록 은총을 내려 주시기를 간절히 기도드립니다.

자비로우신 하나님, 저희는 오늘 ◯◯◯ 성도님의 생애가 남긴 사랑의 증언을 통해 하늘나라의 소망을 더욱 확신하게 되기를 원합니다. 고인의 따스한 미소와 헌신이 이 땅에서 하나님의 영광을 드러낸 귀한 기억으로 남아, 저희 각자의 삶에 깊은 감동을 주게 하옵소서. 어려움 속에서도 하나님의 약속을 굳게 붙들어 미래의 빛나는 나라를 향해 나아갈 수 있는 믿음의 기초가 되게 하시옵소서.

하나님, 이 입관 예식의 모든 순간들이 저희에게 하나님의 무한한 사랑과 은혜를 다시 한번 깨닫게 하는 귀한 시간이 되기를 원합니다. 저희는 이별의 아픔을 넘어, ◯◯◯ 성도님께서 누리실 영원한 평안과 기쁨의 나라를 바라봅니다. 남은 날들마다 하나님의 말씀과 약속에 의지하는 굳건한 신앙으로 살아가게 하옵소서. 모든 시련 가운데서도 하나님의 손길이 함께하시어, 저희가 하늘의 소망을 붙들고 서로를 위로하며 살아가는 믿음의 동역자로 성장할 수 있도록 인도하여 주시옵소서. 예수 그리스도의 이름으로 기도드립니다. 아멘.

입관 예식을 위한 기도 24
하나님의 사랑 안에서 평안을 구하는 기도

사랑과 평강의 하나님,

오늘 이 거룩한 입관 예식의 자리에 모인 저희는 사랑하는 ○○○ 성도님의 생애를 기억하며, 고인이 걸어온 길 위에 흐르던 온전한 은혜와 자비를 마음 깊이 새깁니다. 저희는 이 시간이 단순한 이별의 시간이 아니라, 하나님의 무한한 사랑 안에서 새로운 평안과 소망을 발견하는 귀한 기회임을 믿습니다. 슬픔의 그늘 속에서도 하나님의 따스한 품에 안겨, 저희 각자가 마음이 주어진 생명의 의미와 영원한 기쁨을 깨닫게 하시기를 간절히 기도드립니다.

존귀하신 하나님, ○○○ 성도님께서 보여주신 신실한 믿음과 사랑의 발자취는 저희에게 크나큰 영적 유산으로 남아 있습니다. 고인의 삶에서 흘러나온 따뜻한 미소와 겸손한 마음씨는 저희에게 하나님의 은총과 인도하심의 참된 증거임을 고백하며, 이별의 아픔을 넘어서 하늘나라의 평화를 바라보게 하시옵소서. 저희가 매일의 순간 속에서 하나님의 사랑을 실천하는 삶을 살아갈 수 있도록 도와 주시옵소서.

자비로우신 하나님, 이 입관의 시간이 저희에게 새로운 깨달음과 위로의 근원이 되게 하시옵소서. 슬픔으로 인해 움츠러든 마음들이 하나님의 밝은 빛으로 열어지고, 서로의 아픔을 나누며 치유와 회복의 길로 인도되기를 원합니다. 저희는 ○○○ 성도님의 소중한 기억을 가슴 깊이 간직하며, 고인이 남긴 사랑의 증언을 본받아, 서로에게 따스한 위로와 격려의 메시지가 되어 주시기를 간절히 기도드립니다.

영원하신 하나님, 이 땅에서의 유한한 시간 속에서도 저희는 하나님의 약속과 은총을 붙들고 살아가고자 합니다. 입관 예식의 순간마다 저희의 눈물 대신 감사의 마음이 피어오르고, 슬픔이 하나님의 크신 사랑으로 인해 서서히 녹아내려, 새로운 희망과 용기로 변화되게 하시옵소서. 저희의 영혼이 하나님의 사랑 안에서 늘 평안함을 누릴 수 있도록 인도하여 주시옵소서.

전능하신 하나님, 오늘 이 성스러운 예식을 마무리하는 이 시간, 저희는 사랑하는 ○○○ 성도님의 영혼이 하나님의 품 안에서 영원한 안식과 기쁨을 누리시기를 간절히 청합니다. 또한, 남겨진 저희가 고인의 생애에서 배운 귀한 교훈을 기억하며, 서로의 마음을 어루만지는 따스한 공동체로 성장하게 하옵소서. 이 땅의 모든 고난과 시련 속에서도 하나님의 사랑과 평안을 붙들고 살아가는 굳건한 믿음의 증인이 되게 하시옵소서. 예수 그리스도의 이름으로 기도드립니다. 아멘.

입관 예식을 위한 기도 25
하나님의 평강 안에서 위로받는 기도

평강과 위로의 하나님, 오늘 이 거룩한 입관 예식의 자리에 모인 저희는 사랑하는 ○○○ 성도님의 생애와 헌신을 깊이 회상하며, 이 땅의 한계를 넘어 펼쳐진 하나님의 약속을 바라봅니다. 저희는 이별의 순간 속에서도 슬픔을 넘어 하나님의 자비로운 손길과 평강이 저희 각자의 마음에 임하여, 아픔과 고통이 감사의 눈물로 변모되도록 간절히 기도드립니다. 이 예식이 단순한 의례가 아니라, 저희가 하늘나라의 소망을 향한 믿음을 새롭게 다지는 귀한 시간이 되기를 소망합니다.

하나님, ○○○ 성도님께서 걸어오신 길 위에 피어오른 신실한 믿음과 사랑의 흔적은 저희에게 귀한 영적 유산으로 남아 있습니다. 고인의 삶에서 드러난 겸손과 헌신의 증거가, 고난 속에서도 기쁨의 빛을 발견하게 하는 소중한 본보기로 자리 잡았음을 고백합니다. 저희가 그 발자취를 본받아, 이 땅의 시련 속에서도 하나님의 인도하심을 믿고 담대히 나아갈 수 있도록 은혜를 내려 주시옵소서.

자비로우신 하나님, 이 입관 예식의 순간 순간마다 저희는 슬품의 무게를 내려놓고, 하늘의 평안을 향한 믿음을 굳건히 다지기를 원합니다. 서로의 아픔을 어루만지는 따스한 위로와 격려가 저희 공동체 안에서 흘러나와, 각자의 마음에 치유와 회복의 기적을 이루게 하시옵소서. 하나님의 은총이 저희의 삶에 새로운 소망의 불씨로 타오르도록 인도해 주시옵소서.

전능하신 하나님, 오늘 이 성스러운 예식을 통해 저희는 이별의 순간이 곧 영원한 생명의 문턱임을 깨닫고자 합니다. ○○○ 성도님께서 누리신 온전한 사랑과 믿음이 단순한 추억을 넘어, 하늘나라의 빛나는 약속을 담은 증거로 남아 있음을 믿습니다. 저희의 눈물과 그리움이 하나님의 평강과 기쁨으로 서서히 녹아내려, 슬픔 대신 감사와 찬양의 노래가 흘러나게 하시옵소서.

전능하신 하나님, 오늘 이 거룩한 입관 예식의 마지막 순간까지 저희의 모든 기도와 찬양을 하나님께 올려드립니다. 사랑하는 ○○○ 성도님의 영혼이 하나님의 품 안에서 영원한 평안과 기쁨을 누리시기를 간절히 원합니다. 동시에, 남겨진 저희가 고인의 빛나는 발자취를 따라, 매일의 삶 속에서 하나님의 자비와 평강을 온전히 체험하게 하옵소서. 시련과 아픔 속에서도 하늘나라의 소망을 굳게 붙들고 살아가는 믿음의 증인으로 성장할 수 있도록 인도해 주시옵소서. 이 모든 간구를 예수 그리스도의 이름으로 기도드립니다. 아멘.

Part 3
발인 예식을 위한 기도문

발인 예식을 위한 기도 1

하나님의 인도하심 속에서
발인 예식을 드리는 기도

살아 있는 자와 죽은 자의 주인이 되시는 하나님 아버지,

오늘 저희는 사랑하는 ○○○ 성도님의 발인 예식을 거행하며, 하나님의 크신 인도하심과 위로를 간구합니다. 이별의 순간이 다가왔지만, 하나님께서 저희와 함께하시고, 사랑하는 자를 영원한 안식으로 인도하고 계심을 믿으며 나아갑니다. 저희의 슬픔을 감싸 주시고, 하나님의 평강 속에서 이 시간을 맞이하게 하옵소서.

하나님, ○○○ 성도님이 이 땅에서 걸어온 삶을 돌아볼 때, 그의 모든 걸음마다 하나님의 손길이 함께하셨음을 믿습니다. 어려운 순간에도 하나님을 의지하며 살아온 그의 모습을 기억하며, 저희도 믿음의 길을 걸어가기를 원합니다. 이제 그는 모든 아픔과 수고를 내려놓고, 하나님께서 예비하신 영원한 안식의 집으로 나아가고 있습니다. "네 길을 여호와께 맡기라 그를 의지하면 그가 이루시고" 하신 말씀처럼, 저희가 사랑하는 고인을 하나님께 온전히 맡기며, 하나님의 뜻을 신뢰하는 믿음을 갖

게 하옵소서.

하나님, 발인 예식을 드리는 이 시간이 단순한 이별의 순간이 아니라, 하나님의 계획을 다시금 묵상하고, 저희의 삶을 돌아보는 시간이 되게 하옵소서. 저희도 언젠가 하나님 앞에 서게 될 날을 기억하며, 오늘을 더욱 신실하게 살아가게 하옵소서. 하나님께서 허락하신 시간들을 소중히 여기고, 사랑하는 자를 보내며 저희의 남은 삶도 더욱 의미 있고 가치 있게 살아가도록 인도하여 주옵소서.

하나님, 오늘 이 거룩한 발인 예식을 통해 ○○○ 성도님의 생애가 하나님의 무한한 은총 안에서 완성되었음을 믿게 하옵소서. 슬픔 속에서도 서로의 눈물에 하나님의 따스한 빛이 스며들어, 저희 모두가 새로운 소망과 기쁨을 향해 나아갈 힘을 얻게 하시옵소서.

하나님, 이제 사랑하는 ○○○ 성도님의 손을 하나님께서 붙들어 주시옵소서. 유족들의 아픔 속에서도 자비로운 위로가 깊이 스며들어, 모든 고난이 결국 새로운 기쁨과 희망으로 전환되는 놀라운 역사가 이루어지게 하옵소서. 슬픔 대신 감사와 온유가 피어나는 은혜의 시간이 되게 하옵소서. 모든 것을 하나님께 맡겨드리며, 예수 그리스도의 이름으로 기도드립니다. 아멘.

발인 예식을 위한 기도 2

장례 행렬이 하나님의 보호 속에서 진행되도록 돕는 기도

  모든 길을 예비하시며 인도하시는 하나님 아버지,
  오늘 저희는 사랑하는 ○○○ 성도님의 마지막 길을 함께하며, 하나님께서 이 장례 행렬을 지켜 주시기를 간절히 기도합니다. 사랑하는 자를 떠나보내는 이 시간이 저희에게 깊은 슬픔이지만, 하나님께서 주시는 평안과 위로 속에서 안전하게 모든 절차가 진행되도록 붙들어 주옵소서. 저희가 하나님의 손길을 신뢰하며, 하나님의 보호하심 안에서 이 시간을 은혜안에 지나가게 하옵소서.
  하나님, ○○○ 성도님이 살아온 삶을 돌아볼 때, 그는 하나님의 사랑을 신뢰하며 걸어온 사람이었음을 기억합니다. 삶의 길을 걸으며 언제나 하나님을 의지하며 살아온 그의 모습을 본받아, 저희도 하나님을 더욱 신뢰하는 믿음을 품고 살아가게 하옵소서. 이제는 모든 땅의 길을 지나 하늘의 길로 나아가는 이 시간이, 하나님의 은혜로 가득하게 하옵소서. "너희가 어디로 가든지 너희 하나님 여호와가 너희와 함께하시느니라" 하신 말씀을 의지하며, 하나님께서 이 모든 과정을 인도해 주실 것을 믿습니다.

하나님, 이 장례 행렬이 하나님의 은혜 가운데 안전하게 진행되도록 지켜 주옵소서. 모든 차량과 사람들의 이동이 순조롭게 이루어지게 하시고, 하나님께서 함께하심을 느끼며, 하나님의 평강 속에서 이 시간을 지나가게 하옵소서. 길이 험하지 않게 하시고, 사고나 어려움이 없이 무사히 모든 절차를 마칠 수 있도록 보호하여 주옵소서.

하나님, 사랑하는 이를 떠나보내는 이 순간, 저희의 마음이 아프고 무겁지만, 하나님의 신실하신 손길이 저희를 붙들어 주심을 믿습니다. 이별이 끝이 아니라, 하나님의 섭리 안에서 이루어지는 또 다른 시작임을 깨닫게 하시옵소서. 저희가 슬픔을 소망으로 바꾸어 하나님을 더욱 신뢰하는 시간이 되게 하옵소서. 하나님의 위로가 유가족과 함께하는 모든 이들의 마음을 감싸 주시고, 주님께서 주시는 평안 속에서 저희가 서로를 위로하며 사랑으로 하나 되게 하옵소서.

하나님께서 사랑하는 ○○○ 성도님과의 이별의 시간이 가슴 아픈 도전 속에서도, 하나님의 크신 사랑이 저희 마음을 감싸 안아 모든 상처를 치유하게 하옵소서. 새로운 시작에 대한 확신과 기쁨을 불어넣는 축복의 시간이 되게 하시며, 저희가 서로의 아픔을 따뜻이 어루만지는 은혜의 공동체가 되게 하옵소서. 예수 그리스도의 이름으로 기도드립니다. 아멘.

발인 예식을 위한 기도 3
고인을 떠나보내며 하나님의 뜻을 신뢰하는 기도

    모든 순간을 주관하시며 선하게 인도하시는 하나님 아버지, 오늘 저희는 사랑하는 ○○○ 성도님의 발인 예식을 거행하며, 하나님의 뜻을 신뢰하는 마음으로 이 시간을 맞이합니다. 사랑하는 자를 보내는 것이 아프지만, 하나님께서 모든 것을 선하게 이끄심을 믿으며, 이별을 맞이하는 저희의 마음이 흔들리지 않도록 붙들어 주옵소서. 하나님께서 그의 생애를 통해 이루신 뜻을 되새기며, 저희도 남은 삶을 더욱 신실하게 살아가게 하옵소서.

    하나님, ○○○ 성도님의 삶을 돌아보며, 하나님께서 그의 걸음을 인도하셨음을 기억합니다. 그가 걸어온 길마다 하나님의 손길이 함께하셨고, 모든 순간이 하나님의 뜻 안에서 이루어졌음을 믿습니다. 이제는 이 땅의 삶을 마무리하고, 하나님께서 예비하신 영원한 안식으로 나아가고 있습니다. "너희를 향한 나의 생각을 내가 아나니 평안이요 재앙이 아니라 너희에게 미래와 희망을 주려는 것이라" 하신 말씀처럼, 저희가 하나님의 계획을 신뢰하며 이 시간을 지나가게 하옵소서.

하나님, 발인 예식을 드리는 이 시간이 저희에게 다시금 삶의 의미를 되새기는 시간이 되게 하시고, 저희의 남은 날들이 하나님의 뜻대로 살아가는 시간이 되게 하옵소서. 사랑하는 자를 보내며 저희도 인생의 유한함을 깨닫고, 하나님께서 맡기신 사명을 온전히 감당하는 자들이 되게 하옵소서. ○○○ 성도님의 헌신이 저희에게 남긴 따스한 기억을 마음에 새기게 하옵소서. 오늘 이 발인 예식이 슬픔을 넘어 하나님의 치유와 평안으로 저희 삶을 채우는 소중한 계기가 되게 하시고, 서로의 마음에 희망의 빛이 반짝이도록 인도하여 주시옵소서.

하나님, 남겨진 가족들과 친지들이 서로를 더욱 사랑하며, 하나님의 사랑 안에서 서로를 위로하게 하옵소서. 이별의 고통 속에서도 하나님의 선하신 약속이 매 순간 빛나며, 어두운 밤을 밝히는 별빛처럼 희망의 메시지가 흘러넘치기를 기도합니다. 저희 마음속에 담긴 슬픔이 하나님의 사랑으로 녹아내려, 새로운 시작의 온유한 빛이 되어 주옵소서.

하나님께서 사랑하는 ○○○ 성도님의 영혼을 따뜻한 품으로 맞아 주시고, 하나님 나라에서 영원한 기쁨과 평안을 누리게 하옵소서. 남겨진 저희도 하나님의 뜻을 신뢰하며, 믿음의 길을 따라 살아가게 하옵소서. 모든 것을 하나님께 맡겨드리며, 예수 그리스도의 이름으로 기도드립니다. 아멘.

발인 예식을 위한 기도 4
믿음으로 작별을 고하는 기도

모든 삶의 순간을 함께하시며 위로하시는 하나님 아버지, 오늘 저희는 사랑하는 ○○○ 성도님의 발인 예식을 거행하며, 믿음으로 작별을 고하려 합니다. 이별의 아픔이 크지만, 하나님께서 이 모든 과정을 주관하시며, 사랑하는 자를 영원한 평안으로 인도하고 계심을 믿으며 나아갑니다. 저희의 마음이 흔들리지 않도록 붙들어 주시고, 믿음 안에서 이 시간을 견디며 하나님의 뜻을 신뢰하게 하옵소서.

하나님, ○○○ 성도님의 삶을 돌아볼 때, 그의 모든 순간이 하나님의 은혜와 함께했음을 믿습니다. 어려운 시기에도 하나님을 의지하며 살아온 그의 삶을 본받아, 저희도 더욱 신실한 믿음으로 살아가기를 소망합니다. 이제 그는 모든 눈물과 고통을 벗어나 하나님께서 예비하신 영원한 안식 속으로 들어가고 있습니다. "내가 너를 떠나지 아니하며 버리지 아니하리라" 하신 말씀처럼, 저희도 하나님의 변함없는 사랑을 의지하며 이별을 받아들이게 하옵소서.

하나님, 발인 예식을 통해 저희가 더욱 하나님을 의지하며, 저희의 남은 날들을 하나님의 뜻에 맞게 살아가도록 인도하여 주옵소서. 오늘 저희는 ○○○ 성도님의 삶이 하나님의 크신 섭리 안에서 아름답게 완성되었음을 믿습니다. 이 발인 예식을 통해 각자의 아픔이 하나님의 자비로운 위로로 녹아내려, 새로운 내일의 약속이 저희 가슴 속에 살아나게 하시고, 서로에게 따뜻한 격려의 메시지가 되게 하옵소서.

하나님, 남겨진 가족과 친지들에게 위로를 허락하시고, 사랑하는 자와의 이별이 아픔으로만 남지 않게 하옵소서. 하나님의 크신 사랑과 은혜를 기억하며, 하나님께서 주시는 평안 속에서 위로를 얻고 다시 힘을 내어 살아가게 하옵소서.

하나님께서 사랑하는 ○○○ 성도님의 영혼을 품어 주시옵소서. 유족들이 이 아픔의 시기를 지나며, 서로의 마음을 따뜻하게 감싸 안고 하나님의 자비로운 은혜로 새로운 용기와 기쁨을 얻는 귀한 시간이 되게 하옵소서. 슬픔 속에서도 하나님의 소망이 늘 살아 숨 쉬는 증거가 되게 하옵소서. 모든 것을 하나님께 맡겨드리며, 예수 그리스도의 이름으로 기도드립니다. 아멘.

발인 예식을 위한 기도 5
발인 예식이 하나님의 은혜 가운데 진행되도록 돕는 기도

모든 시간과 순간을 주관하시며 인도하시는 하나님 아버지, 오늘 저희는 사랑하는 ○○○ 성도님의 발인 예식을 드리며, 이 예배가 하나님의 은혜 가운데 진행되기를 간절히 기도합니다. 사랑하는 이를 떠나보내는 아픔이 크지만, 하나님께서 저희와 함께하시고, 모든 과정을 선하게 인도하고 계심을 믿으며 이 시간을 맞이합니다. 하나님께서 주시는 평강이 이 자리 가운데 가득하게 하시고, 모든 절차가 순조롭게 이루어지도록 함께하여 주옵소서.

하나님, ○○○ 성도님의 삶을 돌아보며, 하나님께서 그의 걸음을 이끄셨음을 기억합니다. 삶의 기쁨과 고난 속에서도 하나님을 바라보며 믿음의 길을 걸어왔고, 이제는 영원한 안식과 평안 가운데 머물게 되었습니다. "하나님은 저희의 피난처시요 힘이시니 환난 중에 만날 큰 도움이시라" 하신 말씀처럼, 저희가 하나님의 도우심을 간절히 구하며, 이 시간을 감당할 수 있도록 힘을 허락하여 주옵소서.

하나님, 발인 예식이 단순한 의식이 아니라, 하나님의 은혜를 깊이 묵상하는 시간이 되게 하옵소서. ○○○ 성도님의 인생 여정이 하나님의 놀라운 사랑과 은총으로 빛났음을 기억하게 하옵소서. 오늘 이 발인 예식의 시간이 슬픔을 넘어 서로를 감싸는 하나님의 평안과 기쁨의 소식으로 가득 차게 하시옵소서. 저희의 발걸음마다 하나님의 인도하심이 함께 하여 새로운 시작의 용기를 불어넣어 주시옵소서.

하나님, 저희 각자의 마음에 스며드는 이별의 슬픔이 단순한 아픔을 넘어, 하나님의 위로와 평안으로 새롭게 태어나게 하시옵소서. 모든 고난이 하나님의 은혜로 빛나는 희망의 여정으로 이어지게 하옵소서. 저희가 서로에게 사랑과 격려의 다리가 되어질 수 있도록 도와 주시옵소서. 사랑하는 사람을 떠나보내는 순간이 아픔으로만 남지 않게 하시고, 하나님께서 허락하신 소망을 바라보며 살아가게 하옵소서.

하나님께서 사랑하는 ○○○ 성도님의 영혼을 온전히 품어 주시고, 그의 삶을 통해 하나님의 영광이 나타나게 하옵소서. 남겨진 저희도 믿음 안에서 흔들리지 않고, 하나님의 뜻을 따라 살아가게 하시기를 간절히 바라오며, 예수 그리스도의 이름으로 기도드립니다. 아멘.

발인 예식을 위한 기도 6
하나님의 사랑 안에서 평안을 누리는 기도

변함없는 사랑으로 저희를 돌보시는 하나님 아버지,

오늘 저희는 사랑하는 ○○○ 성도님의 발인 예식을 드리며, 하나님의 사랑 안에서 평안을 누리기를 원합니다. 이별의 순간이 다가올수록 저희의 마음은 무겁고 아프지만, 하나님의 품 안에서 사랑하는 이가 영원한 안식을 누리고 있음을 믿으며 위로를 얻고자 합니다. 저희의 모든 슬픔을 하나님께 맡겨드리며, 하나님께서 주시는 평안이 저희를 감싸 주시기를 간절한 마음으로 기도합니다.

하나님, ○○○ 성도님이 걸어온 삶을 돌아볼 때, 하나님의 은혜가 늘 함께했음을 고백합니다. 그의 모든 걸음마다 하나님의 손길이 있었고, 하나님께서 그를 붙드시며 인도하셨음을 믿습니다. 이제는 모든 수고와 고난을 내려놓고, 하나님의 나라에서 영광과 기쁨을 누리게 되었습니다. "평안을 너희에게 끼치노니 곧 나의 평안을 너희에게 주노라" 하신 말씀처럼, 하나님께서 저희의 마음을 위로하시고, 흔들리지 않는 평안을 허락하여 주옵소서.

전능하신 하나님, 오늘 이 자리에서 ○○○ 성도님의 헌신을 되새기며, 고인이 남긴 사랑의 흔적이 저희 각자의 마음속에 깊이 뿌리내리게 하시옵소서. 발인 예식의 시간이 슬픔을 넘어서 서로에게 온전한 위로와 희망을 전하는 귀한 순간으로 자리잡게 하시어, 하나님의 축복이 저희의 모든 하루에 함께 하게 하옵소서.

하나님, 남겨진 가족들과 친지들에게 하나님의 따뜻한 위로가 임하게 하시고, 하나님의 사랑이 이들의 마음을 감싸 주시기를 간구합니다. 이별이 영원한 단절이 아니라, 하나님의 나라에서 다시 만날 소망이 있음을 기억하며 믿음 안에서 살아가게 하옵소서. 사랑하는 이를 떠나보내는 것이 아프지만, 하나님의 품 안에서 안식하는 그의 모습을 떠올리며 저희가 하나님의 사랑과 평안을 신뢰하게 하옵소서.

하나님께서 사랑하는 ○○○ 성도님의 영혼을 온전히 받아 주시고, 이땅에 남아 신앙생활을 하는 저희들도 하나님의 사랑을 더욱 깊이 경험하며 살아가게 하옵소서. 하나님의 평안이 저희의 삶을 덮고, 어떤 상황 속에서도 흔들리지 않는 믿음으로 하나님을 의지하며 나아가게 하시기를 바라오며, 예수 그리스도의 이름으로 기도드립니다. 아멘.

발인 예식을 위한 기도 7
고인을 기억하며 하나님께 감사하는 기도

   모든 순간을 인도하시며 감사할 이유를 주시는 아버지,
   오늘 저희는 사랑하는 ○○○ 성도님의 발인 예식을 드리며, 그의 삶을 돌아보면서 하나님께 감사의 기도를 올립니다. 하나님께서 허락하신 시간 동안 함께할 수 있었던 은혜를 기억하며, 그의 삶이 저희에게 남긴 사랑과 믿음을 되새깁니다. 하나님께서 그를 통해 이루신 모든 일들을 감사하며, 그가 걸어온 믿음의 여정을 기념하게 하옵소서.
   하나님, ○○○ 성도님이 살아온 모든 날들은 하나님의 축복이었으며, 그의 삶이 하나님의 손길 속에 있었음을 믿습니다. 그가 걸어온 길을 통해 저희는 신앙의 귀한 본을 보았고, 하나님의 은혜가 얼마나 크고 놀라운지 다시금 깨닫습니다. "여호와께 감사하라 그는 선하시며 그 인자하심이 영원함이로다" 하신 말씀처럼, 저희도 하나님의 선하심을 늘 기억하며 감사하는 삶을 살아가게 하옵소서.
   하나님, 사랑하는 사람을 떠나보내는 것이 아프지만, 그의 삶이 하나님께 영광이 되었음을 기억하며 위로를 얻습니다. 하나님께서 그의 걸음을 인도하시고, 마침내 영원한 안식으로 불러 주셨음을 믿습니다. ○○○ 성도님의 귀한 발자취가 오늘 이 발인 예식을 통해 저희에게 전해져, 각자의 가슴에 새로운 믿음의 다짐이 이루어지게 하옵소서. 슬픔 속에서도 하나님의 신실한 위로가 저희의 삶을 밝히는 등불이 되어, 서로의 아픔을 감싸 안는 성스러운 시간이 되도록 인도하여 주시옵소서.

하나님, 저희도 삶의 마지막 순간까지 하나님을 신뢰하며 살아가기를 원합니다. 사랑하는 ○○○ 성도님의 삶이 하나님께 영광이 되었듯이, 저희도 하나님께서 기뻐하시는 삶을 살아가게 하옵소서. 하나님께 받은 은혜를 기억하며, 감사와 찬양을 올리는 삶이 되게 하시고, 어떤 상황 속에서도 하나님의 선하심을 믿으며 나아가게 하옵소서.

하나님께서 사랑하는 ○○○ 성도님의 영혼을 영원한 평안 가운데 거하게 하시고, 남겨진 저희도 그의 삶을 본받아 하나님을 신뢰하며 살아가게 하옵소서. 고인과의 이별이 지나간 후에도, 하나님의 자비와 약속이 우리를 붙들어 주어 모든 아픔이 소망의 기회로 변모하게 하옵소서. 미래를 향한 믿음의 불꽃이 더욱 밝게 타오르는 귀한 시간이 되게 하옵소서. 하나님의 은혜를 마음에 새기며, 믿음으로 모든 순간을 살아가기를 간절히 바라오며, 예수 그리스도의 이름으로 기도드립니다. 아멘.

발인 예식을 위한 기도 8
천국에서 다시 만날 소망을 간직하는 기도

하나님 아버지,

오늘 저희는 사랑하는 ○○○ 성도님의 발인 예식을 드리며, 이별의 아픔 속에서도 천국에서 다시 만날 소망을 붙듭니다. 저희의 삶이 끝이 아니며, 하나님께서 예비하신 영원한 나라에서 다시 만나게 될 것을 믿으며, 이 시간을 믿음으로 감당하고자 합니다. 사랑하는 고인을 떠나보내는 슬픔이 크지만, 하나님의 계획 안에서 모든 것이 이루어지고 있음을 신뢰하며 하나님의 위로를 구합니다.

하나님, ○○○ 성도님의 삶을 돌아볼 때, 그의 모든 걸음이 하나님의 인도하심 속에 있었음을 깨닫습니다. 하나님을 향한 믿음을 지키며 살아온 그의 모습이 저희에게 귀한 유산으로 남겨졌고, 이제는 하나님께서 그를 영원한 안식으로 부르셨음을 믿습니다. "나는 부활이요 생명이니 나를 믿는 자는 죽어도 살겠고" 하신 말씀처럼, 저희가 이별의 순간에도 흔들리지 않고 부활의 소망을 붙들게 하옵소서.

하나님, 오늘 저희는 ○○○ 성도님의 빛나는 생애를 기억하며, 고인의 사랑이 하나님의 은총 속에서 영원히 살아있음을 고백합니다. 이 발인 예식이 서로의 상처를 치유하는 따스한 손길이 되어, 슬픔의 순간마다 하나님의 평안과 기쁨이 넘치도록 인도하시며, 저희 모두가 새로운 소망으로 다시 일어설 힘을 얻게 하옵소서.

하나님, 남겨진 저희가 이별을 아픔으로만 받아들이지 않고, 하나님의 약속을 굳게 믿으며 살아가게 하옵소서. 이 땅에서의 삶이 전부가 아님을 기억하게 하시고, 하나님께서 예비하신 영원한 생명을 소망하며 믿음으로 살아가게 하옵소서. 사랑하는 고인을 떠나보내는 순간이 저희의 믿음을 더욱 굳게 하는 시간이 되게 하시옵소서. 하나님 나라를 향한 소망을 더욱 깊이 품는 시간이 되게 하옵소서.

하나님, 이별의 순간마다 하나님의 깊은 사랑이 저희 마음에 스며들어, 모든 눈물이 감사의 기도로 바뀌게 하옵소서. 슬픔 속에서도 새롭게 피어나는 희망과 기쁨이 저희를 감싸 안아 주시길 간절히 기도드립니다. 앞으로의 날들이 하나님의 축복으로 가득 차게 하옵소서.

하나님께서 사랑하는 ○○○ 성도님의 영혼을 영원한 평안 가운데 거하게 하옵소서. 남겨진 저희도 믿음으로 살아가며 하나님의 뜻을 이루어가는 자들이 되게 하옵소서. 하나님의 은혜를 붙들고, 천국에서 다시 만날 소망을 품으며 살아가기를 간절히 바라오며, 예수 그리스도의 이름으로 기도드립니다. 아멘.

발인 예식을 위한 기도 9

발인 예식을 통해 하나님의 위로를 경험하는 기도

위로의 하나님 아버지,

오늘 저희는 사랑하는 ○○○ 성도님의 발인 예식을 드리며, 하나님의 크신 위로를 경험하기를 간절히 구합니다. 하나님께서 이 자리 가운데 임재하셔서, 슬픔 속에 있는 저희를 친히 위로하여 주시고, 하나님의 사랑이 저희의 마음을 가득 채우게 하옵소서. 사랑하는 ○○○ 성도님을 떠나보내야 하는 이 순간이 너무나 힘들지만, 하나님께서 저희와 함께하시며 모든 상황을 선하게 이끌어 주실 것을 믿습니다.

하나님, ○○○ 성도님이 살아온 날들을 돌아볼 때, 그의 모든 걸음이 하나님의 인도하심 가운데 있었음을 깨닫습니다. 기쁨의 순간에도, 고난의 순간에도 고인은 항상 하나님을 의지하며 믿음으로 걸어왔습니다. 이제는 고인은 하나님께서 예비하신 영원한 안식으로 나아가고 있습니다. "주는 마음이 상한 자에게 가까이 하시며, 충심으로 통회하는 자를 구원하시는도다" 하신 말씀처럼, 저희가 이 시간 하나님의 위로를 경험하고, 하나님의 사랑 안에서 평안을 얻기를 원합니다.

하나님, 남겨진 저희가 이 이별의 아픔을 혼자 감당하지 않도록 붙잡아 주시고, 하나님의 위로가 저희 마음을 어루만져 주시기를 간절히 구합니다. ○○○ 성도님의 삶을 기리며 오늘 이 예배의 자리에서, 고인이 하나님의 품에서 영원한 안식을 누리시리라는 믿음을 새기게 하옵소서. 각자의 눈물과 아픔이 하나님의 사랑으로 위로받아, 서로에게 따스한 격려와 희망의 메시지를 전하는 소중한 시간이 되게 하옵소서.

하나님, 유가족들과 친지들에게 하나님의 평강을 허락하시고, 서로가 서로를 더욱 사랑하고 위로하며 하나님의 사랑을 나누는 자들이 되게 하옵소서. 하나님께서 저희를 붙드시고, 이별의 아픔 속에서도 하나님의 손길을 경험하며 살아가게 하옵소서.

하나님께서 사랑하는 ○○○ 성도님의 영혼을 영원한 안식 가운데 품어 주시옵소서. 저희는 이별의 아픔 속에서도 하나님의 은혜와 사랑이 마치 따스한 햇살처럼 비추어, 모든 고통이 치유되고 저희 마음에 새로운 희망의 씨앗이 심어지게 하옵소서. 그리하여 언젠가는 아름다운 열매로 피어날 수 있도록 인도하옵소서. 남겨진 저희도 믿음으로 살아가며 하나님의 뜻을 이루어가는 자들이 되게 하옵소서. 하나님의 크신 위로와 평강이 저희의 삶을 감싸며, 날마다 하나님의 은혜를 더욱 깊이 경험하기를 바라오며, 예수 그리스도의 이름으로 기도드립니다. 아멘.

발인 예식을 위한 기도 10

사랑하는 이를 보내는 가족들이 위로받도록 돕는 기도

사랑과 위로의 하나님 아버지,

오늘 저희는 사랑하는 ○○○ 성도님의 발인 예식을 드리며, 남겨진 유족들이 하나님의 크신 위로와 사랑을 경험하기를 간절히 구합니다. 이별의 아픔이 깊지만, 하나님께서 유가족 한 사람 한 사람을 친히 품어 주시고, 슬픔 속에서도 하나님의 평안이 저희를 감싸게 하옵소서. 하나님의 사랑이 가족들에게 임하여, 위로와 소망으로 가득한 시간이 되게 하옵소서.

하나님, ○○○ 성도님의 삶이 하나님의 인도하심 가운데 있었음을 기억하며 감사드립니다. 기쁨과 어려움의 순간마다 하나님을 신뢰하며 살아온 그의 발자취를 떠올리며, 저희도 그러한 믿음의 삶을 본받기를 원합니다. 이제 그는 모든 아픔을 내려놓고, 하나님 나라에서 영원한 기쁨과 안식을 누리고 있습니다. "주께서 모든 눈물을 그 눈에서 씻기시며 다시는 사망이 없고 애통하는 것이나 곡하는 것이나 아픈 것이 다시 있지 아니하리니" 하신 말씀처럼, 저희도 하나님의 약속을 신뢰하며 이 시간을 지나가게 하옵소서.

자애로운 하나님, 오늘 이 발인 예식에 모인 저희는 ○○○ 성도님의 귀한 생애를 마음 깊이 새기며, 고인이 하나님의 은총 속에서 완전한 평안을 누리셨음을 믿습니다. 이 시간이 저희에게 슬픔을 넘어 하나님의 치유와 사랑을 온전히 체험하는 소중한 기회가 되어, 서로의 마음에 새로운 다짐과 희망이 싹트게 하시옵소서.

하나님, 저희가 함께한 모든 시간들을 감사하며, 사랑하는 고인의 삶을 통해 하나님께서 주신 은혜를 기억하게 하옵소서. 저희도 하나님께서 맡기신 사명을 온전히 감당하며, 남은 시간을 더욱 소중히 여기며 살아가게 하옵소서.

하나님께서 사랑하는 ○○○ 성도님의 영혼을 영원한 기쁨 가운데 거하게 하옵소서. 저희들이 슬픔의 그늘 속에서도 서로를 위로하고 사랑으로 감싸 안을 수 있는 능력을 주옵소서. 하나님의 무한한 은혜가 각자의 마음속에 깊이 새겨져, 모든 어려움을 극복하는 기적의 시간이 되게 하시고, 그로 인해 밝은 미래의 소망이 늘 살아 숨 쉬게 하옵소서. 날마다 하나님의 은혜를 경험하는 삶을 살아가기를 바라오며, 예수 그리스도의 이름으로 기도드립니다. 아멘.

발인 예식을 위한 기도 11
하나님의 영원한 나라를 소망하며 드리는 기도

소망의 하나님 아버지,

오늘 저희는 사랑하는 ○○○ 성도님의 발인 예식을 드리며, 이별의 아픔을 안고서도 하나님의 영원한 나라를 소망하는 믿음을 간직하기를 원합니다. 하나님께서 예비하신 천국에서 사랑하는 사람을 다시 만나게 될 것을 확신하며, 이 시간이 단순한 이별이 아니라 믿음의 여정을 이어가는 시간이 되게 하옵소서. 사랑하는 사람을 보내는 것이 너무나 아프고 힘들지만, 저희의 눈물을 닦아 주시는 하나님께서 저희에게 참된 평안을 허락하여 주시기를 간절히 구합니다.

하나님, ○○○ 성도님이 살아온 삶을 돌아보며, 하나님께서 그의 모든 걸음을 인도하셨음을 기억합니다. 기쁨의 순간에도, 고난의 순간에도 고인은 하나님을 의지하며 살아왔고, 그 믿음이 그의 삶을 더욱 빛나게 하였습니다. 이제 그는 모든 수고를 내려놓고, 하나님께서 예비하신 영원한 안식 속으로 들어가고 있습니다. "저희의 시민권은 하늘에 있는지라" 하신 말씀처럼, 저희도 이 땅에 속한 자가 아니라 하나님 나라를 소망하며 살아가게 하옵소서. 사랑하는 사람이 하나님께서 마련하신 그 영광스러운 곳에서 기쁨을 누리고 있음을 믿으며, 저희의 슬픔이 감사로 바뀌게 하옵소서.

하나님, 오늘 이 거룩한 발인 예식에서 ○○○ 성도님의 생애를 보면서, 저희 모두가 그 사랑의 발자취를 따라 살아갈 수 있도록 하옵소서. 이별이 하나님 안에서 새로운 시작의 약속으로 다가오게 하옵소서. 저희 각자가 하나님의 은총으로 충만한 삶을 살아가도록 인도하여 주시옵소서. 삶과 죽음이 모두 하나님의 손안에 있음을 기억하며, 저희가 더욱 신실한 믿음으로 하나님을 의지하며 살아가게 하옵소서. 세상에서 주는 위로가 아니라, 영원한 나라를 약속하신 하나님의 위로가 저희를 지탱하게 하시고, 천국에서 다시 만날 소망을 품으며 살아가게 하옵소서.

하나님, 사랑하는 ○○○ 성도님의 영혼이 하나님의 따뜻한 품 안에서 영광과 기쁨을 누리게 하시고, 남겨진 저희도 믿음의 길을 흔들림 없이 걸어가게 하옵소서. 이별이 끝이 아님을 믿으며, 하나님의 나라를 더욱 사모하며, 언젠가 하나님 앞에 설 날을 준비하며 겸손히 살아가기를 원합니다. 하나님께서 허락하신 날들 속에서 하나님을 더욱 가까이하며, 모든 상황 속에서도 감사하는 마음으로 살아가게 하옵소서. 이 땅에서의 마지막 순간이 하나님께서 약속하신 영원한 생명의 시작이 됨을 믿으며, 하나님께서 주시는 소망 안에서 흔들리지 않는 믿음을 갖게 하옵소서. 예수 그리스도의 이름으로 기도드립니다. 아멘.

발인 예식을 위한 기도 12

하나님께서 발인예배를
주관해 주시기를 원하는 기도

　하나님, 저희의 생사화복을 주관하시며, 영원한 안식을 예비하신 하나님을 찬양합니다. 오늘 저희는 사랑하는 ○○○ 성도님을 하나님의 품으로 보내드리며, 그의 영혼이 하나님 안에서 영원한 평안을 누리기를 간절히 기도합니다. 이별의 순간이 너무도 아프고 힘들지만, 하나님의 사랑과 은혜를 의지하며, 그의 영혼이 하나님의 품에서 안식하게 하옵소서.

　하나님, ○○○ 성도님께서 이 땅에서의 모든 삶을 마치고 이제 하나님께로 돌아갑니다. 저희는 그의 따뜻한 사랑과 헌신을 기억하며, 함께했던 시간들을 감사히 여깁니다. 하나님께서 그의 삶을 지켜주셨고, 지금도 그의 영혼을 품고 계심을 믿습니다. 이제 사랑하는 ○○○ 성도님이 모든 아픔과 슬픔을 내려놓고, 하나님의 영원한 평안 속에서 거하게 하옵소서.

　하나님, "내가 너희를 위하여 거처를 예비하러 가노니" 하신 주님의 말씀을 의지합니다. 사랑하는 ○○○ 성도님을 떠나보내는 이 순간이 저희에게는 크나큰 슬픔이지만, 하나님께서 그의 영혼을 위하여 영원한 거처를 예비하셨음을 믿으며 감사드립니다. 발인을 준비하는 이 시간이 단순한 절차가 아니라, 저희의 삶을 돌아보고, 하나님 앞에서 더욱 신실하게 살아가야 함을 깨닫는 시간이 되게 하옵소서.

 하나님, 남겨진 저희가 서로를 더욱 사랑하게 하시고, 하나님의 은혜 안에서 위로받으며 살아가게 하옵소서. 사랑하는 ○○○ 성도님을 보내는 이 순간이 저희를 약하게 하는 것이 아니라, 오히려 하나님의 사랑을 더욱 깊이 경험하는 시간이 되게 하옵소서. 하나님께서 ○○○ 성도님을 친히 품으셨음을 믿으며, 저희도 영원한 생명의 소망을 품고 살아가게 하옵소서.

 하나님, 저희가 이별을 통해 더욱 하나님을 바라보게 하시고, 이 땅의 삶이 잠시임을 기억하며, 영원한 하나님의 나라를 소망하며 살아가게 하옵소서. 하나님께서 허락하신 날들을 감사함으로 채우며, 하나님께서 기뻐하시는 삶을 살아가게 하옵소서. 사랑하는 ○○○ 성도님이 하나님과 함께하며 영광 가운데 거하고 있음을 믿게 하옵소서.

 하나님께서 사랑하는 ○○○ 성도님의 영혼을 온전히 받아주시고, 남겨진 저희도 하나님의 손길을 의지하며 살아가게 하옵소서. 오늘 이 발인 예식과 남은 모든 절차가 하나님의 은혜 가운데 이루어지게 하시고, 슬픔 속에서도 하나님의 평안이 저희를 감싸도록 도우시기를 바라오며, 예수 그리스도의 이름으로 기도드립니다. 아멘.

발인 예식을 위한 기도 13

믿음 안에서 영원한 생명을 바라보는 기도

영원하신 하나님 아버지,

오늘 저희는 사랑하는 ○○○ 성도님의 발인 예식을 드리며, 믿음 안에서 영원한 생명을 바라보는 소망을 간직하기를 원합니다. 이별의 순간이 아프지만, 하나님께서 저희에게 약속하신 영원한 나라가 있음을 믿으며 이 시간을 맞이합니다. 저희의 마음이 낙심하지 않도록 붙들어 주시고, 사랑하는 자녀를 떠나보내는 아픔 속에서도 하나님의 선하신 뜻을 신뢰하게 하옵소서.

하나님, ○○○ 성도님의 삶을 돌아볼 때, 그의 모든 걸음이 하나님의 계획 안에서 이루어졌음을 고백합니다. 삶의 기쁨과 어려움 속에서도 하나님을 의지하며 걸어온 그의 신앙을 기억하며, 저희도 그 믿음을 본받아 살아가기를 원합니다. 이제 그는 모든 수고를 마치고, 하나님께서 예비하신 안식과 기쁨 속으로 들어가고 있습니다. "내가 진실로 진실로 너희에게 이르노니 내 말을 듣고 또 나 보내신 이를 믿는 자는 영생을 얻었고 심판에 이르지 아니하나니 사망에서 생명으로 옮겼느니라" 하신 말씀처럼, 하나님께서 약속하신 생명의 길이 저희에게도 있음을 확신하게 하옵소서.

 자비의 하나님, ○○○ 성도님에 대한 기억이 오늘 이 예배의 모든 순간마다 살아나, 저희 각자의 가슴속에 사랑과 감사의 불씨를 밝히게 하옵소서. 이 발인 예식이 단순한 작별을 넘어 서로에게 따뜻한 위로와 격려의 메시지를 전하는 성스러운 만남이 되게 하옵소서. 하나님의 크신 사랑이 저희의 모든 날들 속에 영원히 머무르게 하옵소서.

 하나님, 유가족들과 친지들에게 하나님의 위로를 허락하시고, 그들이 깊은 슬픔 속에서도 소망을 잃지 않도록 도우시옵소서. 하나님께서 주시는 평강이 그들의 마음을 가득 채우게 하시고, 믿음의 공동체가 함께하며 서로를 위로하고 힘을 얻는 시간이 되게 하옵소서.

 하나님께서 사랑하는 ○○○ 성도님의 영혼을 하나님 나라에서 영원한 생명으로 맞아 주시고, 남겨진 저희도 그 길을 따라 흔들림 없이 걸어가게 하옵소서. 삶과 죽음의 주권자 되신 하나님을 신뢰합니다. 저희의 남은 날들을 하나님께서 기뻐하시는 삶으로 채우기를 바라오며, 예수 그리스도의 이름으로 기도드립니다. 아멘.

발인 예식을 위한 기도 14

하나님께서 모든 절차를 인도해 주시기를 구하는 기도

저희들의 소망이 되시는 하나님 아버지,

오늘 저희는 사랑하는 ○○○ 성도님의 발인 예식을 드리며, 모든 장례 절차가 하나님의 인도하심 가운데 이루어지기를 간절히 구합니다. 이별의 순간이 슬프지만, 하나님께서 모든 과정 속에서 함께하시며, 하나님의 평강이 저희를 감싸 주시기를 바랍니다. 사랑하는 사람을 떠나보내는 이 시간이 슬픔만이 아니라, 하나님의 은혜를 경험하는 시간이 되게 하옵소서.

하나님, ○○○ 성도님의 삶을 돌아보며, 그의 모든 순간이 하나님의 계획 안에서 이루어졌음을 기억합니다. 하나님께서 그의 삶을 붙드시고 인도하셨으며, 이제는 하나님께서 예비하신 영원한 안식 속으로 들어가고 있습니다. "사람이 마음으로 자기 길을 계획할지라도 그의 걸음을 인도하시는 이는 여호와시니라" 하신 말씀처럼, 저희가 하나님께서 모든 일을 주관하심을 신뢰하며 이 시간을 지나가게 하옵소서.

하나님, 오늘 저희는 ○○○ 성도님의 고귀한 삶을 기리며, 그의 인생이 하나님의 놀라운 섭리 안에서 완전하게 이루어졌음을 믿습니다. 이 발인 예식이 저희에게 슬픔을 넘어 하나님의 치유와 은총을 경험하는 소중한 시간이 되어, 각자의 길 위에 하나님의 빛이 가득하도록 인도하시옵소서. 저희 모두가 하나님의 뜻에 따라 살아갈 수 있는 결단을 내리게 하옵소서.

하나님, 사랑하는 이를 떠나보내는 유가족들과 친지들의 마음을 위로하시고, 그들에게 하나님께서 친히 동행하심을 경험하게 하옵소서. 남겨진 시간이 슬픔으로 가득하지 않도록 하시고, 하나님의 사랑 안에서 회복과 평안을 누리는 시간이 되게 하옵소서.

하나님께서 사랑하는 ○○○ 성도님의 영혼을 온전히 받아 주시고, 남겨진 저희도 믿음의 길을 걸으며 하나님의 뜻을 이루어가게 하옵소서. 이별의 시간이 저희에게 단순한 작별이 아니라, 서로에 대한 사랑과 감사, 그리고 하나님의 약속을 새롭게 다짐하는 소중한 계기가 되게 하옵소서. 남겨진 자들의 가정이 하나님의 빛으로 가득 차서, 모든 날들이 평안과 기쁨 속에 채워지는 축복의 여정이 되도록 도와 주옵소서.

저희가 어떤 순간에도 하나님의 손길을 신뢰하며 살아가기를 바라오며, 예수 그리스도의 이름으로 기도드립니다. 아멘.

발인 예식을 위한 기도 15

남겨진 가족들에게 평안을 허락해 주시기를 구하는 기도

하나님 아버지,

오늘 저희는 사랑하는 ○○○ 성도님의 발인 예식을 드리며, 남겨진 가족들에게 하나님의 깊은 평안을 허락해 주시기를 간절히 구합니다. 이별의 순간이 다가옴에 따라 저희의 마음은 무겁고 슬픔이 가득하지만, 하나님께서 저희를 붙들어 주시고, 모든 아픔을 위로하여 주시기를 바랍니다. 하나님께서 주시는 참된 평강이 유가족들의 마음을 감싸며, 그들이 슬픔 가운데서도 소망을 품게 하옵소서.

하나님, ○○○ 성도님의 삶을 돌아보며, 그의 모든 걸음이 하나님의 사랑과 은혜 속에서 이루어졌음을 기억합니다. 삶의 기쁨과 고난을 지나며 하나님을 신뢰했던 그의 믿음이 저희에게 귀한 유산으로 남겨졌으며, 이제는 하나님께서 그를 영원한 안식으로 부르셨음을 믿습니다. "평안을 너희에게 끼치노니 곧 나의 평안을 너희에게 주노라" 하신 말씀처럼, 남겨진 가족들이 하나님의 평안을 경험하고, 끝날까지 흔들리지 않는 믿음을 품게 하옵소서.

　전능하신 하나님, 오늘 이 발인 예식의 자리에 모인 저희는 ○○○ 성도님의 사랑과 헌신을 마음 깊이 새기며, 고인이 하나님의 품에서 영원한 안식을 누리리라 믿습니다. 이별의 순간마다 하나님의 자비와 인도하심이 함께 하여, 저희들의 슬픔이 하나님의 평화로 전환되게 하옵소서. 서로에게 위로와 희망의 메시지를 전하는 기회로 변화되게 하옵소서.

　하나님, 이별의 순간이 영원한 단절이 아님을 저희가 기억하게 하시고, 천국에서 다시 만날 소망을 품으며 살아가게 하옵소서. 하나님께서 저희의 슬픔을 친히 만져 주시고, 그 아픔이 회복과 은혜의 기회가 되게 하시며, 남은 가족들이 더욱 하나님을 의지하며 살아가게 하옵소서. 유가족들이 서로에게 사랑과 위로가 되게 하시고, 믿음의 공동체가 함께하며 하나님의 은혜를 경험하는 시간이 되게 하옵소서.

　하나님께서 사랑하는 ○○○ 성도님의 영혼을 온전히 받아 주시옵소서. 모든 이별의 순간마다 저희의 눈물 대신 감사의 마음이 피어나도록 하시옵소서. 모든 고난 속에서 하나님의 은혜가 마치 부드러운 안개처럼 저희를 감싸 주어, 새 희망의 아침을 열게 하옵소서. 슬픔을 이겨내고, 하나님의 사랑 안에서 살아가는 저희가 되기를 바라오며, 예수 그리스도의 이름으로 기도드립니다. 아멘.

발인 예식을 위한 기도 16
발인 예식을 통해 하나님의 뜻을 깨닫는 기도

하나님 아버지,

오늘 저희는 사랑하는 ○○○ 성도님의 발인 예식을 드리며, 이 시간을 통해 하나님의 뜻을 더욱 깊이 깨닫기를 원합니다. 이별의 순간이 슬프지만, 하나님께서 저희에게 허락하신 모든 시간이 의미 있음을 믿으며, 저희가 이 시간을 헛되이 보내지 않게 하옵소서. 사랑하는 사람을 보내는 이 순간이 남은 유족분들과 저희의 삶을 돌아보고, 더욱 신실한 믿음의 걸음을 걷는 계기가 되게 하옵소서.

하나님, ○○○ 성도님의 삶을 돌아보며, 그의 모든 순간이 하나님의 손길 속에서 이루어졌음을 기억합니다. 고난 속에서도 하나님을 의지하며 살아온 그의 모습이 저희에게 큰 가르침이 되었으며, 이제 그는 하나님의 부르심을 따라 영원한 안식 가운데 거하게 되었습니다. "사람이 마음으로 자기 길을 계획할지라도 그의 걸음을 인도하시는 이는 여호와시니라" 하신 말씀처럼, 저희도 저희 인생의 모든 순간이 하나님의 계획 안에 있음을 믿으며 살아가게 하옵소서.

사랑의 하나님, 오늘 저희는 ○○○ 성도님의 생애를 돌아보며, 고인이 하나님의 무한한 사랑 안에서 걸어왔음을 기억합니다. 이 발인 예식이 저희 각자의 심령에 따스한 위로와 신뢰를 심어, 슬픔의 어둠 속에서도 하나님의 빛을 발견하게 하시며, 서로의 아픔을 나누고 치유하는 거룩한 시간이 되게 하옵소서.

하나님, 이 예배를 통해 저희가 하나님의 뜻을 더욱 깊이 묵상하고, 삶의 방향을 다시금 하나님께 맞추는 시간이 되게 하옵소서. 이별이 아픔으로만 남지 않게 하시고, 하나님께서 허락하신 시간들을 감사함으로 받아들이며, 더욱 충실하게 살아가게 하옵소서. 하나님께서 맡기신 사명을 기억하며, 사랑하는 사람이 남긴 신앙의 흔적을 따라 저희도 믿음으로 살게 하옵소서.

하나님, 유가족들과 함께하는 이들에게 하나님의 위로가 임하여, 슬픔이 절망이 아니라 소망으로 바뀌게 하시고, 하나님의 사랑과 평안을 누리는 시간이 되게 하옵소서. 저희가 서로에게 위로가 되고, 믿음의 공동체 안에서 하나님의 은혜를 더욱 깊이 경험하는 기회가 되게 하옵소서.

하나님께서 사랑하는 ○○○ 성도님의 영혼을 평안으로 인도하시고, 남겨진 저희도 하나님의 뜻을 따라 살아가며 하나님께 영광을 돌리는 자들이 되게 하옵소서. 이별을 통해 더 깊은 신앙을 품게 하시고, 하나님의 계획을 온전히 신뢰하는 삶을 살도록 이끄시기를 바라오며, 예수 그리스도의 이름으로 기도드립니다. 아멘.

발인 예식을 위한 기도 17

하나님께서 모든 슬픔을 거두어 주시기를 간구하는 기도

　사랑으로 늘 감싸주시는 하나님 아버지,

　오늘 저희는 사랑하는 ○○○ 성도님의 발인 예식을 드리며, 하나님께서 저희의 모든 슬픔을 거두어 주시기를 간절히 구합니다. 이별의 순간이 깊은 아픔으로 다가오지만, 하나님께서 저희를 위로하시고, 저희의 눈물을 닦아 주시며, 평안과 소망을 허락해 주시기를 바라옵나이다. 하나님께서 함께하심을 믿으며, 저희의 마음이 낙심하지 않고 오히려 하나님의 은혜를 더욱 깊이 경험하는 시간이 되게 하옵소서.

　하나님, ○○○ 성도님의 삶을 돌아보며, 그의 걸음이 언제나 하나님의 사랑과 은혜 가운데 있었음을 기억합니다. 하나님을 의지하며 살아온 그의 믿음이 저희에게 귀한 본이 되었고, 이제는 하나님께서 예비하신 영원한 안식으로 들어가게 되었음을 믿습니다. "하나님이 그들의 눈에서 모든 눈물을 씻어 주시니 다시는 사망이 없고 애통하는 것이나 곡하는 것이나 아픈 것이 다시 있지 아니하리니" 하신 말씀처럼, 저희도 하나님의 위로를 신뢰하며 슬픔 속에서도 소망을 품고 살아가게 하옵소서.

자애로운 하나님, 오늘 이 발인 예식을 통해 ◯◯◯ 성도님의 고귀한 영혼이 하나님의 품에서 평안히 쉬기를 소망합니다. 저희들 각자가 고인의 사랑을 가슴에 품고 살아갈 수 있도록 은혜를 내려 주시옵소서. 이별의 아픔이 하나님의 위로로 물들어, 저희의 삶 속에 새로운 희망의 시작을 알리는 신성한 의식이 되게 하옵소서.

하나님, 유가족과 함께하는 모든 이들에게 하나님의 평강이 임하게 하시고, 슬픔이 저희를 짓누르는 것이 아니라, 하나님의 사랑 안에서 회복과 치유의 시간이 되게 하옵소서. 하나님의 따뜻한 위로가 저희의 마음을 감싸고, 다시 일어설 수 있는 힘을 허락하여 주시기를 간절히 구합니다.

하나님께서 사랑하는 ◯◯◯ 성도님의 영혼을 영원한 안식으로 맞아 주시옵소서. 슬픔이 감사로, 아픔이 소망으로 변화되는 은혜를 경험하게 하시옵소서. 저희 가슴 속에 하나님의 사랑이 깊이 뿌리내려, 이별의 슬픔이 지나간 후에도 온전한 기쁨과 평안의 열매로 맺히게 하옵소서. 그리하여 미래를 향한 확신과 소망으로 저희 모두를 이끄는 귀한 시간이 되게 하옵소서. 하나님께서 허락하신 모든 날을 기쁨으로 살아가기를 바라오며, 예수 그리스도의 이름으로 기도드립니다. 아멘.

발인 예식을 위한 기도 18
발인 후에도 하나님의 은혜를 경험하는 기도

은혜와 평강의 하나님 아버지,

오늘 저희는 사랑하는 ○○○ 성도님의 발인 예식을 드리며, 발인이 끝난 후에도 저희의 삶이 하나님의 은혜로 가득하기를 간구합니다. 이별의 시간이 아프지만, 하나님께서 저희와 늘 함께하심을 믿으며, 이 시간이 하나님의 사랑을 깊이 경험하는 계기가 되게 하옵소서. 하나님께서 주시는 위로와 평안이 저희의 마음을 덮어 주시고, 저희가 삶의 모든 순간에서 하나님의 은혜를 찾을 수 있도록 도와주시옵소서.

하나님, ○○○ 성도님의 삶을 돌아볼 때, 그의 모든 걸음이 하나님의 인도하심 안에 있었음을 기억합니다. 어려움 속에서도 하나님을 의지하며 걸어온 그의 믿음이 저희에게 큰 가르침이 되었고, 이제는 하나님께서 예비하신 안식과 기쁨 속으로 들어가게 되었음을 확신합니다. "여호와의 인자와 긍휼이 무궁하시므로 저희가 진멸되지 아니함이니이다" 하신 말씀처럼, 하나님께서 저희에게 베푸시는 사랑과 긍휼이 매일 새로움을 깨닫게 하옵소서.

전지전능하신 하나님, 오늘 이 성스러운 자리에서 ○○○ 성도님의 생애가 하나님의 크신 계획 속에 아름답게 이어졌음을 감사드립니다. 이 발인 예식이 저희에게 깊은 감동과 함께 하나님의 사랑을 다시 한번 확인하는 시간이 되게 하옵소서. 저희의 눈물과 아픔이 하나님의 치유로 변모되어, 서로에게 힘과 용기를 불어넣는 거룩한 순간으로 채워지게 하옵소서.

하나님, 발인 후에도 남겨진 저희가 하나님의 손길을 느끼며 살아가게 하옵소서. 삶의 고단함 속에서도 하나님의 선하심을 신뢰하며, 모든 일을 하나님께 맡기고 의지하며 나아가게 하옵소서. 하나님께서 남겨진 가족들과 친지들에게 힘을 주시고, 서로에게 사랑과 위로가 되게 하시며, 하나님의 뜻을 이루는 공동체가 되게 하옵소서.

하나님, 저희가 이별 후에도 감사의 마음을 잃지 않고, 하나님께서 주시는 은혜를 날마다 누리게 하옵소서. 사랑하는 이를 떠나보낸 아픔 속에서도 하나님의 평강이 저희를 지켜 주시고, 하나님의 뜻을 신뢰하며 믿음으로 살아가게 하옵소서.

하나님께서 사랑하는 ○○○ 성도님의 영혼을 하나님의 품에서 평안히 안식하게 하옵소서. 저희의 아픔이 하나님의 은혜로 서서히 녹아내려, 그 속에서 새로운 생명의 기쁨과 온유한 평안이 솟아나게 하시옵소서. 서로를 감싸는 따스한 위로의 말씀이 되어 주옵소서. 모든 것을 하나님께 맡기오며, 예수 그리스도의 이름으로 기도드립니다. 아멘.

발인 예식을 위한 기도 19

장례 절차 속에서도 하나님을 찬양하는 기도

찬양 받으시기에 합당하신 하나님 아버지,

오늘 저희는 사랑하는 ○○○ 성도님의 발인 예식을 드리며, 모든 장례 절차 속에서도 하나님을 찬양하며 이 시간을 보내기를 원합니다. 사랑하는 자녀를 떠나보내는 순간이 고통스럽지만, 저희의 슬픔보다 크신 하나님의 사랑을 기억하며, 그 은혜를 찬양하는 믿음을 갖게 하옵소서. 저희의 마음이 낙심하지 않고, 하나님께서 주시는 평강으로 가득 차게 하시고, 모든 절차가 하나님을 높이고 감사하는 시간이 되게 하옵소서.

하나님, ○○○ 성도님의 삶을 돌아보며, 그의 모든 순간이 하나님의 은혜로 이루어졌음을 고백합니다. 삶의 기쁨과 고난 속에서도 하나님께서 그를 붙드시고 인도하셨으며, 그의 믿음이 하나님을 찬양하는 삶으로 나타났습니다. 이제 그는 이 땅에서의 수고를 마치고 하나님께서 예비하신 영광과 안식을 누리고 있음을 믿습니다. "내 영혼아 여호와를 송축하라 그 모든 은택을 잊지 말지어다" 하신 말씀처럼, 저희가 이별의 순간에도 하나님을 찬양하며 하나님의 은혜를 기억하게 하옵소서.

하나님, 오늘 저희는 ◯◯◯ 성도님의 헌신과 사랑을 기억하며, 고인이 하나님의 은총 속에서 평화롭게 쉬시리라는 믿음으로 이별의 아픔을 견뎌냅니다. 이 발인 예식이 저희에게 단순한 이별이 아니라, 새로운 시작의 서막이 되게 하옵소서.

하나님, 장례 절차의 모든 과정을 통해 하나님께 영광을 돌리며, 저희의 삶 또한 하나님을 기쁘시게 하는 길로 이어지게 하옵소서. 이별의 아픔 속에서도 하나님을 찬양할 수 있는 믿음과 감사의 마음을 허락하여 주시옵소서. 남겨진 유가족들이 하나님의 크신 위로를 경험하며 서로를 더욱 사랑하고 격려하는 시간이 되게 하옵소서.

하나님, 저희가 이 순간을 통해 하나님께 더욱 가까이 나아가며, 하나님의 선하심을 더욱 깊이 깨닫게 하옵소서. 모든 슬픔과 어려움 가운데서도 하나님께 감사하며, 저희의 삶이 하나님의 영광을 증거하는 도구로 사용되기를 원합니다.

하나님께서 사랑하는 ◯◯◯ 성도님의 영혼을 하나님의 품에서 평안히 안식하게 하시옵소서. 남은 유족들이 이 슬픔 속에서도 하나님의 자비로운 인도하심을 경험하게 하옵소서. 아픔을 넘어서 서로에게 사랑과 격려의 빛을 전하는 귀한 공동체로 거듭나게 하시옵소서. 모든 아픔이 감사의 노래로 변모하는 놀라운 역사를 이루게 하옵소서. 슬픔 중에도 기쁨을 주시는 하나님을 의지하며, 날마다 하나님의 은혜를 누리기를 바라오며, 예수 그리스도의 이름으로 기도드립니다. 아멘.

발인 예식을 위한 기도 20

천국에서의 영원한 안식을 소망하는 기도

하나님 아버지,

오늘 저희는 사랑하는 ○○○ 성도님의 발인 예식을 드리며, 천국에서의 영원한 안식을 소망하는 마음으로 이 시간을 맞이합니다. 사랑하는 형제(자매)를 떠나보내는 아픔이 크지만, 하나님께서 예비하신 영원한 나라에서 그가 평안히 머물게 하시고, 저희도 그 소망을 품으며 살아가게 하옵소서. 하나님께서 저희를 붙드시고, 이별의 순간이 낙심과 슬픔이 아니라 믿음의 깊이를 더하는 계기가 되게 하옵소서.

하나님, ○○○ 성도님의 삶을 돌아보며, 그의 걸음마다 하나님의 손길이 함께하셨음을 깨닫습니다. 그가 믿음으로 살아온 모든 순간이 하나님의 은혜 안에 있었고, 이제는 하나님께서 예비하신 영원한 기쁨과 평안 속으로 들어가게 되었음을 믿습니다. "하늘에 있는 저희의 시민권을 따라 저희가 기다리는 자는 곧 구주 예수 그리스도니" 하신 말씀처럼, 저희도 천국의 소망을 품고 그 길을 따라가게 하옵소서.

하나님, 발인 예식을 통해 저희가 남겨진 시간 동안 어떻게 살아야 할지를 깨닫게 하시고, 저희의 삶이 천국을 향한 여정이 되게 하옵소서. 사랑하는 이를 보내는 순간이 저희의 믿음을 더욱 굳게 하고, 하나님께서 허락하신 하루하루를 소중히 여기는 기회가 되게 하옵소서. 하나님께서 저희를 붙들어 주셔서, 세상에서 흔들리지 않고 믿음으로 살아가게 하옵소서.

하나님, 이별의 시간이 저희에게 주는 깊은 상실 속에서도, 하나님의 자비와 위로가 마치 포근한 담요처럼 저희를 감싸 안게 하시옵소서. 모든 슬픔이 희망의 불씨로 변하여 미래에 대한 믿음으로 다시 일어설 수 있게 하옵소서. 하나님의 영광을 바라보는 믿음의 눈을 허락하여 주옵소서.

하나님께서 사랑하는 ○○○ 성도님의 영혼을 영원한 평안과 기쁨 가운데 거하게 하시옵소서. 저희의 마음 깊은 곳에 하나님의 사랑과 평안이 스며들어, 이별의 아픔이 하나님의 약속으로 치유되게 하옵소서. 서로에 대한 사랑이 한층 더 깊어져 하나님의 축복이 넘치는 새로운 시작이 되게 하옵소서. 모든 시간을 하나님께 맡겨드리며, 예수 그리스도의 이름으로 기도드립니다. 아멘.

발인 예식을 위한 기도 21

하나님께서 남겨진 가족을 위로해 주시기를 구하는 기도

하나님 아버지,

오늘 저희는 사랑하는 ○○○ 성도님의 발인 예식을 드리며, 이별의 아픔을 감당해야 하는 가족들에게 하나님의 위로와 평안을 간구합니다. 하나님께서 이 시간 친히 함께하시며, 모든 두려움과 슬픔을 덜어주시고, 하나님의 크신 사랑으로 그들의 마음을 감싸주시기를 바랍니다. 사랑하는 자녀를 떠나보내는 이 시간이 아픔으로만 남지 않도록, 하나님께서 위로하시고 소망을 주시기를 간절히 구합니다.

하나님, ○○○ 성도님이 걸어온 길을 돌아볼 때, 그의 삶이 하나님께 영광을 돌리는 삶이었음을 고백합니다. 그는 기쁨 속에서도, 고난 속에서도 하나님을 신뢰하며 믿음의 길을 걸어왔고, 이제는 모든 고통에서 벗어나 하나님께서 마련하신 안식의 자리로 들어갔음을 믿습니다. "주는 마음이 상한 자에게 가까이 하시며, 충심으로 통회하는 자를 구원하시는도다" 하신 말씀처럼, 남겨진 가족들이 하나님의 위로를 가까이 느끼고, 슬픔을 이겨낼 수 있는 믿음과 힘을 얻게 하옵소서.

하나님, 가족들이 서로를 더욱 사랑하며 위로하고, 하나님께서 주시는 평안을 통해 새로운 소망을 품게 하옵소서. 하나님께서 허락하신 믿음의 공동체가 이들에게 사랑의 손길이 되어 주고, 그들이 슬픔 속에서도 하나님께 감사하며 앞으로의 걸음을 내딛을 수 있도록 도와주시옵소서. 하나님의 크신 사랑이 가족들의 삶을 채우고, 매일의 순간 속에서 하나님의 은혜를 경험하게 하옵소서.

은혜로우신 하나님, 오늘 이 발인 예식의 자리에 모여 ○○○ 성도님의 생애를 기리며, 고인이 하나님의 크신 사랑과 은총 속에서 완전한 안식을 누리셨음을 믿습니다. 이 예배가 저희의 마음에 깊은 울림을 주옵소서. 그리하여 서로의 슬픔을 하나님의 빛과 평안으로 감싸며, 새로운 희망의 길을 열어가는 소중한 시간이 되게 하옵소서.

하나님께서 사랑하는 ○○○ 성도님의 영혼을 영원한 평안 가운데 받아주시고, 남겨진 저희도 하나님의 손길을 느끼며 믿음으로 살아가게 하옵소서. 저희가 이별의 고통 속에서도 하나님의 놀라운 은혜와 기적을 발견하게 하시옵소서. 그 은혜로 인해 모든 아픔이 소망과 기쁨으로 변화되며, 저희들이 서로에게 위로와 격려를 나누는 따뜻한 공동체가 되게 하옵소서. 삶의 모든 순간이 하나님께 감사와 찬송으로 채워지기를 소망하며, 예수 그리스도의 이름으로 기도드립니다. 아멘.

발인 예식을 위한 기도 22
발인 예식을 통해 믿음이 더욱 견고해지는 기도

하나님 아버지,

오늘 저희는 사랑하는 ◯◯◯ 성도님의 발인 예식을 드리며, 이 시간이 믿음을 더욱 견고히 하는 시간이 되기를 간구합니다. 이제 떠나보내는 슬픔이 크지만, 저희가 이 순간을 통해 하나님을 더욱 깊이 신뢰하며, 믿음 안에서 흔들림 없이 살아가기를 소망합니다. 하나님의 평강이 유가족들과 함께하셔서, 그들이 슬픔 가운데서도 하나님의 손길을 느끼게 하옵소서.

하나님, ◯◯◯ 성도님의 삶을 돌아볼 때, 그가 하나님을 의지하며 살아온 날들이 저희에게 믿음의 본이 되었음을 고백합니다. 어려움 속에서도 하나님의 선하심을 신뢰하며 걸어온 그의 삶이 남겨진 저희에게도 큰 위로와 격려가 되었습니다. 이제는 하나님께서 그를 모든 수고와 고통에서 벗어나게 하시고, 영원한 안식으로 들어가게 하셨음을 믿습니다. "하나님은 저희 피난처시요 힘이시니 환난 중에 만날 큰 도움이시라" 하신 말씀처럼, 저희가 하나님을 의지하며 믿음으로 나아가게 하옵소서.

전능하신 하나님, 오늘 저희는 ◯◯◯ 성도님의 사랑스런 발자취를 따라 하나님의 무한한 자비를 경험하고, 그의 생애가 하나님의 영광을 위한 소중한 선물이었음을 깨닫습니다. 이 발인 예식이 저희에게 슬픔을 넘어 하나님의 신실한 위로와 치유를 가져다주는 거룩한 만남이 되게 하옵소서. 각자의 삶 속에 새로이 피어나는 희망과 믿음의 꽃이 되게 하시며, 저희의 모든 여정에 하나님의 축복이 함께하시기를 간절히 기도드립니다.

하나님, 남겨진 가족들이 서로를 더욱 사랑하고 위로하며, 믿음의 공동체 안에서 하나님의 크신 사랑을 경험하게 하옵소서. 하나님의 평강이 그들의 마음을 가득 채워, 슬픔이 더 이상 저희를 짓누르지 않도록 도와주시옵소서. 이별의 슬픔 속에서도, 하나님의 약속과 사랑이 울려 퍼져, 모든 상처를 감싸 안고, 저희가 서로에게 치유와 희망의 메시지를 전하는 축복의 시간이 되게 하옵소서.

하나님께서 사랑하는 ○○○ 성도님의 영혼을 하나님의 품에서 영광 가운데 거하게 하시옵소서. 이별의 시간이 저희에게 한순간의 고통만을 주는 것이 아니라, 하나님의 은혜를 다시 한번 깊이 묵상하게 하는 소중한 계기가 되게 하옵소서. 유족들과 저희들이 미래를 향한 확신과 사랑으로 하나 되는 귀한 시간이 되게 하옵소서. 하나님의 은혜와 사랑으로 저희를 붙들어 주시기를 간절히 바라오며, 예수 그리스도의 이름으로 기도드립니다. 아멘.

발인 예식을 위한 기도 23
하나님의 계획을 신뢰하며 살아가는 기도

하나님 아버지,

오늘 저희는 사랑하는 ○○○ 성도님의 발인 예식을 드리며, 이 시간 저희의 모든 삶이 하나님의 계획 안에 있음을 신뢰하기를 원합니다. 이별의 아픔이 크지만, 하나님께서 모든 것을 주관하시며, 그 뜻 안에서 선을 이루어 가심을 믿으며 이 시간을 받아들이게 하옵소서. 저희의 슬픔이 하나님의 사랑 안에서 위로를 받고, 믿음으로 더욱 굳건해지는 시간이 되게 하옵소서.

하나님, ○○○ 성도님의 삶을 돌아볼 때, 그의 모든 순간이 하나님의 손길 속에서 이루어졌음을 고백합니다. 그의 믿음과 헌신이 하나님의 영광을 위해 사용되었으며, 이제는 모든 수고를 내려놓고 하나님 나라에서 영원한 안식을 누리게 되었습니다. "저희가 알거니와 하나님을 사랑하는 자 곧 그의 뜻대로 부르심을 입은 자들에게는 모든 것이 협력하여 선을 이루느니라" 하신 말씀처럼, 저희도 하나님의 선하심을 의지하며, 남은 시간을 믿음으로 살아가게 하옵소서.

하나님, 발인 예식을 통해 저희가 하나님께 더욱 가까이 나아가게 하시고, 저희의 삶이 하나님께서 기뻐하시는 길로 향하게 하옵소서. 남겨진 날들을 헛되이 보내지 않게 하시고, 하나님의 뜻을 이루는 삶을 살아가게 하옵소서. 이별의 순간이 믿음과 사랑을 더욱 깊게 하고, 하나님께 감사하는 마음을 품는 계기가 되게 하옵소서.

하나님, 유가족과 친지들에게 하나님의 위로와 평강을 허락하시옵소서. 이 이별의 슬픔 속에서도 서로를 향한 따스한 기도로 위로받고, 하나님의 무한한 자비가 유족들의 상처를 감싸 주시옵소서. 모든 아픔이 사랑으로 변모하는 놀라운 은혜의 역사를 체험하게 하옵소서. 슬픔을 넘어 하나님의 계획 안에서 새로운 소망을 찾게 하시고, 저희가 하나님의 은혜를 더욱 깊이 깨달으며 살아가게 하옵소서.

하나님께서 사랑하시는 ○○○ 성도님의 영혼을 영원한 평안으로 인도하시옵소서. 저희 각자의 마음에 하나님의 평안과 사랑이 깊이 자리잡아, 이별의 고통이 오히려 서로를 단단히 묶는 귀한 동기가 되게 하옵소서. 저희가 하나님의 은혜 속에서 서로를 위로하는 축복의 공동체로 자라나게 하옵소서.

모든 것을 하나님께 맡겨드리며, 예수 그리스도의 이름으로 기도드립니다. 아멘.

발인 예식을 위한 기도 24
영원한 소망 가운데 발인을 진행하는 기도

하나님 아버지,

오늘 저희는 사랑하는 ○○○ 성도님의 발인 예식을 드리며, 이 시간을 영원한 소망 가운데 맞이하기를 원합니다. 이별의 순간이 무겁게 다가오지만, 하나님께서 저희와 함께하시며, 하나님께서 주신 영원한 생명을 소망하며 나아가게 하옵소서. 하나님께서 주시는 위로와 평강으로 저희의 마음을 채워 주시고, 남겨진 이들에게 참된 소망과 힘을 허락하여 주시기를 간절히 구합니다.

하나님, ○○○ 성도님이 살아온 날들을 돌아보며, 그의 삶이 하나님의 인도하심 안에 있었음을 기억합니다. 하나님께서 그의 모든 걸음을 지키시고, 이끄셨으며, 이제는 그의 영혼을 하나님 나라로 불러 주셨습니다. "너희가 나를 택한 것이 아니요 내가 너희를 택하여 세웠나니" 하신 말씀처럼, 저희가 이 순간 하나님의 주권을 인정하며, 하나님의 뜻을 신뢰하는 마음을 갖게 하옵소서.

하나님, 이 발인 예식이 저희에게 슬픔만이 아니라 감사와 소망을 주는 시간이 되게 하시고, 하나님께서 모든 것을 합력하여 선을 이루심을 믿으며 살아가게 하옵소서. 이별의 아픔이 하나님께 대한 신뢰로 변화되고, 저희의 삶이 하나님의 계획 안에서 더욱 단단해지는 시간이 되기를 간절히 원합니다. 하나님께서 주시는 평안이 남겨진 저희의 마음을 감싸며, 하나님의 선하심을 더욱 깊이 경험하게 하옵소서.

하나님, 유가족들과 함께하는 모든 이들이 하나님의 손길을 느끼며, 하나님의 은혜와 사랑 속에서 위로받게 하옵소서. 유족들의 가정이 이별의 아픔 속에서도 서로를 따뜻하게 감싸 안고, 하나님의 약속을 붙들어 희망의 길을 걸어갈 수 있도록 도와주시옵소서. 그리하여 모든 슬픔이 하나님의 사랑과 평안으로 변화되는 놀라운 기적을 이루게 하옵소서.

하나님께서 사랑하는 ○○○ 성도님의 영혼을 하나님의 품에서 영원한 기쁨으로 맞아 주시옵소서. 그리하여 남겨진 저희도 그가 믿음으로 걸어온 길을 본받아 하나님의 뜻을 이루어가는 자들이 되게 하옵소서. 모든 영광을 하나님께 올려드리며, 예수 그리스도의 이름으로 기도드립니다. 아멘.

발인 예식을 위한 기도 25

하나님께서 모든 상황을 선하게 인도해 주시기를 간구하는 기도

하나님 아버지,

오늘 저희는 사랑하는 ○○○ 성도님의 발인 예식을 드리며, 모든 상황 속에서 하나님의 선하신 인도하심을 구합니다. 사랑하는 사람을 떠나보내는 이 시간이 슬픔으로 가득 차 있지만, 하나님께서 이 모든 순간을 통해 선을 이루시고, 하나님의 뜻을 이루어 주시기를 간절히 기도합니다. 이별의 아픔이 하나님을 더욱 의지하고 신뢰하는 기회가 되게 하옵소서.

하나님, ○○○ 성도님의 삶을 돌아보며, 그의 발자취가 언제나 하나님의 계획 안에 있었음을 기억합니다. 그가 걸어온 믿음의 여정이 저희에게 귀한 유산이 되었고, 이제 그는 모든 수고를 마치고 하나님께서 준비하신 영원한 안식으로 들어가게 되었음을 확신합니다. "여호와의 명령은 정직하여 마음을 기쁘게 하고" 하신 말씀처럼, 하나님께서 모든 상황을 정직하고 선하게 인도하심을 믿으며 저희가 흔들림 없이 나아가게 하옵소서.

하나님, 이 발인 예식이 저희의 삶을 다시 돌아보고, 하나님의 선하신 계획을 믿으며 감사하는 시간이 되게 하옵소서. 남겨진 시간이 하나님께서 맡기신 사명을 기억하며, 신실하게 살아가는 시간이 되기를 원합니다. 하나님께서 주시는 위로와 평강이 저희의 마음을 채우고, 하나님의 인도하심을 신뢰하며 나아가게 하옵소서.

하나님, 가족들과 친지들, 그리고 함께한 모든 이들에게 하나님의 사랑이 더욱 깊이 임하게 하시고, 서로를 격려하며 하나님의 뜻을 깨닫는 시간이 되게 하옵소서. 슬픔 속에서도 하나님의 손길을 느끼며, 매 순간 하나님의 은혜로 채워지는 삶을 살아가게 하옵소서.

하나님께서 사랑하는 ○○○ 성도님의 영혼을 하나님의 나라에서 평안히 쉬게 하시옵소서. 이별의 순간에도 하나님의 자비로운 손길이 저희의 마음을 어루만져, 모든 고통이 치유와 회복의 축복으로 바뀌게 하시옵소서. 저희들이 하나님의 은혜로 서로를 격려하고 사랑하는 새로운 시작의 증거가 되게 하옵소서.

모든 순간에 하나님의 은혜를 경험하고, 저희의 삶이 하나님께 영광이 되기를 바라오며, 예수 그리스도의 이름으로 기도드립니다. 아멘.

Part 4
하관 예식을 위한 기도문

하관 예식을 위한 기도 1
사랑하는 이의 육신을 흙으로 돌려보내는 기도

전능하신 하나님 아버지,

오늘 저희는 사랑하는 ○○○ 성도님의 하관 예식을 드리며, 이 시간을 통해 하나님의 은혜를 깊이 경험하길 원합니다. 흙으로 돌아가는 이 몸이 하나님의 주권 아래 있음을 기억하며, 저희가 하나님께서 허락하신 삶의 모든 순간을 감사함으로 되돌아보게 하옵소서. 저희의 마음이 슬픔으로 가득하지만, 하나님께서 주시는 평강과 위로가 저희를 감싸고, 이별의 고통을 이겨낼 힘을 주시기를 간절히 소망합니다.

하나님, ○○○ 성도님이 걸어온 삶의 여정을 돌아보며, 그의 발걸음마다 하나님의 손길이 함께하셨음을 깨닫습니다. 어려운 시간 속에서도 하나님의 선하심을 신뢰하며 살아온 그의 모습이 저희에게 큰 위로와 감동이 됩니다. 이제 그는 모든 고통과 수고에서 벗어나, 하나님 나라에서 영원한 기쁨과 평안을 누리게 되었음을 믿습니다. "하나님은 저희의 피난처시요 힘이시며 환난 중에 만날 큰 도움이시라" 하신 말씀처럼, 저희도 하나님께로 피하여 위로를 얻고, 저희의 믿음을 더욱 단단히 세우는 시간이 되게 하옵소서.

　하나님, 오늘 저희는 ○○○ 성도님의 고귀한 생애를 깊이 새기며, 고인이 걸어온 길에서 하나님의 사랑과 은혜를 온전히 느낍니다. 이 하관 예식이 단순한 형식이 아니라, 저희 각자의 영혼이 하나님의 살아계신 진리를 마주하는 감동의 순간으로 다가오게 하옵소서. 그리하여, 새로운 믿음의 불씨를 지피는 값진 시간이 되게 하시며, 매 순간 하나님의 축복을 온전히 체험하게 하옵소서.

　하나님, 유가족들과 함께하는 모든 이들에게 하나님의 위로가 넘치게 하시옵소서. 이 이별의 아픔 가운데서도 하나님의 사랑과 약속을 깊이 느끼고, 그 사랑이 저희를 하나로 묶어 서로에게 힘과 용기를 주는 축복의 근원이 되게 하시며, 모든 어려움이 하나님의 선하신 계획으로 승화되게 하옵소서.

　하나님께서 사랑하는 ○○○ 성도님의 영혼을 영원한 평안으로 인도하시옵소서. 저희가 이별의 슬픔 속에서도 하나님의 자비로운 은혜를 잊지 않도록 인도하여 주시옵소서. 각자의 마음에 새겨진 하나님의 약속이 앞으로의 모든 길을 밝히는 등불이 되게 하옵소서. 그리하여 서로를 향한 사랑과 격려로 축복받는 삶을 살아가게 하옵소서. 모든 영광을 하나님께 올려드리며, 예수 그리스도의 이름으로 기도드립니다.

하관 예식을 위한 기도 2
하관 예배을 통해 하나님의 은혜를 경험하는 기도

전능하신 하나님 아버지,

오늘 저희는 사랑하는 ○○○ 성도님의 하관 예식을 드리며, 이 시간을 통해 하나님의 은혜를 깊이 경험하길 원합니다. 흙으로 돌아가는 이 몸이 하나님의 주권 아래 있음을 기억하며, 저희가 하나님께서 허락하신 삶의 모든 순간을 감사함으로 되돌아보게 하옵소서. 저희의 마음이 슬픔으로 가득하지만, 하나님께서 주시는 평강과 위로가 저희를 감싸고, 이별의 고통을 이겨낼 힘을 주시기를 간절히 소망합니다.

하나님, ○○○ 성도님이 걸어온 삶의 여정을 돌아보며, 그의 발걸음마다 하나님의 손길이 함께하셨음을 깨닫습니다. 어려운 시간 속에서도 하나님의 선하심을 신뢰하며 살아온 그의 모습이 저희에게 큰 위로와 감동이 됩니다. 이제 그는 모든 고통과 수고에서 벗어나, 하나님 나라에서 영원한 기쁨과 평안을 누리게 되었음을 믿습니다. "하나님은 저희의 피난처시요 힘이시며 환난 중에 만날 큰 도움이시라" 하신 말씀처럼, 저희도 하나님께로 피하여 위로를 얻고, 저희의 믿음을 더욱 단단히 세우는 시간이 되게 하옵소서.

하나님, 오늘 이 하관 예배의 성스러운 순간에 ○○○ 성도님의 귀한 생애를 기리며, 고인이 남긴 사랑의 메시지가 저희에게 깊은 감동과 영감을 주었음을 믿습니다. 이 예식이 단순한 전통을 넘어서, 하나님의 살아있는 말씀과 축복이 저희의 마음속에 새로운 다짐과 결심을 불러일으키게 하옵소서. 신앙의 길에 한층 더 담대하게 나아가게 하는 귀한 시간이 되게 하시며, 하나님의 은혜가 넘치게 하옵소서.

하나님, 유가족들과 함께하는 모든 이들에게 하나님의 위로가 넘치게 하시고, 슬픔 속에서도 서로를 격려하며, 하나님께서 주시는 평강으로 마음을 채워가게 하옵소서. 저희가 이별의 아픔을 딛고 일어서서, 하나님의 사랑과 은혜로 날마다 살아가게 하옵소서.

하나님께서 사랑하는 ○○○ 성도님의 영혼을 사랑으로 품으신 것을 알고 있습니다. 저희들이 오늘 겪는 이 이별의 고통 속에서도 하나님의 평안과 은혜를 체험하게 섭리하여 주시옵소서. 그 평안이 마음속 깊은 곳까지 스며들어 모든 아픔이 사라지고, 새로운 희망의 날들이 열리는 귀한 시간이 되게 하옵소서. 모든 영광을 하나님께 올려드리며, 예수 그리스도의 이름으로 기도드립니다. 아멘.

하관 예식을 위한 기도 3
하관 예배을 통해 하나님의 말씀을 기억하는 기도

사랑과 자비가 풍성하신 하나님 아버지,

오늘 저희는 사랑하는 ○○○ 성도님의 하관 예식을 드리며, 그의 삶 속에 역사하신 하나님의 말씀을 깊이 새기기를 원합니다. 흙에서 와서 흙으로 돌아간다는 이 땅의 순환 속에서도 하나님의 계획이 깃들어 있음을 믿으며, 저희가 이 시간을 통해 하나님의 섭리를 되새기게 하옵소서.

하나님, ○○○ 성도님의 인생 여정을 돌아볼 때, 그는 항상 하나님의 말씀을 따라 걸었음을 기억합니다. 어려운 순간에도 하나님의 약속을 붙잡고 믿음으로 나아간 그의 삶은 하나님의 사랑과 은혜를 증거하였습니다. 이제 그는 모든 고통에서 벗어나 하나님 나라의 영광스러운 기쁨 속으로 들어갔음을 확신하며 감사드립니다. "사람은 흙에서 와서 흙으로 돌아가고, 그의 영혼은 하나님께로 돌아가느니라" 하신 말씀처럼, 이별의 순간을 슬픔으로만 바라보지 않게 하시고, 하나님께서 주신 약속의 소망을 붙드는 시간이 되게 하옵소서.

전능하신 하나님, 오늘 이 자리에 모여 ○○○ 성도님의 따스한 미소와 헌신을 기리며, 고인의 사랑이 저희 삶 속에 깊은 울림을 주었음을 고백합니다. 이 하관 예식이 단지 절차적 의식에 머무르지 않고, 저희 각자가 하나님의 말씀 안에서 새로움과 결단을 발견하는 성스러운 기회로 피어오르게 하시어, 영원한 소망의 빛을 품게 하옵소서.

하나님, 남은 가족과 친지들이 서로를 격려하며, 하나님의 말씀 속에서 위로와 소망을 발견하게 하옵소서. 하나님의 사랑과 은혜가 저희의 마음을 감싸고, 새로운 삶의 다짐을 통해 하나님의 영광을 드러내는 삶을 살게 하옵소서.

하나님, 사랑하는 ○○○ 성도님이 남긴 믿음과 헌신을 본받아, 저희도 하나님의 뜻을 따라가는 삶을 살게 하옵소서. 저희는 이별의 아픔을 넘어 하나님의 사랑과 위로가 흘러넘치는 놀라운 역사를 믿습니다. 모든 슬픔이 하나님의 놀라운 자비로 치유되기를 소망합니다. 그리하여 유족들과 저희들이 서로를 향한 따뜻한 기도로 위로받고, 미래를 향한 밝은 소망을 품게 하옵소서. 모든 것을 하나님께 올려드리며, 예수 그리스도의 이름으로 기도드립니다. 아멘.

하관 예식을 위한 기도 4

사랑하는 이의 삶을 기억하며 하나님께 감사하는 기도

   자비와 은혜로 저희를 돌보시는 하나님 아버지,
   오늘 저희는 사랑하는 ○○○ 성도님의 하관 예식을 드리며, 그의 삶 속에 드러난 하나님의 은혜를 돌아보며 감사드립니다. 흙에서 시작된 이 땅의 여정이 흙으로 돌아가는 순간, 저희의 삶이 하나님의 섭리 안에 있음을 다시금 깨닫게 하옵소서. 모든 것이 하나님의 선하신 계획 가운데 있음을 믿으며, 이별의 아픔 속에서도 하나님의 평안을 구합니다.
   하나님, ○○○ 성도님의 삶은 하나님의 사랑과 인도하심으로 가득했습니다. 그는 믿음으로 살아가며 주어진 사명을 다하였고, 그의 삶은 하나님의 영광을 드러내는 귀한 열매를 맺었습니다. 이제는 모든 수고를 내려놓고 하나님의 품에서 안식을 누리고 있음을 믿으며 감사드립니다. "나의 힘이 되신 여호와여, 내가 주를 사랑하나이다" 하신 말씀처럼, 그의 삶이 사랑으로 채워졌고, 이제는 그 사랑이 영원히 하나님의 나라에서 이어지게 되었음을 확신합니다.

자애로운 하나님, 저희가 ○○○ 성도님의 인생 여정을 감사히 회상하며, 고인이 남긴 사랑의 흔적이 저희의 마음에 새록새록 살아나게 하옵소서. 이 하관 예식이 단순한 전통의식을 넘어서, 하나님의 약속과 진리가 저희 영혼 깊숙이 스며드는 순간이 되어, 새로운 도전과 신앙의 결단으로 이어지게 하시며, 끝없는 은혜로 인도하여 주시옵소서.

소망의 하나님, 발인 예식을 통해 ○○○ 성도님의 삶이 저희 신앙의 견고한 초석이 되게 하시며, 빌립보서 4장 13절 말씀처럼 하나님 안에서 모든 어려움을 극복할 수 있는 힘과 용기를 부여하여 믿음이 더욱 굳건해지게 하옵소서.

인도하시는 하나님, ○○○ 성도님의 걸음을 본받아 저희도 하나님의 선하신 계획을 신뢰하고 따르게 하옵소서. 때로는 이해할 수 없는 고난 속에서도 하나님의 깊은 뜻을 깨닫고 희망의 빛을 발견하게 하시어, 모든 일에 주의 선하신 섭리가 이루어지길 간절히 기도합니다. 모든 것을 하나님께 맡겨드리며, 예수 그리스도의 이름으로 기도드립니다. 아멘.

하관 예식을 위한 기도 5
하관 예배를 통해 하나님의 섭리를 깨닫는 기도

생명을 주시고 거두시는 하나님 아버지,

오늘 저희는 사랑하는 ○○○ 성도님의 하관 예식을 거행하며, 이 땅의 모든 것이 하나님의 섭리 가운데 있음을 고백합니다. 흙에서 와서 흙으로 돌아가는 이 순간, 저희가 하나님의 주권과 섭리를 다시금 깊이 깨달을 수 있도록 은혜를 내려 주옵소서.

하나님, ○○○ 성도님의 삶을 되돌아보며, 그의 걸음마다 하나님의 인도하심이 함께했음을 기억합니다. 그는 어려운 상황 속에서도 하나님을 의지하며 살아왔고, 하나님의 말씀을 붙들고 자신의 사명을 성실히 감당하였습니다. 이제 그는 모든 수고를 마치고, 하나님의 나라에서 영원한 평안을 누리고 있습니다. 이 이별의 순간이 저희에게 단순한 슬픔이 아니라, 하나님의 뜻을 신뢰하는 믿음을 키우는 기회가 되게 하옵소서. "하나님의 말씀은 살아 있고 활력이 있어 좌우에 날선 어떤 검보다 예리하며"라는 말씀처럼, 이 순간 저희가 하나님의 말씀을 다시금 되새기게 하옵소서.

하나님, 이 하관 예식을 통해 저희가 삶의 덧없음을 깨닫고, 남겨진 날들을 하나님께 감사함으로 살아가게 하옵소서. 저희의 마음이 하나님의 평강으로 채워지고, 그 사랑 안에서 다시 일어설 수 있는 용기를 얻게 하옵소서. 사랑하는 이를 흙으로 돌려보내는 이 시간이 단순한 이별의 의식이 아니라, 하나님을 더욱 깊이 경험하고, 하나님의 사랑을 붙드는 시간이 되게 하옵소서.

사랑의 하나님, 오늘 이 장례 행렬 가운데 ○○○ 성도님의 마지막 길에 하나님의 강력한 보호와 인도하심이 깃들어 모든 악에서 벗어나 평온함을 누리게 하소서. 저희 마음 깊은 곳에 하나님의 은혜가 머물어 슬픔을 위로하며 세상의 고난 속에서도 주의 빛을 잃지 않도록 지켜주시길 간절히 기도합니다.

전능하신 하나님, ○○○ 성도님의 영혼이 믿음 안에서 영원한 생명의 기쁨을 누리게 하시며 저희 모두가 그 길을 따르도록 인도해 주옵소서. 시편 23편 4절의 약속처럼 어둠 속에서도 하나님이 저희와 함께하시어 두려움 없는 삶을 선사하시길 간구합니다.

하나님께서 사랑하는 ○○○ 성도님의 영혼을 평안히 품어 주시고, 남겨진 저희도 하나님의 뜻을 따라 살아가며 믿음으로 하나님께 영광을 돌리는 삶을 살게 하옵소서. 모든 것을 하나님께 맡겨드리며, 예수 그리스도의 이름으로 기도드립니다. 아멘.

하관 예식을 위한 기도 6
하나님의 평안을 간구하며 드리는 기도

위로와 평강의 하나님 아버지,

오늘 저희는 사랑하는 ○○○ 성도님의 하관 예식을 거행하며, 하나님의 크신 평강과 위로를 간구합니다. 흙으로 돌아가는 이 순간, 모든 것이 하나님의 선하신 섭리 가운데 있음을 믿으며, 하나님의 평강이 이곳에 가득하시기를 원합니다.

하나님, ○○○ 성도님이 이 땅에서 살아온 모든 날들 속에 하나님의 은혜가 있었음을 고백합니다. 그는 믿음으로 하나님을 의지하며 걸어갔고, 하나님께 영광을 돌리기 위해 충실히 자신의 삶을 헌신하였습니다. 이제는 이 땅의 모든 고단함에서 벗어나 하나님의 나라에서 영원한 안식을 누리고 있음을 믿으며 감사를 드립니다. "하나님의 평강이 그리스도 예수 안에서 너희 마음과 생각을 지키시리라" 하신 말씀처럼, 이 순간에도 하나님의 평강이 저희의 마음을 붙들어 주시옵소서.

하나님, ○○○ 성도님이 남긴 믿음의 유산과 헌신을 저희가 기억하며, 그의 삶 속에서 드러난 하나님의 사랑을 찬양합니다. 그가 행한 모든 선한 일들과 교회와 이웃을 위해 베푼 사랑과 봉사는 저희의 가슴에 새겨져 있습니다. 하나님께서 그를 통해 이루신 모든 일들에 감사드리며, 그의 본을 따라 저희도 믿음으로 나아가기를 원합니다.

하나님, 오늘 이 하관 예배의 성스러운 자리에서 ○○○ 성도님의 헌신과 사랑을 기억하며, 고인의 발자취가 저희에게 하나님의 자비를 전하는 귀한 메시지로 남았음을 믿습니다. 이 예식이 단순한 의례를 넘어, 저희의 마음속에 하나님의 살아있는 빛이 반짝이며, 각자의 믿음이 한층 더 단단해지는 귀중한 체험의 시간이 되게 하옵소서.

하나님, 이곳에 함께한 모든 이들에게 하나님의 평강이 넘치게 하시고, 서로를 위로하며, 하나님의 사랑 안에서 하나 되어 살아가게 하옵소서. 슬픔을 넘어 새로운 소망을 발견하며, 하나님께서 주시는 힘으로 모든 고난을 이겨내게 하옵소서.

자비로우신 하나님, 이 장례의 모든 절차마다 ○○○ 성도님의 귀한 기억을 간직하게 하시고, 저희의 발걸음마다 주의 뜻이 드러나며 고요한 평화 속에서 영혼이 안식을 누리도록 지혜와 인도를 부디 내려주소서.

하나님, 저희 모두가 사랑하는 ○○○ 성도님과 함께 나눈 소중한 시간들을 감사함으로 기억하게 하시고, 하나님께서 기뻐하시는 삶을 살게 하옵소서. 모든 것을 하나님께 올려드리며, 예수 그리스도의 이름으로 기도드립니다. 아멘.

하관 예식을 위한 기도 7
천국의 소망을 되새기는 기도

영원한 소망과 생명을 주시는 하나님 아버지,

오늘 저희는 사랑하는 ○○○ 성도님의 하관 예식을 드리며, 이 순간을 통해 천국의 소망을 새롭게 되새기고자 합니다. 흙에서 왔다가 흙으로 돌아가는 인생의 여정을 바라보며, 하나님께서 허락하신 영원한 생명의 약속을 굳게 붙들게 하옵소서.

하나님, ○○○ 성도님의 삶을 돌아보며, 그의 발자취마다 하나님의 은혜가 함께하셨음을 기억합니다. 그는 믿음으로 걸어가며, 주어진 사명을 다해 하나님을 섬기고 이웃을 사랑하였습니다. 그의 삶은 하나님 나라를 향한 믿음의 여정이었으며, 이제는 모든 수고를 마치고 영원한 기쁨 속으로 들어갔음을 믿습니다. "내가 다시 오리니 너희를 내게로 영접하여 나 있는 곳에 너희도 있게 하리라" 하신 주님의 말씀처럼, 저희가 이 땅에서의 이별을 뛰어넘는 천국의 소망을 품게 하옵소서.

하나님, ○○○ 성도님이 남긴 믿음의 유산을 기리며, 그의 헌신과 사랑이 저희에게 본이 되게 하옵소서. 그의 삶은 하나님의 영광을 위해 사용되었으며, 그가 이 땅에서 남긴 모든 사랑의 흔적은 하나님의 은혜의 증거로 남아 있습니다. 저희가 이 시간 그의 삶을 기억하며, 천국의 소망을 바라보는 믿음으로 한 걸음 더 나아가게 하옵소서.

전지전능하신 하나님, 오늘 저희는 ○○○ 성도님의 생애를 깊이 묵상하며, 고인이 하나님의 은총 속에서 살아온 증거를 온전히 감상합니다. 이 하관 예식이 단순한 의례적 절차가 아니라, 저희 영혼이 하나님의 말씀과 사랑에 깊이 잠기어 새로운 각오와 희망의 결단을 이루는 신비로운 시간이 되도록 인도하여 주시옵소서.

은혜로우신 하나님, 슬픔에 잠긴 가족들이 ○○○ 성도님의 따스한 미소를 기억하며 하나님의 평안 속에서 서로의 위로와 사랑을 나누게 하시고, 잃어버린 마음에 치유의 빛이 비추어져 새 희망을 찾게 하옵소서.

위로하시는 하나님, 하관 예배의 고요한 순간 속에 ○○○ 성도님의 삶을 되새기며 하나님의 뜻을 깨닫게 하시옵소서. 이별의 아픔 가운데 이사야 41장 10절 말씀으로 두려움 없이 하나님의 품에 안기게 하시길 간절히 청합니다. 하나님께서 사랑하는 ○○○ 성도님을 천국에서 맞이하시고, 남겨진 저희에게도 천국 소망의 기쁨이 충만하게 하옵소서. 모든 것을 하나님께 맡겨 드리며, 예수 그리스도의 이름으로 기도드립니다. 아멘.

하관 예식을 위한 기도 8
하나님의 손길에 맡기는 기도

전능하신 하나님 아버지,

오늘 저희는 사랑하는 ○○○ 성도님의 하관 예식을 드리며, 그의 영혼을 온전히 하나님께 맡기고자 이 자리에 모였습니다. 흙에서 왔으니 흙으로 돌아가는 이 순간, 저희가 이별의 슬픔 속에서도 하나님의 뜻을 묵상하며, 하나님의 손길을 의지하게 하옵소서.

하나님, ○○○ 성도님의 삶은 하나님의 은혜와 사랑으로 가득했습니다. 그는 이웃을 사랑하고, 교회를 위해 헌신하며, 하나님을 깊이 신뢰하며 걸어갔습니다. 그의 삶은 많은 이들에게 신앙의 본이 되었으며, 그의 존재 자체가 하나님의 은혜의 증거였습니다. 이제 그가 이 땅의 고난과 수고를 뒤로하고, 하나님의 품에서 평안을 누리게 되었음을 믿으며 감사드립니다. "하나님은 저희의 피난처요 힘이시며 환난 중에 만날 큰 도움이시라" 하신 말씀처럼, 저희가 이 순간 하나님의 능력과 위로를 의지하며 나아가게 하옵소서.

하나님, ○○○ 성도님이 이 세상에 남긴 사랑과 헌신을 저희가 기억하며, 그가 보여준 믿음의 여정을 본받아 살아가게 하옵소서. 그의 삶은 하나님께 드리는 예배였고, 그의 손길은 하나님의 사랑을 전하는 도구였습니다. 저희가 그의 본을 따라 믿음으로 하나님을 섬기며, 주어진 사명을 끝까지 감당하는 자들이 되게 하옵소서.

　자애로운 하나님, 오늘 이 자리에서 ○○○ 성도님의 따스한 기억을 가슴에 새기며, 고인의 사랑이 저희에게 남긴 값진 유산을 기립니다. 이 하관 예식이 단순한 관습을 넘어, 하나님의 진리와 약속을 새롭게 체험하며, 저희의 영혼이 한층 더 살아나고 굳건해지는 은총의 시간이 되게 하시며, 날마다 하나님의 평안을 누리게 하옵소서.

　하나님, 유가족들과 함께한 모든 이들에게 하나님의 평강과 위로가 넘치게 하옵소서. ○○○ 성도님의 빛나는 기억을 가슴에 새기며 모든 슬픔과 눈물이 하나님의 사랑으로 사라지게 하시고, 아픈 마음마다 위로와 새 힘이 솟아나도록 도와주셔서 저희 모두가 주의 자비를 체험하게 하옵소서.

　사랑의 하나님, 모든 장례예식이 끝난 이후에도 ○○○ 성도님의 은총이 저희 삶 속에 지속되어, 하나님의 자비와 은혜가 흘러넘치게 하시옵소서. 그리하여 고난의 터널 끝에서 밝은 새 아침을 맞이할 수 있도록 인도하여 주시길 간절히 기도드립니다. 모든 영광을 하나님께 올려드리며, 예수 그리스도의 이름으로 기도드립니다. 아멘.

하관 예식을 위한 기도 9
하늘나라에 대한 희망을 간구하는 기도

　영원한 생명과 소망을 주시는 하나님 아버지,
　오늘 저희는 사랑하는 ○○○ 성도님의 하관 예식을 드리며, 하나님의 나라에 대한 희망을 간구합니다. 흙에서 왔으니 흙으로 돌아가는 인생의 여정 속에서도, 하나님께서 허락하신 영원한 생명을 바라보며 믿음으로 나아가게 하옵소서.
　하나님, ○○○ 성도님의 삶을 돌아보며 그의 모든 날들이 하나님의 은혜로 채워졌음을 고백합니다. 그는 어려운 순간에도 하나님을 의지하며 살아왔고, 자신의 자리에서 하나님께 충성하며 하나님의 뜻을 이루어가고자 노력하였습니다. 이제 그는 이 땅의 모든 수고를 마치고, 하나님 나라의 영원한 안식 가운데 거하고 있음을 믿습니다. "내 아버지 집에는 거할 곳이 많도다" 하신 말씀처럼, 이별의 아픔 속에서도 저희가 하늘나라를 향한 희망을 붙들게 하옵소서.
　하나님, ○○○ 성도님이 이 세상에 남긴 사랑과 헌신의 흔적을 저희가 마음에 새기고, 그의 믿음을 본받아 살아가게 하옵소서. 그는 하나님을 찬양하며 주어진 삶을 감사로 채웠고, 이웃을 사랑하며 복음을 전하는 데 헌신했습니다. 그의 모든 수고와 사랑이 하나님께서 기뻐 받으신 제사였음을 믿으며, 저희도 그의 뒤를 따라 믿음으로 하나님을 섬기게 하옵소서.

하나님, 이 하관 예식이 단순한 이별의 순간이 아니라, 저희의 믿음을 새롭게 하고, 삶의 목적을 되새기는 시간이 되게 하옵소서. 하나님, 오늘 저희는 ○○○ 성도님의 인자하신 삶을 기억하며, 고인이 남긴 사랑의 메시지가 저희 마음에 깊이 스며들었음을 고백합니다. 하나님의 말씀으로 저희의 신앙이 재점화되고, 새로운 결심과 용기를 얻는 귀한 시간으로 펼쳐지게 하시어, 영원한 소망의 길로 인도하여 주시옵소서.

영광의 하나님, 유가족들과 함께한 모든 이들에게 하나님의 위로와 평강이 가득하게 하옵소서. 이 장례 절차마다 ○○○ 성도님의 고귀한 삶을 찬양하며, 요한복음 14장 27절의 평안이 저희 마음 깊은 곳에 내리어 슬픔 속에서도 하나님의 기쁨을 노래하게 하시길 간절히 청합니다.

하나님께서 사랑하는 ○○○ 성도님을 천국에서 맞이하시고, 남겨진 저희도 하나님의 인도하심을 따라 남은 생애를 충실히 살아가게 하옵소서. 모든 영광을 하나님께 올려드리며, 예수 그리스도의 이름으로 기도드립니다. 아멘.

하관 예식을 위한 기도 10
고인을 하나님께 온전히 의지하는 기도

전능하신 하나님 아버지,

오늘 저희는 사랑하는 ○○○ 성도님의 하관 예식을 드리며, 그의 영혼을 하나님께 온전히 맡기기 위해 이 자리에 모였습니다. 이 땅의 마지막 순간을 맞이하며, 모든 것이 하나님의 섭리 가운데 있음을 믿고, 하나님의 선하신 뜻을 신뢰하게 하옵소서.

하나님, ○○○ 성도님의 삶은 하나님의 은혜로 가득 차 있었습니다. 그는 믿음으로 걸어갔으며, 자신의 삶을 하나님께 드리고, 이웃을 사랑하며, 하나님 나라를 위해 헌신하였습니다. 그의 수고와 사랑이 하나님의 영광을 위한 열매로 맺혀졌음을 고백합니다. 이제는 모든 짐을 내려놓고 하나님의 품 안에서 영원한 평안을 누리고 있음을 믿으며 감사드립니다. "수고하고 무거운 짐 진 자들아 다 내게로 오라 내가 너희를 쉬게 하리라" 하신 말씀처럼, 그의 영혼이 하나님의 품에서 안식할 것을 믿습니다.

하나님, ○○○ 성도님이 남긴 사랑과 헌신을 기억하며, 저희도 그의 본을 따라 믿음의 여정을 걸어가게 하옵소서. 그의 삶은 하나님의 말씀을 따라 사는 것이 어떤 것인지 보여주었으며,

그가 행한 모든 선한 일이 하나님께서 이루신 역사임을 믿습니다. 저희가 그의 믿음을 본받아, 남겨진 날들 동안 하나님의 뜻을 이루는 삶을 살게 하옵소서.

전능하신 저희들의 하나님, 오늘 이 성스러운 하관 예배의 자리에서 ○○○ 성도님의 빛나는 생애를 기리며, 고인의 발자취가 저희에게 하나님의 사랑과 진리의 증거가 되었음을 새깁니다. 이 예식이 단순한 형식적 행사에 머무르지 않고, 각자의 마음에 하나님의 깊은 은혜와 기적의 메시지를 심어, 새로운 시작과 신앙의 결단을 이루게 하옵소서.

위로의 하나님, 슬픔에 잠긴 가족들이 ○○○ 성도님의 따스한 기억을 품어 하나님의 사랑으로 감싸이고, 그들의 마음속 깊은 상처가 치유되어 새로운 희망과 평안의 길로 나아가게 하시길 간절히 기도드립니다.

자비의 하나님, ○○○ 성도님의 영혼이 천국의 영원한 안식 속에 머무르며 저희에게 소망을 선사하게 하시옵소서. 믿음의 길 위에서 생명의 빛이 끊임없이 타오르도록 모든 순간 주의 인도하심을 부디 허락하소서. 모든 영광을 하나님께 올려드리며, 예수 그리스도의 이름으로 기도드립니다. 아멘.

하관 예식을 위한 기도 11

남겨진 자들이 하나님의 사랑을 경험하도록 돕는 기도

풍성한 사랑과 자비를 베푸시는 하나님 아버지,

오늘 저희는 사랑하는 ○○○ 성도님의 하관 예식을 거행하며, 남겨진 자들이 하나님의 사랑을 깊이 경험하기를 기도드립니다. 이별의 아픔 속에서도, 하나님의 위로와 평강이 저희 모두의 마음을 감싸게 하옵소서. 모든 슬픔 가운데서도 하나님의 선하신 손길을 느끼며, 저희의 믿음이 더욱 단단히 세워지기를 간구합니다.

하나님, ○○○ 성도님의 생애를 돌아보며, 그의 발걸음마다 하나님의 사랑과 은혜가 함께하였음을 기억합니다. 그는 기쁨과 어려움 속에서도 하나님을 의지하며 걸어갔고, 그가 남긴 믿음의 유산은 저희 모두에게 귀한 본이 됩니다. 이제 그는 모든 수고를 마치고 하나님의 품에서 영원한 안식을 누리고 있음을 믿으며 감사드립니다. "여호와는 나의 목자시니 내게 부족함이 없으리로다"라는 말씀처럼, ○○○ 성도님의 삶이 하나님의 돌보심 속에서 풍성한 열매를 맺었음을 고백합니다.

하나님, 남겨진 저희가 이 순간을 통해 하나님의 사랑과 은혜를 다시금 깨닫게 하옵소서. 저희가 슬픔을 넘어서 하나님의 손길을 더욱 의지하며, 이 시간의 의미를 새기고 새로운 믿음의 걸음을 내딛게 하옵소서. 저희의 삶이 하나님의 은혜로 채워지고, 믿음으로 더욱 견고히 서게 하옵소서.

하나님, 유가족들과 함께한 이들 모두에게 하나님의 위로와 평강이 넘치게 하옵소서. 오늘 이 하관 예식에 모인 모든 이들이 ○○○ 성도님의 사랑과 은혜를 마음 깊이 새기며, 영원한 소망 속에서 새로운 시작을 맞이할 수 있도록 하나님의 인도하심과 축복이 넘치게 하시길 간구합니다.

주권의 하나님, 모든 상황 속에서 ○○○ 성도님의 빛나는 기억이 저희 삶을 비추게 하시옵소서. 저희의 걸음마다 하나님의 선한 계획이 이루어지도록 도우시옵소서. 그리하여 로마서 8장 38-39절 말씀의 진리로 어떠한 시련도 저희를 갈라놓지 못하게 하여 주의 영원한 사랑을 온전히 체험하게 하옵소서. 모든 영광을 하나님께 올려드리며, 예수 그리스도의 이름으로 기도드립니다. 아멘.

하관 예식을 위한 기도 12
믿음과 소망으로 이별을 맞이하는 기도

생명을 주관하시고 저희를 사랑으로 인도하시는 하나님,
오늘 저희는 사랑하는 ○○○ 성도님의 하관 예식을 드리며, 믿음과 소망으로 이별을 맞이하고자 합니다. 하나님께서 허락하신 삶의 마지막 여정이 하나님의 영광을 증거하는 시간이 되기를 원합니다. 이 순간이 단지 슬픔의 자리가 아니라, 하나님께서 베푸신 은혜를 다시금 기억하며 감사의 마음으로 나아가는 자리가 되게 하옵소서.
하나님, ○○○ 성도님이 살아온 삶을 돌아보며, 그의 걸음걸음마다 하나님의 선하신 손길이 함께하였음을 깨닫습니다. 그는 믿음 안에서 신실하게 살아가며, 하나님의 말씀에 순종하며 자신의 모든 것을 하나님께 드렸습니다. 그의 삶은 사랑과 헌신으로 가득 찼으며, 이웃에게 베푼 온정과 섬김의 흔적들이 그를 기억하는 사람들의 마음에 깊이 새겨져 있습니다. 이제 그는 이 땅의 모든 수고와 고통을 내려놓고 하나님의 품 안에서 안식을 누리고 있습니다.
하나님, 이 하관 예식을 통해 저희가 이별의 아픔 속에서도 천국의 소망을 새롭게 붙잡게 하옵소서. ○○○ 성도님이 이 세상에 남긴 믿음의 유산을 기억하며, 저희도 그 본을 따라 하나님께서 기뻐하시는 삶을 살게 하옵소서. 저희가 이 시간 하나님의 말씀에 더욱 귀를 기울이고, 하나님께서 저희에게 맡기신 사명을 충실히 감당할 결단을 하게 하옵소서.

하나님, 저희에게 주신 이별의 순간이 슬픔만이 아니라 감사와 찬양의 고백이 되게 하옵소서. ○○○ 성도님이 보여준 충성된 믿음을 기억하며, 저희도 그의 삶처럼 하나님을 향한 사랑과 헌신으로 채워지게 하옵소서. 이별의 고통을 넘어 하나님께서 허락하신 새로운 삶의 기회를 감사히 받아들이고, 하나님의 영광을 위해 날마다 살아가는 자들이 되게 하옵소서.

하나님, 저희의 눈물과 아픔이 하나님의 위로로 채워지며, 고요한 이 순간에도 생명의 약속과 새로운 시작에 대한 희망이 피어오르게 하시옵소서. ○○○ 성도님의 고귀한 삶이 저희 각자의 가슴에 깊은 감동과 감사로 새겨져, 이 땅에 머무는 모든 존재들이 하나님의 섭리와 사랑을 찬양하게 하옵소서. 오늘 이 장례 행렬이 단순한 이별이 아닌, 하나님의 신실하신 인도 아래 새로운 생명으로 향하는 문이 되게 하시옵소서. 시편 121편 7절의 말씀처럼 하나님께서 모든 해악으로부터 저희를 지켜 주시어 믿음의 눈으로 영원한 안식을 바라보게 하시길 간절히 청하오며, 이 모든 기도를 하나님의 자비로운 이름으로 올려드립니다. 예수 그리스도의 이름으로 기도드립니다. 아멘.

하관 예식을 위한 기도 13

사랑과 헌신을 기억하며 감사하는 기도

사랑으로 모든 것을 베푸시는 하나님 아버지,

오늘 저희는 사랑하는 ○○○ 성도님의 하관 예식을 거행하며, 그의 삶 속에서 보여주신 하나님의 은혜와 사랑을 깊이 기억하고자 합니다. 이 순간, 하나님의 섭리 안에서 그의 발자취를 되새기며, 그가 남긴 사랑과 헌신의 흔적에 감사의 마음을 올려드립니다.

하나님, ○○○ 성도님의 삶은 많은 이들에게 본이 되는 삶이었습니다. 그는 자신의 믿음을 행동으로 나타내며, 이웃을 사랑하고, 하나님을 기쁘시게 하기 위해 기꺼이 헌신했습니다. 그의 손길은 어디든 필요가 있는 곳을 향했고, 그의 마음은 항상 하나님의 말씀에 귀 기울였습니다. 그가 세상에 남긴 모든 사랑의 흔적과 헌신의 열매가 지금 저희 마음속에 깊이 새겨져 있습니다. 이제는 이 땅의 모든 짐을 내려놓고, 하나님의 품에서 영원한 안식을 누리고 있음을 믿으며 감사드립니다. "주는 나의 피난처요 나의 요새요 나를 건지시는 나의 하나님이시로다" 하신 말씀처럼, 그의 생애가 하나님 안에서 안전함과 평강으로 채워졌음을 고백합니다.

하나님, 이 하관 예식이 단순히 이별의 자리가 아니라, 그의 삶에서 드러난 하나님의 은혜를 되새기고, 저희의 믿음을 더욱 굳건히 다지는 시간이 되게 하옵소서. 저희가 이 시간, 그의 삶이 하나님께 영광을 돌린 모습을 기억하며, 더욱 하나님께 순종하고 헌신하며 살아가기로 결단하게 하옵소서.

자비와 은총의 근원이신 하나님, 저희의 기도가 헛되지 않음을 믿으며 온 마음을 다해 간구하는 이 시간, 모든 고난을 이겨내는 힘과 소망을 주시어 하나님의 뜻에 따라 저희의 길을 인도하시기를 간절히 원하옵나이다. 저희의 삶 속에 피어나는 작은 빛들이 모여 하나님의 영원한 사랑을 증거하게 하시옵소서. 고난의 그늘 아래서도 희망의 노래가 멈추지 않도록 하여 슬픔을 넘어 기쁨과 평안의 날개로 날아오를 수 있는 은총의 터전이 마련되게 하옵소서. 저희의 심령 깊은 곳에 자리한 아픔과 상처들이 하나님의 부드러운 치유로 어루만져져 다시 한번 사랑과 믿음의 길을 걸어갈 수 있도록 새 힘을 주시옵소서. 이 모든 순간이 하나님의 섭리 아래에서 정결한 마음으로 거듭나게 하시옵소서. 영원히 기억될 ○○○ 성도님의 빛나는 발자취가 저희에게 길잡이가 되어 삶의 모든 순간마다 진리의 기쁨을 발견하게 하시며, 하나님의 은혜로 충만한 날들이 연속되게 하옵소서.

모든 영광을 하나님께 올려드리며, 예수 그리스도의 이름으로 기도드립니다. 아멘.

하관 예식을 위한 기도 14
하늘 소망을 간구하는 기도

　모든 것을 선하게 인도하시는 하나님 아버지,
　오늘 저희는 사랑하는 ○○○ 성도님의 하관 예식을 드리며, 하나님의 선하신 계획을 신뢰하며 하늘 소망을 간구합니다. 저희의 삶 속에서 참된 믿음의 길을 걸어가며, ○○○ 성도님의 고귀한 여정이 저희에게 영원한 생명의 약속을 상기시켜 주는 이 시간, 저희의 영혼이 하나님의 빛나는 진리와 은혜 안에서 새로운 희망을 발견하게 하시옵소서. 어둠과 절망의 순간마다 하나님의 말씀으로 심령이 위로받고, 저희의 삶에 끊임없이 부어지는 생명의 물줄기가 저희를 인도하도록 하옵소서.
　하나님, 슬픔과 고통 속에서도 하나님의 크신 사랑을 기억하며, 믿음의 눈으로 보이는 영원한 생명의 문이 열리도록 도와주시옵소서. 모든 이별과 아픔이 하나님의 인도 아래 새로운 시작의 서막으로 바뀌게 하시며, ○○○ 성도님의 빛나는 발자취가 저희 각자의 마음에 깊이 새겨져 고난을 이겨낼 수 있는 굳건한 믿음으로 자라나게 하옵소서.
　하나님, 저희의 영혼이 끊임없이 새로워지는 축복과 기적을 체험할 수 있도록 하나님의 은혜가 흘러넘치게 하시옵소서. 매일의 아침에 하나님의 사랑과 평화로 눈부시게 일깨워 주시어, 불확실한 세상 속에서도 결코 흔들리지 않는 믿음의 기둥을 세울 수 있도록 도와주시옵소서. 저희의 내면에 피어나는 믿음의 꽃들이 서로 조화를 이루어 하나님의 신실한 약속을 되새기게 하시옵소서. 한 줄기 빛이 되어 어둠 속을 헤쳐 나가는 길을 밝혀 주시고, 모든 어려움을 극복하는 힘이 되어 하나님의 이름을 높일 수 있도록 인도해 주시길 간절히 기도드리나이다.

하나님, 남겨진 가족들과 함께한 모든 이들에게 하나님의 위로가 가득하게 하시옵소서. 이 시간에 저희 마음이 하나 되어 ○○○ 성도님의 삶과 사랑을 기리며, 장례의 마지막 절차와 예식 속에 하나님의 지혜로운 인도와 섭리가 함께 하시기를 간절히 청하옵나이다. 저희의 발걸음 하나하나에 하나님의 뜻이 깃들어 혼란과 불안 속에서도 확실한 방향을 찾게 하시옵소서. 모든 의식과 준비가 하나님의 영원한 계획 아래 정갈하게 이루어질 수 있도록 인도하여 주심에 감사를 드립니다. 저희가 마주한 이별의 순간마다 하나님의 자비로운 손길이 감싸 안아, 서로 다른 아픔들이 한데 모여 위로와 소망으로 변모하게 하옵소서.

하나님께서 사랑하는 ○○○ 성도님을 영원한 안식으로 인도하시고, 남겨진 저희도 하나님의 계획을 신뢰하며 믿음으로 모든 날을 살아가게 하옵소서. 모든 영광을 하나님께 올려드리며, 예수 그리스도의 이름으로 기도드립니다. 아멘.

하관 예식을 위한 기도 15
남겨진 자들이 위로를 받도록 간구하는 기도

위로의 하나님 아버지,

오늘 저희는 사랑하는 ○○○ 성도님의 하관 예식을 드리며, 남겨진 자들이 하나님의 위로를 깊이 경험하기를 간구합니다. 이별의 순간은 참으로 힘겹지만, 하나님의 사랑이 저희의 마음을 어루만져주시기를 소망합니다. 유족들의 슬픔을 넘어 하나님의 평강 안에서 새로운 힘을 얻고 일어설 수 있도록 은혜를 내려 주옵소서.

하나님, ○○○ 성도님의 삶을 되돌아볼 때, 그가 얼마나 하나님을 사랑하고 충성스럽게 섬겼는지 기억합니다. 그의 발걸음 하나하나가 하나님께 영광을 돌리는 길이었고, 그의 삶 속에서 하나님의 사랑이 선명히 드러났습니다. 그는 고난 가운데서도 하나님을 신뢰하며 나아갔고, 사람들에게 그리스도의 사랑을 보여주었습니다. 이제 그는 하나님의 품에서 영원한 안식과 평강을 누리고 있음을 믿습니다. "내가 너희를 고아와 같이 버려두지 아니하고 너희에게로 오리라" 하신 주님의 약속을 기억하며, 남겨진 저희가 하나님의 위로와 동행을 더욱 깊이 체험하게 하옵소서.

　하나님, 이 하관 예식을 통해 저희의 믿음이 새롭게 되고, 하나님의 선하신 계획을 확신하는 시간이 되게 하옵소서. 하나님께서 선하게 인도하신 ○○○ 성도님의 삶을 본받아, 저희도 하나님의 뜻을 이루는 삶을 살게 하옵소서. 저희가 슬픔 속에서도 감사의 고백을 드리며, 하나님께서 주시는 사랑과 평강으로 마음을 채우게 하옵소서.

　하나님, 장례의 각 절차마다 드러나는 하나님의 선하신 뜻이 마지막 하관예식에서도 나타나심을 감사드립니다. 하나님의 이 모든 것들은 저희로 하여금 깊은 감사와 경외를 느끼게 하며, 모든 의문과 두려움이 하나님의 신비로운 치유로 씻겨 내려가게 되었습니다. 유족들과 함께 한 저희 마음 깊은 곳에 평안과 안정이 자리 잡도록 도와 주시옵소서.

　긍휼의 하나님, 저희의 기도가 하나되어 이 모든 과정이 하나님의 영광을 드러내는 경배의 장으로 완성되어지기를 간절히 원하옵나이다. 온 마음을 다해 하나님의 인도하심을 따르길 원하오며 예수 그리스도의 이름으로 기도드립니다. 아멘.

하관 예식을 위한 기도 16

하나님의 약속을 신뢰하며 드리는 기도

약속을 신실히 이루시는 하나님 아버지,

오늘 저희는 사랑하는 ○○○ 성도님의 하관 예식을 드리며, 하나님의 변함없는 약속을 신뢰하며 이 시간을 보내고자 합니다. 이 땅에서의 여정을 마치고 흙으로 돌아가는 지금 이 순간에도, 저희의 마음이 하나님의 선하심을 바라보며 위로받게 하옵소서.

하나님, ○○○ 성도님의 삶은 하나님의 약속을 믿고 따르며 걸어온 여정이었습니다. 그는 매 순간 하나님께 자신의 삶을 의탁하며, 이웃을 사랑하고 하나님의 말씀을 삶 속에서 실천하였습니다. 그의 발자취는 많은 이들에게 믿음의 본이 되었고, 하나님께서 그를 통해 이루신 일들이 지금도 저희의 가슴에 살아 있습니다. 이제 그가 하나님의 품 안에서 평안을 누리고 있음을 믿으며 감사드립니다. "나는 부활이요 생명이니 나를 믿는 자는 죽어도 살겠고"라는 하나님의 약속을 저희가 더욱 굳게 붙잡게 하옵소서.

하나님, ○○○ 성도님이 이 땅에서 이루신 모든 헌신과 사랑을 기억하며, 저희도 그의 믿음의 길을 따라가고자 다짐합니다. 고인은 자신의 시간을 아끼며 하나님의 영광을 위해 헌신하였고, 많은 이들에게 하나님의 사랑을 느끼게 했습니다. 저희가 그의 삶을 통해 하나님의 일하심을 배우고, 그의 본을 따라 믿음으로 행하며, 하나님 나라를 위해 충성하게 하옵소서.

하나님, 이 하관 예식이 단순한 이별의 시간이 아니라, 저희의 믿음을 새롭게 하는 기회가 되게 하옵소서. 이곳에 모인 모든 사람들이 하나님의 사랑과 위로를 깊이 경험하며, 삶의 마지막 순간을 하나님의 손에 맡기며 살아가기로 결단하게 하옵소서. 사랑하는 이를 보내며 저희도 자신의 삶을 더욱 충실히 살기를 다짐하게 하옵소서.

하나님, 이별의 순간이 슬픔만이 아니라 감사와 찬양의 시간이 되게 하옵소서. ○○○ 성도님이 보여준 충성된 믿음과 사랑을 본받아, 저희도 하나님을 더욱 의지하고 순종하며 살게 하옵소서. 하나님께서 주시는 위로와 힘으로, 저희가 새로운 소망을 품고 남은 날들을 살아가게 하옵소서.

하나님, 남겨진 유가족들과 친지들에게 하나님의 위로가 풍성히 임하게 하옵소서. 하나님께서 사랑하는 ○○○ 성도님의 영혼을 평안히 품어주시고, 남겨진 저희가 그의 믿음을 본받아 삶을 살아가게 하옵소서. 모든 영광을 하나님께 올려드리며, 예수 그리스도의 이름으로 기도드립니다. 아멘.

하관 예식을 위한 기도 17

슬픔 속에서도 하나님의 위로를 구하는 기도

자비와 위로의 하나님 아버지,

오늘 저희는 사랑하는 ○○○ 성도님의 하관 예식을 드리며, 슬픔과 그리움 속에서도 하나님의 위로와 평강을 간구합니다. 이별의 아픔이 크지만, 하나님께서 주시는 사랑과 소망이 저희의 마음을 붙들어 주시기를 원합니다. 저희의 눈물과 아쉬움을 하나님의 손에 올려드리며, 이 순간에도 하나님의 선하심을 기억하게 하옵소서.

하나님, ○○○ 성도님의 삶은 많은 이들에게 하나님의 사랑을 증거하는 귀한 시간이었습니다. 그는 하나님의 말씀에 순종하며 살아가면서, 사랑과 헌신으로 하나님의 영광을 드러냈습니다. 이제 그의 삶이 끝난 것이 아니라, 하나님의 나라에서 새로운 삶을 시작하였음을 믿으며 감사드립니다. "내가 너희를 고아와 같이 버려두지 아니하리라" 하신 말씀처럼, 저희가 이 시간에도 하나님의 따뜻한 품 안에 있음을 느끼게 하옵소서.

하나님, ○○○ 성도님이 이 땅에서 보여준 헌신과 사랑은 저희에게 큰 본보기가 되었습니다. 그의 삶을 통해 저희는 하나님의 은혜를 경험하며, 하나님의 뜻에 순종하는 것이 어떤 열매를 맺는지 깨달았습니다. 이제 저희도 고인의 발자취를 따라 하나님께 영광을 돌리는 삶을 살기를 소망합니다. 그의 사랑과 희생의 흔적을 기억하며, 남겨진 저희의 삶이 하나님께 드리는 예배가 되게 하옵소서.

하나님, 이 하관 예식이 단순히 흙으로 돌아가는 절차로 그치지 않게 하옵소서. 이 시간이 하나님의 말씀을 깊이 묵상하며, 하나님의 선하신 계획을 더욱 신뢰하는 기회가 되게 하옵소서. 사랑하는 ○○○ 성도님이 보여준 신실한 믿음을 남은 저희가 마음에 새기고, 남은 날들을 하나님께 영광 돌리며 살아가게 하옵소서.

하나님, 이곳에 함께한 모든 이들에게 하나님의 위로와 평강이 넘치게 하옵소서. 서로를 격려하며, 하나님의 사랑으로 하나 되어, 이별의 아픔을 넘어 새로운 믿음과 소망으로 나아가게 하옵소서. 슬픔 속에서도 하나님께서 함께하심을 믿으며, 저희의 모든 눈물을 하나님께 맡기게 하옵소서.

하나님께서 사랑하는 ○○○ 성도님의 영혼을 품어주시고, 남겨진 저희가 그의 삶에서 보여준 믿음과 사랑을 본받아 살아가게 하옵소서. 모든 영광을 하나님께 올려드리며, 예수 그리스도의 이름으로 기도드립니다. 아멘.

하관 예식을 위한 기도 18

하나님의 평강으로 채워주시기를 간구하는 기도

평강과 위로의 하나님 아버지,

오늘 저희는 사랑하는 ○○○ 성도님의 하관 예식을 드리며, 하나님의 평강이 저희의 마음을 채우길 간구합니다. 이별의 순간은 여전히 저희에게 아픔을 남기지만, 하나님께서 허락하시는 위로와 은혜가 슬픔을 넘어 새로운 소망으로 나아가게 하옵소서.

하나님, ○○○ 성도님의 삶은 하나님의 영광을 위한 헌신과 사랑으로 가득했습니다. 그는 늘 하나님을 신뢰하며, 말씀에 따라 살아가고, 이웃에게 사랑을 나누었습니다. 그의 삶 속에서 나타난 하나님의 선하심을 생각할 때, 저희는 그가 하나님의 품에서 평안을 누리고 있음을 믿고 감사드립니다. "하나님은 저희의 피난처요 힘이시며 환난 중에 만날 큰 도움이시라" 하신 말씀을 붙들며, 남겨진 저희가 하나님께 더욱 의지하게 하옵소서.

하나님, 이 하관 예식을 통해 저희의 믿음이 더욱 굳건해지게 하옵소서. 사랑하는 이를 흙으로 보내는 이 순간, 하나님의 약속을 다시 한번 붙들게 하옵소서. 하나님께서 모든 것을 선하게 이끄심을 믿으며, 저희의 남은 삶도 하나님의 뜻에 따라 살아가기를 다짐하게 하옵소서.

하나님, ○○○ 성도님이 남긴 믿음의 유산을 저희가 가슴에 새기게 하옵소서. 그의 삶은 하나님께 드리는 예배였고, 그의 사랑과 희생은 하나님께서 기뻐 받으신 제물이었습니다. 저희도 그 본을 따라 하나님께 더욱 가까이 나아가고, 남은 생애를 하나님을 섬기며 헌신하는 삶으로 채워가게 하옵소서. 고인의 삶이 비추었던 하나님의 빛이 저희의 삶에서도 나타나게 하옵소서.

사랑의 하나님, 이 땅에 남겨진 모든 가족의 마음에 깊은 슬픔과 고통이 머무는 아픔의 시간입니다. 이 순간, ○○○ 성도님의 아름다운 기억을 간직한 가족들이 하나님의 위로와 평안 속에 감싸여, 시련의 어둠 속에서도 결코 흔들리지 않는 평화의 안식처를 누리게 하시옵소서.

하나님께서 사랑하는 ○○○ 성도님의 영혼을 평안히 품어주시고, 남겨진 저희도 그의 삶에서 배운 사랑과 헌신을 따라가며, 하나님의 뜻을 이루는 삶을 살게 하옵소서. 모든 영광을 하나님께 올려드리며, 예수 그리스도의 이름으로 기도드립니다. 아멘.

하관 예식을 위한 기도 19

하나님의 선하신 섭리를 인정하며 드리는 기도

선하신 하나님 아버지,

오늘 저희는 사랑하는 ○○○ 성도님의 하관 예식을 드리며, 모든 순간과 모든 상황을 주관하시는 하나님의 섭리를 인정하고자 이 자리에 모였습니다. 사랑하는 사람을 흙으로 돌려보내는 이 시간이 비록 저희에게는 슬픔이지만, 하나님의 계획 속에서 모든 것이 선하게 이루어지고 있음을 믿고 감사드리며 기도합니다.

하나님, ○○○ 성도님이 살아온 삶을 돌아보면, 그의 발걸음마다 하나님의 은혜가 가득했습니다. 그는 어려운 상황에서도 하나님께 의지하며, 하나님의 말씀에 순종하고 하나님의 뜻을 따르며 걸어갔습니다. 그의 삶 속에서 이루어진 사랑과 헌신은 많은 사람들에게 하나님의 선하심을 증거하는 빛이 되었습니다. 이제 그는 이 땅의 모든 수고와 고난에서 벗어나, 하나님의 품 안에서 안식을 누리고 있음을 믿습니다. "하나님이 저희를 위하여 예비하신 것은 눈으로 보지 못하고 귀로 듣지 못하고 사람의 마음으로 생각하지도 못한 것이라" 하신 말씀을 기억하며,

그가 지금 하나님의 영광 속에서 기쁨으로 충만하다는 것을 믿고 감사드립니다.

하나님, 이 하관 예식이 단순히 육신을 흙으로 돌려보내는 순간으로 그치지 않게 하옵소서. 이 시간이 하나님의 선하신 뜻을 다시 한번 생각하며, 저희의 믿음을 굳건히 세우는 기회가 되게 하옵소서. 사랑하는 사람을 보내며, 그의 삶이 보여준 하나님의 사랑과 은혜를 되새기게 하시고, 저희도 하나님의 영광을 위해 살기를 결단하게 하옵소서.

하나님, ○○○ 성도님의 삶에서 나타난 믿음과 헌신의 발자취를 통해 저희도 많은 것을 배웠습니다. 그의 삶이 저희에게 남긴 가르침과 본을 기억하며, 저희도 신실한 믿음의 길을 걸어가고자 다짐합니다. 저희가 그의 사랑과 희생을 본받아, 더욱 하나님을 사랑하고 이웃을 섬기며 살아가게 하옵소서. 하나님께서 그의 삶을 통해 행하신 모든 일을 감사하며, 저희도 그의 삶처럼 하나님께 영광을 돌리는 삶을 살게 하옵소서.

하나님, 남겨진 자들의 문틈 사이로 스며드는 하나님의 부드러운 빛이, 상처 입은 영혼들을 따스하게 어루만져 서로에게 위로와 희망의 메시지를 전하게 하시옵소서. 슬픔 속에서도 서로의 마음에 하나님의 사랑이 자라나도록 도와 주시옵소서. 그리움 속에서도 미소를 되찾고, 아픔이 새로운 용기와 회복의 노래로 피어날 수 있도록 인도하옵소서. 예수 그리스도의 이름으로 기도드립니다. 아멘.

하관 예식을 위한 기도 20
영원한 안식을 간구하는 기도

하나님 아버지,

오늘 저희는 사랑하는 ○○○ 성도님의 하관 예식을 드리며, 영원한 안식을 간구합니다. 모든 생명을 창조하시고 저희의 삶을 주관하시는 하나님께, 저희의 사랑하는 이를 온전히 맡깁니다. 이별의 순간이 저희에게는 크나큰 아픔이지만, 하나님의 품 안에서 그가 새로운 안식을 누리고 있음을 믿으며 위로를 얻습니다.

하나님, ○○○ 성도님의 삶은 하나님의 사랑과 은혜로 가득 찼습니다. 그는 믿음 안에서 하나님께서 맡기신 사명을 충실히 감당하며, 많은 이들에게 선한 영향력을 끼쳤습니다. 그의 손길이 닿은 곳마다 하나님의 선하심이 드러났으며, 그의 헌신과 사랑은 저희 마음속에 깊은 울림을 남겼습니다. 이제 그는 이 땅의 모든 수고와 고통을 내려놓고, 하나님의 나라에서 영원한 평안을 누리고 있음을 믿습니다.

하나님, ○○○ 성도님이 보여준 믿음의 본과 헌신을 되새기며, 저희도 그처럼 하나님께 더욱 순종하며 살아가게 하옵소서.

그의 삶은 하나님께 대한 사랑과 충성이 무엇인지 증거하는 귀한 예였습니다. 저희가 그의 뒤를 따라 믿음의 길을 걸으며, 하나님께 영광을 돌리는 삶을 살게 하옵소서.

하나님, 이 하관 예식이 단순한 이별의 절차로 그치지 않게 하옵소서. 사랑하는 이를 보내는 이 순간이 저희의 믿음을 다시금 세우는 시간이 되게 하시고, 저희의 남은 날들을 하나님의 뜻을 따라 살아가기로 결단하는 시간이 되게 하옵소서. 저희가 그의 삶에서 드러난 하나님의 선하심을 기억하며, 그의 본을 따라 하나님을 사랑하고 이웃을 섬기며 살아가게 하옵소서.

하나님, 이별의 아픔을 넘어서 하나님의 위로와 평강을 경험하게 하옵소서. 저희의 모든 눈물과 아픔이 하나님의 은혜로운 치유로 녹아내려, 각자의 삶에 영원한 평안과 기쁨의 씨앗이 심겨지게 하시옵소서. 남은 가족 구성원 모두가 하나님의 보호 아래 서로를 더욱 깊이 이해하고, 사랑하는 가정이 되게 하시길 간절히 기도합니다.

하나님께서 사랑하는 ○○○ 성도님의 영혼을 영원한 기쁨과 평안 가운데 맞아주시고, 남겨진 저희가 그의 믿음과 헌신을 본받아 살아가게 하옵소서. 모든 영광을 하나님께 올려드리며, 예수 그리스도의 이름으로 기도드립니다. 아멘.

하관 예식을 위한 기도 21
하나님께 모든 것을 맡기는 기도

모든 것을 선하게 인도하시는 하나님 아버지,

오늘 저희는 사랑하는 ○○○ 성도님의 하관 예식을 드리며, 하나님께 모든 것을 온전히 맡기고 의지합니다. 이 순간은 저희에게 아픔과 슬픔의 시간이지만, 하나님의 은혜 안에서 저희가 위로받기를 소망합니다. 흙으로 돌아가는 육신을 바라보며, 하나님께서 그의 영혼을 친히 맞이하시고 평안으로 채워주시기를 간절히 간구합니다.

하나님, ○○○ 성도님의 삶을 통해 하나님의 사랑과 은혜를 배웠습니다. 그는 이 땅에서 믿음을 따라 걸으며, 많은 이들에게 사랑의 본을 보였습니다. 그의 선한 행실과 헌신은 저희 마음에 깊이 새겨졌고, 그의 발걸음마다 하나님의 손길이 함께했음을 믿습니다. 이제 그는 모든 고난과 수고를 내려놓고, 하나님 나라에서 영원한 평강을 누리고 있음을 확신하며 감사드립니다. "하나님은 저희의 피난처요 힘이시며 환난 중에 만날 큰 도움이시라" 하신 말씀처럼, 저희가 하나님을 의지하며 이 시간을 넘어서게 하옵소서.

전능하신 하나님, 오늘 저희는 ○○○ 성도님의 소중한 발자취를 깊이 기리며, 고인의 삶이 하나님의 사랑 안에서 완전하게 이루어졌음을 고백합니다. 이 하관 예식이 단순한 의례적 절차를 넘어, 저희 각자의 영혼에 하나님의 깊은 말씀과 위로가 있게 하옵소서. 새로운 결단과 희망으로 이어지는 은총의 시간이 되게 하시며, 날마다 하나님의 자비를 체험하게 하옵소서.

하나님, 이별의 순간이 슬픔만이 아니라 감사의 시간이 되게 하옵소서. ○○○ 성도님이 이 땅에서 남긴 믿음의 유산과 사랑의 흔적을 기억하며, 저희가 그를 본받아 더욱 하나님을 사랑하고, 이웃을 섬기며 살아가게 하옵소서. 남겨진 날들 동안 하나님의 말씀을 따라 걸으며, 하나님의 선하신 뜻을 이루는 삶을 살게 하옵소서.

하나님, 유가족들과 함께한 모든 이들에게 ○○○ 성도님의 삶을 추억하며, 저희의 마음속에 감춰진 진리의 씨앗이 하나님의 말씀과 은혜로 풍성하게 자라나게 하시옵소서. 이별의 슬픔 가운데서도 깊은 깨달음과 성찰의 시간을 누리게 하옵소서. 저희의 눈과 마음이 하나님의 신비로운 뜻을 온전히 받아들이며, 세상의 허망함을 넘어 영원한 진리와 사랑을 발견할 수 있도록 도와 주시옵소서. 남겨진 저희가 그의 삶을 통해 배운 믿음과 사랑으로 이 땅에서 하나님께 영광 돌리는 삶을 살아가게 하옵소서. 모든 영광을 하나님께 올려드리며, 예수 그리스도의 이름으로 기도드립니다. 아멘.

하관 예식을 위한 기도 22
남겨진 이들에게 하나님의 위로를 간구하는 기도

저희들의 삶에 항상 위로가 되시는 하나님 아버지,

오늘 저희는 사랑하는 ○○○ 성도님의 하관 예식을 드리며, 남겨진 이들이 하나님께서 주시는 사랑의 위로를 깊이 경험하기를 간구합니다. 흙으로 돌아가는 순간, 이별의 슬픔이 저희에게 크지만, 하나님의 위로와 평강이 이 자리에 함께하심을 믿고 감사드립니다.

하나님, ○○○ 성도님의 삶은 그 자체로 하나님께 드리는 예배였고, 그의 모든 발걸음은 하나님께 영광을 돌리는 삶이었습니다. 그는 늘 하나님의 말씀에 귀 기울이며, 기도로 하나님의 뜻을 구하였습니다. 그는 이웃을 사랑하고, 자신의 삶을 이웃과 교회를 섬기는 데 바치며 하나님의 선하심을 드러냈습니다. 이제 모든 수고를 내려놓고, 하나님의 품에서 영원한 평안을 누리고 있음을 믿으며, 그가 남긴 믿음의 발자취에 감사드립니다.

하나님, 이 하관 예식이 단순히 흙으로 돌아가는 형식적인 절차로 그치지 않게 하옵소서. 이 시간, 하나님의 말씀과 약속을 다시금 되새기며, 저희의 믿음이 더욱 굳건해지게 하옵소서. 사랑하는 사람을 보내며, 하나님의 사랑과 계획을 신뢰하며, 저희 또한 이 땅에서 충실한 믿음의 삶을 결단하게 하옵소서. ○○○ 성도님의 본을 따라, 저희도 하나님께 헌신하고 이웃을 사랑하며 살아가게 하옵소서.

하나님, 남겨진 가족들과 친지들, 그리고 함께한 모든 이들에게 하나님의 영원한 빛과 소망을 불어넣게 하시옵소서. 이 거룩한 예식이 ○○○ 성도님의 귀한 기억을 통해 하나님의 뜻을 온전히 깨닫는 소중한 순간이 되도록 인도하여 주시옵소서.

하나님, ○○○ 성도님의 삶은 저희에게 믿음의 길을 가르쳐 준 귀한 교훈이었습니다. 고인의 사랑과 헌신이 많은 이들에게 감동과 도전을 주었습니다. 저희가 그의 믿음을 본받아 하나님을 더욱 신뢰하며, 주어진 날들을 귀하게 여기며, 하나님의 뜻을 따라 살아가게 하옵소서. 고인의 삶을 통해 보았던 하나님의 선하심을 기억하며, 저희도 믿음으로 그 길을 따라가기를 간구합니다.

하나님께서 사랑하는 ○○○ 성도님의 영혼을 영원히 품어주시옵소서. 남겨진 저희의 기도가 하나님의 깊은 음성에 귀 기울여지며, 다시 한번 믿음의 길 위에서 굳건히 서도록 힘과 지혜를 부어 주시옵소서. 모든 것을 예수 그리스도의 이름으로 기도드립니다. 아멘.

하관 예식을 위한 기도 23
하나님 나라의 소망을 품는 기도

사랑과 은혜의 하나님 아버지,

오늘 저희는 사랑하는 ○○○ 성도님의 하관 예식을 드리며, 하나님 나라의 소망을 품고 기도합니다. 이별의 순간은 저희에게 슬픔을 남기지만, 하나님께서 주시는 위로와 평강이 이 자리를 가득 채우기를 간절히 소망합니다.

하나님, 고인의 삶을 되돌아보며, 그가 하나님의 말씀에 따라 충성스럽게 살아온 여정을 기억합니다. 고인은 하나님을 의지하며 기도에 힘썼고, 모든 일을 하나님께 맡기며 걸어갔습니다. 고인이 보여준 사랑과 헌신은 저희에게 믿음의 본이 되었습니다. 이제 그는 이 땅의 모든 수고를 내려놓고, 하나님께서 마련하신 영원한 평안을 누리고 있음을 믿습니다.

은총의 하나님, 모든 장례 절차의 순간이 지나고도 저희의 삶 속에 끊임없이 흐르는, 하나님의 은혜와 사랑을 깊이 체험할 수 있도록 인도해 주시옵소서. ○○○ 성도님의 빛나는 기억이 저희에게 끝없는 위로와 영감을 주어, 이별의 아픔을 넘어 새로운 희망의 길로 저희를 인도하게 하시며, 매일의 삶 속에서 하나님의 자비와 축복이 흘러넘치도록 도와 주시옵소서.

　위대하신 하나님, 이 장례의 모든 절차와 순간 속에서도 하나님의 영광과 사랑이 찬양되게 하시옵소서. 슬픔과 이별의 고요한 시간이 오히려 하나님의 위대하신 자비와 은혜를 드러내는 경배의 무대가 되게 하옵소서.

　긍휼의 하나님, ○○○ 성도님의 삶이 남긴 아름다운 발자취를 통해, 저희의 마음속 어둠 속에서도 하나님의 빛나는 사랑이 비추어지게 하옵소서. 모든 의식과 절차가 하나님의 선하신 뜻을 나타내는 성스러운 증거로 드러나도록 인도해 주시옵소서. 마지막 순간까지 저희의 눈물과 슬픔이 찬송의 음률로 변모되어, 하나님의 무한한 자비와 축복이 온 세상에 흘러넘치게 하시며, 이 모든 절차가 단순한 이별을 넘어 영원한 찬양의 서막이 되게 하옵소서. 저희의 기도가 하늘에 닿아 하나님의 영광이 온 땅에 퍼지며, 슬픔 속에서도 기쁨과 희망의 빛을 잃지 않도록 인도하여 주옵소서.

　하나님, 저희의 마음 한켠에 남은 그리움을 하나님의 부드러운 손길로 어루만져 주옵소서. 지나간 슬픔이 지나갈수록 더 큰 기쁨의 열매로 맺어지고, 하관 후에도 하나님의 말씀과 사랑이 저희의 모든 순간에 깃들어, 과거의 아픔이 미래의 축복으로 전환되게 하시옵소서. 하나님의 섭리 안에서 ○○○ 성도님의 아름다운 삶이 영원한 빛과 소망의 증거로 남아 저희를 인도하게 하옵소서. 예수 그리스도의 이름으로 기도드립니다. 아멘.

하관 예식을 위한 기도 24

천국에서의 재회를 바라보는 기도

천국의 소망을 주시는 하나님 아버지,

오늘 저희는 사랑하는 ○○○ 성도님의 하관 예식을 드리며, 하나님께서 주신 천국의 약속을 다시 한번 깊이 새기고 기도합니다. 이별의 순간은 비록 슬프지만, 고인이 하나님의 나라에서 평안과 기쁨 가운데 거하고 있음을 믿으며 감사드립니다.

하나님, 고인의 삶을 돌아보며, 그가 하나님께 충실히 순종하며 하나님께 영광을 돌린 많은 순간들을 떠올립니다. 그의 삶은 많은 이들에게 하나님의 사랑과 은혜를 증거하는 예배였고, 그가 걸어간 발자취는 저희 모두에게 믿음의 길을 보여주는 본이 되었습니다. 이제 그는 하나님께서 예비하신 처소에서 영원한 안식과 평안을 누리고 있음을 믿으며, 저희도 그를 따라가 하나님 나라에서 함께할 날을 기대합니다. "하나님은 죽은 자의 하나님이 아니요 산 자의 하나님이시라" 하신 말씀처럼, 고인이 하나님께서 예비하신 생명 속에서 빛나고 있음을 확신합니다.

자애로운 하나님, 오늘 이 자리에서 ○○○ 성도님의 헌신의 삶을 경건히 기억하며, 고인이 저희에게 전한 사랑의 빛이 영원한 위로로 남았음을 새깁니다. 이 하관 예식이 단순한 형식이 아니라, 하나님의 살아있는 약속과 진리가 저희 마음 깊숙이 스며들어, 새로운 신앙의 도약과 다짐을 이루는 성스러운 시간이 되게 하시며, 하나님의 평안이 온전히 임하게 하옵소서.

하나님, 유가족들과 함께한 모든 이들에게 하나님의 위로와 평강이 넘치게 하옵소서. 슬픔 가운데서도 서로를 격려하고, 하나님의 사랑으로 하나가 되어 하나님께서 주시는 소망을 바라보며 살아가게 하옵소서. 고인의 삶에서 배운 믿음과 사랑을 기억하며, 저희의 남은 날들도 하나님께 헌신하며 살아가게 하옵소서. 저희의 기도가 하늘 높이 닿아, 끝없는 은총의 강이 되어 삶의 모든 순간에 하나님의 축복이 넘치기를 간절히 기원하옵나이다.

거룩하신 하늘의 하나님, 이 땅의 이별을 넘어 천국의 영원한 안식과 기쁨을 소망하는 이 시간, ○○○ 성도님의 고귀한 영혼이 영원한 빛과 평화 속에 머무르게 하시옵소서. 저희가 품은 모든 슬픔과 고통이 하나님의 은혜로 씻겨 내려가며 새로운 생명의 약속으로 가득 차게 하옵소서. 모든 영광을 하나님께 올려드리며, 예수 그리스도의 이름으로 기도드립니다. 아멘.

하관 예식을 위한 기도 25

하나님의 섭리 속에 맡겨드리는 기도

　저희들의 인생을 섭리해 주시는 하나님 아버지,
　오늘 저희는 사랑하는 ○○○ 성도님의 하관 예식을 드리며, 하나님의 섭리 속에 모든 것을 맡겨드립니다. 고인이 걸어온 모든 길이 하나님의 은혜와 사랑으로 가득했음을 기억하며, 이별의 아픔 속에서도 하나님의 위로를 간구합니다. 저희가 느끼는 슬픔이 하나님의 손길로 인해 감사와 소망으로 바뀌기를 원합니다.
　하나님, 고인의 삶은 신실한 믿음과 사랑으로 가득했습니다. 그는 하나님의 말씀을 마음에 새기며, 늘 순종의 길을 걸었습니다. 그의 삶을 통해 많은 이들이 하나님의 선하심을 알았고, 그의 사랑은 많은 이들에게 위로와 힘이 되었습니다. 이제 그는 모든 수고를 마치고, 하나님의 품 안에서 영원한 평안을 누리고 있음을 믿습니다. "수고하고 무거운 짐 진 자들아 다 내게로 오라 내가 너희를 쉬게 하리라" 하신 말씀처럼, 고인이 지금은 하나님 안에서 안식을 누리며 평안 가운데 있음을 확신합니다.
　하나님, 오늘 저희는 ○○○ 성도님의 소중한 생애를 경건한 마음으로 기리며, 고인의 사랑과 헌신이 저희에게 하나님의 은총을 전해주었음을 고백합니다. 이 하관 예식이 단순한 의례를 넘어, 하나님의 말씀과 진리가 저희의 영혼에 신선한 감동으로 스며들게 하옵소서. 오늘 새로운 결심과 희망의 길을 열어주는 거룩한 시간이 되게 하시며, 남은 모든 날들에 하나님의 축복과 평안이 가득하도록 인도하여 주시옵소서.

　하나님, 유가족들 눈물 한 방울 한 방울이 하나님의 자비로운 음성에 위로받아, 어둠 속에서 밝은 미래로 이어지는 길이 열리게 하옵소서. 이 땅에서의 모든 아픔이 천국의 영원한 안식에 닿는 다리가 되어, 저희의 마음속에 끝없는 기쁨과 평안의 마음이 타오르게 하옵소서. 하나님께서 약속하신 영원한 생명의 땅에서 다시 만나게 될 그날의 희망을 느끼게 하옵소서.

　하나님, 고인의 삶은 저희에게 믿음의 길을 가르쳐준 귀한 교훈이었습니다. 그의 사랑과 헌신이 많은 이들에게 감동과 도전을 주었습니다. 저희가 그의 믿음을 본받아 하나님을 더욱 신뢰하며, 주어진 날들을 귀하게 여기며, 하나님의 뜻을 따라 살아가게 하옵소서. 그의 삶을 통해 보았던 하나님의 선하심을 기억하며, 저희도 믿음으로 그 길을 따라가기를 간구합니다.

　하나님께서 사랑하는 ○○○ 성도님의 영혼을 영원히 품어주시고, 남겨진 저희가 그의 삶에서 배운 사랑과 헌신으로 이 땅에서 하나님의 뜻을 이루며 살아가게 하옵소서. 예수 그리스도의 이름으로 기도드립니다. 아멘.

Part 5

추모예배를 위한 기도문

추모예배를 위한 기도 1
고인의 1주기를 맞아
하나님의 위로를 간구하는 기도

위로와 평강의 하나님 아버지,

오늘 저희는 사랑하는 ○○○ 성도님의 1주기를 맞아 이 자리에 모였습니다. 지난 한 해 동안 고인의 빈자리를 느끼며 살아온 시간 속에서, 하나님께서 저희에게 허락하신 위로와 평강을 되새깁니다. 이제 지금도 하나님께서 저희와 함께하시며, 하나님의 선하심이 여전히 저희의 삶을 인도하고 계심을 믿고 감사드립니다.

하나님, 고인의 삶은 사랑과 헌신으로 가득했습니다. 그는 가족과 이웃, 그리고 교회를 위해 온전히 자신의 삶을 드렸으며, 그의 삶 속에서 하나님께서 주시는 기쁨과 은혜가 나타났습니다. 이제 그는 이 땅의 수고를 마치고, 하나님의 품에서 영원한 평안을 누리고 있음을 믿으며 감사드립니다. "하나님은 사랑이시라" 하신 말씀처럼, 고인의 삶은 하나님의 사랑을 드러내는 귀한 증거였습니다.

하나님, 남겨진 가족들이 이 1주기의 시간을 통해 다시 한번 하나님께서 주신 소망을 붙들게 하옵소서. 고인의 사랑과 믿음을 기억하며, 그 본을 따라 저희도 하나님께 영광 돌리는 삶을 살게 하옵소서. 슬픔 속에서도 하나님을 더욱 의지하며, 저희의 모든 아픔을 하나님께 맡기고 하나님 안에서 평강을 누리게 하옵소서.

하나님, 오늘 이 시간을 통해 저희의 믿음이 새로워지게 하옵소서. 고인의 삶을 본받아 하나님을 더욱 신뢰하며, 이 땅에서 하나님께서 맡기신 사명을 충실히 감당하는 삶을 살게 하옵소서. 유가족들과 함께한 모든 이들에게 하나님의 위로가 넘치게 하시고, 하나님의 선하심을 찬양하며 하나님의 약속을 붙들고 살아가게 하옵소서.

하나님께서 사랑하는 ○○○ 성도님을 추모하는 이 시간, 저희의 모든 기도가 하나님의 무한한 사랑 앞에 올려져, 세상의 경계와 한계를 뛰어넘어 온전한 축복으로 변화되기를 간절히 기도드리옵나이다. 모든 영광을 하나님께 올려드리며, 예수 그리스도의 이름으로 기도드립니다. 아멘.

추모예배를 위한 기도 2

남겨진 가족들에게 평강을 허락해 주시기를 간구하는 기도

사랑과 은혜의 하나님 아버지,

오늘 이 추모예배의 자리를 통해 저희는 사랑하는 ○○○ 성도님의 기억을 되새기며, 그의 삶 속에 나타난 하나님의 은혜에 감사드립니다. 고인은 이 땅에서의 여정을 다 마치고 하나님의 품 안에서 평안을 누리고 있지만, 그를 떠나보낸 가족들과 친구들, 그리고 저희 모두는 여전히 그의 빈자리를 느끼고 있습니다.

하나님, 남겨진 가족들에게 특별한 위로를 더하여 주옵소서. 저희가 이 이별의 슬픔 속에서도 하나님의 따뜻한 손길을 느끼며, 서로를 격려하고 하나님의 사랑으로 하나 되게 하옵소서. 고인이 저희에게 보여주었던 사랑과 헌신을 기억하며, 저희도 그 믿음의 본을 따라 더 깊이 하나님을 의지하고 신뢰하게 하옵소서.

하나님, 고인의 삶은 하나님의 선하심과 사랑을 드러내는 귀한 통로였습니다. 그의 손길과 기도는 많은 이들에게 위로와 힘이 되었고, 그의 모든 헌신은 하나님의 영광을 위한 것이었습니다. 오늘 이 추모예배가 고인을 기억하는 시간을 넘어, 저희의 믿음을 다시 세우는 계기가 되게 하옵소서. 고인이 남긴 사랑의 발자취를 되새기며, 저희도 그 길을 따라 하나님의 뜻을 이루는 삶을 살아가게 하옵소서.

하나님, 이 자리에 함께한 모든 이들에게 하나님의 평강이 넘치게 하옵소서. 저희가 슬픔을 넘어 감사와 찬양으로 나아가게 하시고, 고인을 보내며 경험한 하나님의 사랑을 더욱 깊이 깨닫게 하옵소서. 하나님의 선하심을 찬양하며, 고인의 삶을 통해 얻은 교훈과 감동을 마음에 새기게 하옵소서.

하나님께서 고인의 영혼을 천국의 평안 가운데 품어주시고, 남겨진 저희도 그가 걸어간 믿음의 길을 따라가게 하옵소서. 이 땅의 날들이 하나님의 선하심을 드러내는 시간이 되게 하시고, 저희의 모든 삶이 하나님께 영광 돌리는 삶이 되게 하옵소서. 모든 것을 하나님께 올려드리며, 예수 그리스도의 이름으로 기도드립니다. 아멘.

추모예배를 위한 기도 3
고인의 믿음과 헌신을 기억하며 드리는 감사의 기도

 선하신 하나님 아버지,

 오늘 이 자리에서 저희는 사랑하는 ○○○ 성도님의 삶을 돌아보며 그 믿음과 헌신에 감사드립니다. 고인은 이 땅에서의 여정을 하나님께 맡기고, 하나님의 말씀을 따라 걸으며, 수많은 순간마다 하나님을 증거하는 삶을 살았습니다. 그의 섬김과 사랑은 많은 사람들에게 하나님의 선하심을 알게 했고, 그의 헌신은 교회를 세우고 이웃을 돌보는 데 큰 본이 되었습니다.

 하나님, 그의 삶을 통해 드러난 하나님의 은혜에 감사드립니다. 고인의 믿음과 기도는 늘 하나님께로 향해 있었으며, 그의 사랑은 하나님께서 주신 사랑의 빛을 세상에 비추는 것이었습니다. 오늘 이 시간을 통해 저희는 고인의 생애 속에서 역사하신 하나님의 손길을 되새기며, 더욱 감사와 찬양으로 하나님께 영광을 올려드리길 원합니다.

 하나님, 남겨진 가족들과 저희 모두가 고인을 기억하며, 그의 헌신과 믿음을 본받아 살게 하옵소서. 고인의 삶이 저희에게 보여준 사랑의 본과 믿음의 유산을 간직하며, 저희도 그처럼 하나님께 헌신하고 서로를 섬기며 살게 하옵소서. 슬픔 속에서도 하나님의 위로를 경험하고, 새로운 소망으로 하나님께 나아가게 하옵소서.

하나님, 이 추모의 시간이 단순히 고인을 그리워하는 시간으로 그치지 않게 하옵소서. 오히려 그의 삶을 통해 하나님께 감사하며, 남은 날들을 더욱 충실히 살아가겠다는 결단의 시간이 되게 하옵소서. 고인이 보여준 충성과 헌신을 본받아, 하나님께서 맡기신 사명을 끝까지 감당하는 자들이 되게 하옵소서.

하나님, 오늘 이 자리에 함께한 모든 이들에게 하나님의 평강이 넘치게 하옵소서. 슬픔을 딛고 감사와 찬양으로 나아갈 수 있도록 은혜를 더하여 주시고, 하나님의 선하심을 찬양하며 믿음으로 살아가게 하옵소서. 하나님의 사랑을 더욱 깊이 경험하며, 그 사랑으로 서로를 위로하고 격려하게 하옵소서.

하나님께서 사랑하는 ○○○ 성도님의 영혼을 품어주시고, 남겨진 저희가 그의 믿음을 본받아 이 땅에서 하나님의 선하심을 드러내며 살아가게 하옵소서. 모든 영광을 하나님께 올려드리며, 예수 그리스도의 이름으로 기도드립니다. 아멘.

추모예배를 위한 기도 4
하나님께서 고인을 영원한 안식으로 인도하시길 간구하는 기도

  사랑과 은혜가 풍성하신 하나님 아버지,

  오늘 이 자리에 모인 저희는 사랑하는 ○○○ 성도님의 삶을 기억하며, 그의 믿음과 헌신을 되새기고, 하나님의 크신 은혜를 깊이 간구합니다. 고인이 남긴 사랑의 흔적과 삶의 발자취를 생각하며, 이 추모의 시간이 단지 슬픔만이 아니라, 하나님의 위로와 소망을 발견하는 귀한 시간이 되기를 기도합니다.

  하나님, 고인은 늘 하나님을 신뢰하며 살아왔습니다. 어려운 시절에도 믿음을 지키며, 하나님의 말씀을 의지하여 자신의 삶을 하나님께 맡겼습니다. 그의 발걸음은 이웃과 교회를 향한 사랑으로 가득 찼고, 그의 손길은 많은 사람들에게 하나님의 선하심을 전해주었습니다. 그가 남긴 선한 행적은 지금도 저희 마음속에 남아 있습니다. 오늘 이 시간을 통해 고인이 남긴 믿음의 유산을 마음에 깊이 새기게 하옵소서.

  하나님, 이 땅에서 고인이 겪었던 수고와 고난은 이제 다 지나갔습니다. 하나님의 품 안에서 영원한 평안을 누리고 있음을 믿으며 감사드립니다. "나는 부활이요 생명이니 나를 믿는 자는 죽어도 살겠고" 하신 예수님의 말씀을 믿으며, 고인이 하나님 나라에서 평안 가운데 거하고 있음을 확신합니다. 하나님, 이 땅에서의 삶을 떠난 그가 천국에서 새로운 생명으로 하나님과 함께할 수 있음을 감사드립니다.

하나님, 남겨진 저희가 슬픔 속에서도 하나님의 위로를 간절히 구합니다. 유가족들과 모든 참석자들에게 하나님께서 주시는 평강이 넘치게 하옵소서. 슬픔과 아픔의 순간 속에서도 하나님의 선하심을 발견하고, 고인이 남긴 사랑과 믿음의 흔적을 따라 살아가는 힘을 허락하여 주옵소서. 하나님께서 함께하시며, 고인을 보내는 이 시간이 저희에게 믿음과 소망을 새롭게 하는 시간이 되게 하옵소서.

하나님, 고인을 기억하며, 그의 삶을 본받아 저희도 하나님의 영광을 위해 살아가게 하옵소서. 저희에게 주어진 날들을 귀히 여기며, 하나님의 뜻을 이루는 삶을 살도록 은혜를 더하여 주옵소서. 고인의 믿음과 헌신을 본받아, 저희의 삶에서도 하나님의 선하심을 드러내며, 서로 사랑하고 돕는 이웃이 되게 하옵소서.

하나님께서 고인을 영원한 안식으로 인도하시고, 남겨진 저희도 하나님의 손길을 따라 믿음의 길을 걷게 하옵소서. 하나님의 은혜와 사랑이 모든 이들의 마음속에 스며들게 하시며, 고인의 생애 속에서 나타난 하나님의 손길을 찬양합니다. 예수 그리스도의 이름으로 기도드립니다. 아멘.

추모예배를 위한 기도 5

하나님의 위로와 사랑을 간구하는 기도

사랑과 위로의 하나님 아버지,

오늘 저희는 사랑하는 ○○○ 성도님의 추모예배를 드리며 그의 삶을 깊이 기억하고자 이 자리에 모였습니다. 고인은 하나님의 말씀을 따라 성실히 살아왔으며, 그 헌신과 사랑은 많은 이들에게 하나님의 은혜를 보여주는 살아 있는 증거였습니다. 이제는 고인이 하나님의 품 안에서 안식을 누리고 있음을 믿으며, 고인을 보내는 슬픔 가운데서도 하나님께 감사와 찬양을 올립니다.

하나님, 남겨진 유가족들에게 하나님의 따뜻한 위로와 평강을 허락하여 주옵소서. 고인을 잃은 아픔 속에서도 하나님께서 함께하시며, 모든 상처를 어루만져 주시기를 간절히 바랍니다. "평안을 너희에게 끼치노니 곧 나의 평안을 너희에게 주노라" 하신 주님의 말씀처럼, 남겨진 가족들이 하나님의 평강으로 마음을 채우며 새 힘을 얻어 살아가게 하옵소서.

하나님, 고인이 이 땅에서 보낸 날들 속에서 보여준 믿음과 헌신을 기억하며, 저희 또한 그의 본을 따라 신실한 삶을 살기를 원합니다. 고인의 삶 속에서 나타난 사랑과 인내, 그리고 하나님의 뜻을 향한 순종을 본받아, 저희도 하나님께 영광 돌리는 삶을 살아가게 하옵소서. 이 추모예배가 단지 고인을 기리는 시간을 넘어, 하나님의 선하심을 묵상하고 저희 모두의 믿음을 새롭게 하는 시간이 되게 하옵소서.

하나님, 저희가 오늘 이 예배를 통해 고인의 삶 속에서 나타난 하나님의 손길을 발견하게 하옵소서. 저희도 그가 걸었던 믿음의 길을 걸어가며, 서로를 격려하고 하나님의 말씀 안에서 하나 되어 살아가게 하옵소서. 남겨진 시간 동안 하나님의 인도하심을 따라 살며, 고인의 믿음과 사랑을 기억하며 그 유산을 소중히 간직하게 하옵소서.

하나님께서 사랑하는 ○○○ 성도님의 영혼을 영원한 평안으로 품어주시고, 남겨진 가족들과 이 자리에 함께한 모든 이들이 하나님의 선하심과 사랑을 체험하게 하옵소서. 하나님께서 주시는 소망으로 서로를 위로하며, 고인의 삶을 통해 보여주셨던 하나님의 은혜를 찬양하며 살아가게 하옵소서. 모든 것을 하나님께 맡겨드리며, 예수 그리스도의 이름으로 기도드립니다. 아멘.

추모예배를 위한 기도 6

고인을 기억하며 하나님의 인도하심을 구하는 기도

온 땅과 하늘을 주관하시는 하나님 아버지,

오늘 저희는 사랑하는 ○○○ 성도님을 기억하며, 그의 삶 속에서 역사하셨던 하나님의 손길을 되새기고자 이 자리에 모였습니다. 고인은 이 땅에서의 여정을 하나님께 온전히 의탁하며, 주어진 사명을 따라 충실히 걸어온 분이셨습니다. 고인의 삶을 통해 하나님께서 보여주신 사랑과 은혜를 감사하며, 오늘 이 시간을 하나님께 올려드립니다.

하나님, 고인이 남긴 발자취는 사랑과 헌신으로 가득했습니다. 그는 이웃을 위해 자신을 아끼지 않았고, 교회를 위해 기도하며, 하나님의 나라를 위해 수고를 다하였습니다. 그의 손길은 많은 이들에게 위로와 격려가 되었고, 그의 믿음은 하나님의 선하심을 증거하는 살아 있는 예배였습니다. 이 시간 고인을 기억하며, 진심으로 그의 삶 속에서 나타난 하나님의 은혜를 깊이 묵상합니다.

하나님, 고인은 이 땅에서의 고단한 여정을 마치고 이제 하나님의 품 안에서 평안히 쉬고 있습니다. 저희는 고인이 남긴 사랑의 흔적과 믿음의 열매를 간직하며, 하나님께서 허락하신 시간들을 소중히 여기고자 합니다. "내가 세상 끝날까지 너희와 항상 함께 있으리라" 하신 주님의 약속을 의지하며, 저희에게 주어진 날들을 하나님의 뜻대로 살아갈 수 있도록 도와주시옵소서.

하나님, 이 추모예배가 고인을 단지 그리워하는 자리를 넘어서, 하나님의 선하심과 사랑을 새롭게 깨닫는 시간이 되게 하옵소서. 남겨진 유가족들과 함께하는 모든 이들에게 하나님의 위로가 넘치게 하시고, 슬픔 속에서도 하나님의 평안을 경험하게 하옵소서. 오늘 고인의 삶을 추억하며, 저희도 그 믿음의 길을 따라, 서로를 사랑하고 격려하며, 하나님께 영광 돌리는 삶을 살게 하옵소서.

하나님께서 사랑하는 ○○○ 성도님의 영혼을 하나님의 영광스러운 품에 안아주시고, 그의 삶을 통해 나타난 하나님의 사랑과 은혜가 이 예배 가운데 충만하게 드러나게 하옵소서. 남겨진 저희도 고인의 믿음을 본받아, 남은 날들을 하나님의 인도하심 아래 충실히 살아가게 하옵소서. 모든 것을 하나님께 올려드리며, 예수 그리스도의 이름으로 기도드립니다. 아멘.

추모예배를 위한 기도 7
고인의 헌신과 믿음을 본받아 살아가는 기도

영원한 생명의 주인이신 하나님 아버지,

오늘 이 추모예배의 자리를 통해 사랑하는 ○○○ 성도님의 삶을 기억하며, 그의 헌신과 믿음을 본받고자 합니다. 고인은 하나님께서 허락하신 모든 순간들을 귀하게 여기며, 주어진 사명을 충실히 감당해 왔습니다. 그의 삶 속에서 나타난 하나님의 은혜를 되새기며, 이 시간을 통해 저희 모두가 더 깊은 감사와 믿음의 결단을 하게 하옵소서.

하나님, 고인은 하나님의 말씀을 따라 자신의 삶을 인도받아 왔습니다. 어려운 시절에도 하나님의 손길을 의지하며, 주변의 사람들에게 사랑과 희망을 전하며 살아갔습니다. 그의 삶은 하나님의 선하심과 사랑을 드러내는 도구로 사용되었으며, 오늘 저희는 그가 남긴 믿음의 유산을 가슴에 새기고자 합니다.

하나님, 저희가 고인의 삶에서 보았던 헌신과 사랑을 기억하며, 저희의 삶 또한 하나님께서 기뻐하시는 믿음의 길로 나아가게 하옵소서. 하나님께서 고인을 통해 베푸신 모든 은혜를 깊이 감사하며, 저희도 그 본을 따라 이 땅에서 하나님의 사랑과 빛을 드러내는 자들이 되게 하옵소서.

　하나님, 이 추모의 시간이 단지 슬픔과 이별로 끝나지 않도록 도와주시옵소서. 고인의 삶 속에서 역사하셨던 하나님의 손길을 통해, 저희의 믿음도 새로워지게 하시고, 하나님을 더욱 의지하는 삶을 살게 하옵소서. 남겨진 가족들과 이 자리에 함께한 모든 이들이 고인의 삶을 본받아 서로를 위로하고 격려하며, 하나님의 사랑을 나누게 하옵소서.

　하나님, 저희는 고인의 발자취와 고인이 남긴 사랑의 유산을 마음 깊이 새기며, 앞으로의 삶에서도 고인이 보여주었던 신실한 믿음과 헌신의 길을 따라 걸어가길 원합니다. 저희의 눈물과 아픔이 하나님께서 베푸신 위로와 자비로 씻겨 나가고, 그 대신 고인이 전한 사랑의 빛이 저희 각자의 마음에 영원히 살아 숨쉬게 하옵소서. 저희의 모든 기억과 감사가 하나님의 은혜로 승화되어, 앞으로의 모든 여정 속에서 하나님의 인도하심과 자비가 저희를 항상 붙들어 주시기를 간절히 구합니다.

　하나님께서 사랑하는 ○○○ 성도님의 영혼을 영원한 평안 가운데 품어주시고, 남겨진 저희에게도 그가 남긴 믿음의 발자취를 따라 하나님의 선하심을 증거하며 살아갈 힘과 지혜를 더하여 주옵소서. 모든 것을 하나님께 맡겨드리며, 예수 그리스도의 이름으로 기도드립니다. 아멘.

추모예배를 위한 기도 8

고인의 삶을 통해 하나님의 은혜를 깨닫는 기도

온 땅을 주관하시는 하나님 아버지,

오늘 저희는 사랑하는 ○○○ 성도님의 삶을 추억하며, 그의 믿음과 사랑을 기억하는 이 자리에 모였습니다. 고인은 평생 동안 하나님의 말씀을 붙들고, 그의 모든 날들을 하나님께 바친 충성된 일꾼이었습니다. 그의 삶 속에서 역사하신 하나님의 은혜를 되새기며, 이 추모의 시간이 저희 모두에게 믿음과 소망을 새롭게 하는 시간이 되게 하옵소서.

하나님, 고인의 삶은 하나님을 향한 사랑과 이웃을 향한 섬김으로 가득 찼습니다. 그는 자신의 모든 시간과 재능을 아낌없이 드리며, 교회를 세우고, 이웃을 돕는 일에 헌신하였습니다. 그의 손길은 힘들고 외로운 이들에게 위로가 되었고, 그의 기도는 많은 이들에게 희망을 심어 주었습니다. 오늘 저희는 고인의 삶을 통해 나타난 하나님의 손길을 찬양하며, 그가 남긴 믿음의 유산을 마음에 깊이 새기고자 합니다.

하나님, 고인의 삶이 단지 추억으로 남는 것이 아니라, 저희 모두에게 본이 되게 하옵소서. 그의 섬김과 헌신을 본받아, 저희도 각자의 자리에서 하나님을 기쁘시게 하는 삶을 살게 하옵 소서. 고인이 그랬던 것처럼, 저희도 하나님께 의지하며, 하나 님이 맡기신 사명을 끝까지 완수하는 자들이 되게 하옵소서.

　하나님, 고인이 남긴 사랑의 흔적이 이 자리에 모인 모두에게 깊은 감동과 결단을 주게 하옵소서. 그의 삶 속에서 하나님의 선하심을 본받아, 저희도 서로 사랑하고 돕는 삶을 살게 하옵소 서. 오늘 이 추모예배를 통해 하나님의 은혜를 새롭게 깨닫고, 저희의 삶이 더욱 하나님께 영광을 돌리게 하옵소서. 슬픔 속 에서도 저희 각자의 마음에 하나님의 소망이 자리 잡아, 그 약 속의 빛 아래서 새로운 시작과 희망의 날들을 맞이할 수 있도록 은혜를 더하여 주옵소서.

　하나님께서 사랑하는 ○○○ 성도님의 영혼을 하나님의 나라 에서 평안히 쉬게 하시고, 남겨진 저희에게도 그가 남긴 신앙 의 유산을 따라, 날마다 하나님께 가까이 나아가는 힘과 은혜를 더하여 주옵소서. 이 추모의 시간을 통해 하나님의 사랑을 더 욱 깊이 체험하게 하시며, 고인을 통해 보여주신 하나님의 선하 심을 찬양하게 하옵소서. 모든 것을 하나님께 맡겨드리며, 예수 그리스도의 이름으로 기도드립니다. 아멘.

추모예배를 위한 기도 9
고인의 사랑과 헌신을 되새기며 드리는 기도

선하신 하나님 아버지,

오늘 저희는 사랑하는 ○○○ 성도님의 삶을 돌아보며 그의 믿음과 헌신을 기념하고자 이 자리에 모였습니다. 그는 이 땅에서의 여정을 하나님의 뜻에 따라 충실히 걸어가며, 자신을 희생하여 많은 사람들에게 하나님의 사랑을 전하였습니다. 그의 삶 속에서 나타난 하나님의 은혜를 기억하며, 오늘 이 시간을 하나님께 온전히 올려드립니다.

하나님, 고인은 자신에게 주어진 날들을 헛되이 보내지 않았습니다. 하나님의 말씀을 묵상하고, 기도로 하루를 시작하며, 이웃을 섬기고 교회를 위해 헌신하였습니다. 그는 작은 일에도 감사하며 하나님의 선하심을 증거하는 삶을 살았습니다. 그의 손길은 많은 이들에게 사랑과 위로를 전하며, 그의 믿음은 하나님의 진리와 사랑을 드러내는 살아 있는 간증이었습니다.

하나님, 고인의 삶이 오늘 저희에게도 귀한 교훈이 되게 하옵소서. 그의 헌신과 섬김을 본받아, 저희도 자신을 희생하여 이웃을 사랑하고, 하나님의 나라를 위해 헌신하며 살게 하옵소서.

고인이 걸었던 길을 따라, 저희 또한 하나님께서 기뻐하시는 삶을 살게 하옵소서. 고인의 기억을 통해 하나님의 사랑과 은혜를 더욱 깊이 깨닫게 하시고, 저희의 믿음이 새로워지는 시간이 되게 하옵소서.

하나님, 고인은 단순히 사랑을 말하는 사람이 아니라, 사랑을 실천하며 살아간 사람이었습니다. 하나님의 가르침을 행동으로 옮겨, 배고픈 이들을 먹이고, 고통 속에 있는 이들을 위로하며, 길을 잃은 이들에게 믿음의 길을 보여주었습니다. 오늘 저희가 그의 삶을 기억하며, 그가 남긴 선한 발자취를 따라, 하나님께서 맡기신 사명을 끝까지 완수할 수 있도록 인도하여 주옵소서.

하나님, 오늘 이 예배의 자리에 함께한 모든 이들에게 하나님의 위로와 평강을 허락하여 주옵소서. 슬픔 속에서도 하나님의 따뜻한 손길을 경험하게 하시고, 고인의 삶이 전해준 하나님의 사랑과 진리를 통해 저희가 서로를 격려하고 하나님께 가까이 나아가게 하옵소서. 오늘 이 예배가 저희 모두에게 새로운 소망과 결단의 시간이 되게 하옵소서.

하나님께서 사랑하는 ○○○ 성도님의 영혼을 하나님의 품에서 영원히 평안히 쉬게 하시고, 남겨진 저희는 그의 본을 따라 하나님의 선하심을 증거하며 살아가게 하옵소서. 새 아침의 빛처럼 저희 각자의 삶에 희망과 기쁨이 넘치기를 간절히 청하옵나이다. 모든 것을 하나님께 맡겨드리며, 예수 그리스도의 이름으로 기도드립니다. 아멘.

추모예배를 위한 기도 10

고인을 추억하며 하나님의 인도하심을 구하는 기도

  전능하신 하나님 아버지,

  오늘 저희는 사랑하는 ○○○ 성도님의 추모예배를 드리며, 고인이 남긴 믿음과 사랑의 유산을 깊이 기억하고자 이 자리에 모였습니다. 고인은 이 땅에서 하나님의 뜻에 따라 충실히 살아가며 이웃과 교회에 사랑과 희망을 전했던 귀한 분이셨습니다. 그의 삶은 하나님의 은혜와 자비로 가득 찼으며, 그의 헌신은 많은 이들에게 하나님의 선하심을 증거하는 살아 있는 간증이 되었습니다. 이 자리는 단순한 이별의 시간이 아니라, 고인이 남긴 소중한 추억과 고인이 보여주신 하나님의 은혜를 새롭게 되새기며, 저희 각자의 마음속에 새로운 믿음의 불씨를 지피는 귀한 시간이 되기를 간구합니다.

  하나님, 고인은 평생 하나님의 말씀을 마음에 새기며, 어려움 속에서도 굳건한 신앙으로 하나님의 인도하심을 따랐습니다. 그의 발걸음마다 하나님의 사랑이 흘렀고, 그가 전한 봉사와 희생은 저희 모두에게 큰 감동을 주었습니다. 고인이 보여준 사랑의 실천은 단순한 말씀이 아니라, 그의 삶 그 자체가 하나님의 선하심을 드러내는 증거였음을 저희는 기억합니다. 오늘 이 자리를 빌어, 고인이 걸었던 그 길을 본받아 저희도 각자의 자리에서 하나님의 뜻을 이루는 삶을 살아가기로 다짐하며, 고인의 흔적을 따라 더욱 겸손하게 하나님께 나아가게 하옵소서.

　하나님, 유가족들과 함께 이 자리에 모인 모든 이들이 고인의 기억 속에서 하나님의 크신 사랑을 발견하게 하시고, 서로를 위로하며 격려하는 가운데 새로운 힘과 소망을 얻도록 도와주시옵소서. 고인의 삶을 통해 전해진 하나님의 진리와 사랑이 저희의 마음 깊은 곳에 새겨져, 앞으로의 모든 여정에서도 하나님을 더욱 신실하게 따르는 길잡이가 되게 하옵소서. 이 추모예배가 단순한 슬픔의 시간이 아니라, 고인을 통해 주어진 하나님의 은혜와 자비를 되새기며, 저희가 매일의 삶에서 그 사랑을 실천하는 귀한 기회가 되기를 간절히 기도합니다.

　하나님, 저희는 오늘 이 예배를 통해 고인의 생애와 그가 전한 믿음의 증거를 마음 깊이 간직하며, 남은 날들을 하나님의 뜻에 따라 새롭게 다짐하는 시간이 되기를 소망합니다. 고인이 걸어온 그 빛나는 길이 저희에게 영원한 희망이 되어, 앞으로도 하나님의 인도하심 속에서 하나님의 사랑을 전하는 삶을 살도록 도와주시옵소서. 하나님의 은혜와 자비가 저희의 마음속에 깊이 뿌리내려, 하루하루가 감사와 찬양의 시간이 되기를 바라며, 예수 그리스도의 이름으로 간절히 기도드립니다. 아멘.

추모예배를 위한 기도 11
고인의 발자취를 기억하며 소망을 노래하는 기도

사랑과 자비가 충만하신 하나님 아버지,

오늘 이 자리에 모인 저희는 사랑하는 ○○○ 성도님의 삶을 깊이 기억하며, 고인이 이 땅에서 걸어온 헌신의 길과 믿음의 발자취를 되새기고자 합니다. 고인은 늘 하나님의 말씀을 따라 자신을 드렸으며, 주변 이웃과 교회를 위해 헌신적인 사랑을 실천하셨습니다. 저희는 고인이 보여주신 온전한 신앙의 길을 회상하며, 지금 이 순간 슬픔 속에서도 하나님의 선하신 계획을 믿고 소망을 품습니다. 고인의 삶 속에 드러난 하나님의 은혜와 인도하심이 오늘 이 예배를 통해 다시금 살아나게 하옵소서.

하나님, ○○○ 성도님은 삶의 기쁨과 고난 속에서도 하나님께 충실히 의탁하였고, 매 순간 하나님께서 허락하신 진리와 사랑을 증거하는 삶을 살아오셨습니다. 고인의 발자취는 단지 지나간 시간이 아니라, 저희에게 지금도 힘과 용기를 주는 생생한 증거임을 믿습니다. 고인이 남긴 따뜻한 미소와 헌신의 흔적, 그리고 고인이 베푼 사랑의 실천은 저희 마음속 깊은 곳에 새겨져 있습니다. 이 추모예배를 통해 고인의 기억이 한층 더 빛나게 하시어, 저희가 앞으로의 삶에서도 하나님의 은혜와 자비를 따르는 귀한 길을 걸어가게 하옵소서.

하나님, 이 예배의 자리가 단순한 추억 회상이 아니라, 고인이 걸어온 길을 본받아 저희 모두가 새로운 결단을 내리는 소중한 시간이 되게 하옵소서. 저희의 눈물이 헛되지 않도록, 고인의 사랑과 섬김을 기억하며 서로를 격려하고, 하나님께서 주신 모든 약속을 굳게 붙들도록 인도하여 주옵소서.

이 추모예배가 고인을 기리는 것을 넘어, 저희의 삶에 새로운 다짐과 소망을 심어주는 성스러운 시간이 되게 하시옵소서. 고인이 남긴 사랑과 헌신이 저희 각자에게 영원한 힘과 위로로 자리 잡게 하옵소서. 저희의 모든 슬픔과 아쉬움 속에서도 하나님의 약속을 바라보며, 고인의 사랑이 저희에게 새 힘을 주어 앞으로의 날들을 하나님의 뜻에 따라 살아가도록 인도하시기를 간절히 기도합니다.

하나님, 사랑하는 ○○○ 성도님의 영혼을 하늘 나라의 찬란한 빛 속에 안기게 하시고, 이 땅에 남은 저희가 고인의 생애를 본받아 매일을 하나님의 사랑으로 채우며, 고인이 전한 믿음과 헌신이 저희 삶의 길잡이가 되게 하옵소서. 저희의 기억이 감사와 찬양으로 넘치며, 그 사랑의 빛이 저희가 나아가는 모든 길을 밝히는 등불이 되게 하옵소서. 한없는 은혜 속에서 새로운 소망을 발견하게 하옵소서. 예수 그리스도의 이름으로 기도드립니다. 아멘.

추모예배를 위한 기도 13

고인의 삶과 신앙을 기념하며
새 희망을 다짐하는 기도

  은혜와 사랑으로 저희를 감싸시는 하나님,

  오늘 이 자리에 모인 저희는 사랑하는 ○○○ 성도님의 삶을 깊이 기억하며, 고인이 이 땅에서 보여주신 신실한 믿음과 헌신을 기념합니다. 고인은 자신의 모든 시간을 하나님께 드리며, 하나님의 인도하심 속에서 살아가신 귀한 증거를 남기셨습니다. 고인의 사랑과 섬김은 이웃에게 온기를 전해 주었고, 그의 헌신은 교회와 사회에 밝은 빛으로 남아 저희에게 큰 위로와 감동을 줍니다. 이 추모예배를 통해 고인의 발자취를 되새기며, 저희 모두가 그의 삶에서 배운 교훈을 마음에 새기고자 합니다.

  하나님, 고인은 고난의 순간마다 하나님을 바라보고, 하나님의 말씀을 붙들며 살아가셨습니다. 그의 삶은 어려움 속에서도 주어진 사명을 충실히 감당한 증거였으며, 하나님께서 베푸신 사랑과 자비를 몸소 체험한 귀한 여정이었습니다. 저희는 고인이 걸었던 길을 따라, 각자의 자리에서 하나님의 인도하심을 신뢰하며 살아가기를 다짐합니다. 지금 이 순간에도 하나님의 선하심이 저희를 인도하고 계심을 확신합니다.

하나님, 오늘 이 추모예배가 고인이 남긴 신앙의 유산을 기념하고 새롭게 다짐하는 시간이 되게 하옵소서. 고인이 삶 속에서 실천한 사랑과 봉사는 저희 각자에게 깊은 영적 양식을 제공하였고, 고인이 전한 진리와 은혜는 저희의 삶에 새로운 불씨가 되었습니다. 저희가 고인의 모범을 본받아, 모든 순간마다 감사드리며 서로를 격려하고 섬기는 공동체로 거듭나게 하옵소서.

하나님, 유가족들과 이 예배에 함께한 모든 이들이 고인의 사랑과 헌신을 기억하며, 고인이 경험한 하나님의 은혜와 진리를 마음속에 새기게 하옵소서. 슬픔이 깊은 이 시간에도 서로의 아픔을 나누며 하나님의 위로로 힘을 얻고, 새로운 희망을 품고 앞으로 나아갈 수 있도록 인도하여 주옵소서. 저희 각자의 마음이 하나님의 사랑으로 따뜻해지고, 고인의 발자취를 따라 하나님께서 약속하신 평안의 길을 걸어가게 하옵소서.

하나님, 저희는 고인의 삶을 통하여 주어진 사랑과 은혜의 메시지를 다시 한번 마음에 새기며, 앞으로의 모든 날들이 하나님께서 기뻐하시는 삶으로 채워지기를 간절히 소망합니다. 고인이 남긴 신앙의 유산이 저희에게 언제나 빛이 되어, 서로에게 위로와 격려가 되는 삶을 살아가게 하옵소서. 이 추모예배를 마치는 지금, 저희의 마음에 새겨진 고인의 따스한 기억이 하나님께서 주시는 새 힘과 희망으로 이어지기를 간절히 기도드리며, 예수 그리스도의 이름으로 기도드립니다. 아멘.

추모예배를 위한 기도 14

남겨진 이들이 위로받기를 기원하는 기도

　사랑과 은혜가 충만하신 하나님,

　오늘 이 자리에 모인 저희는 사랑하는 ○○○ 성도님의 생애를 깊이 기억하며, 고인이 이 땅에서 보여주신 신실한 믿음과 헌신을 마음속에 새깁니다. 고인은 자신의 모든 날들을 하나님께 온전히 맡기고, 하나님의 말씀에 순종하며 이웃과 교회를 위해 헌신하신 귀한 증거였습니다. 고인의 삶은 하나님의 자비와 은혜가 어떻게 드러나는지를 생생히 보여주었으며, 저희는 그 사랑의 흔적을 따라 살아가고자 하는 간절한 소망을 품고 이 추모예배에 임합니다.

　하나님, 고인이 걸어온 길은 고인의 발자취마다 하나님의 인도하심과 사랑이 함께했던 값진 여정이었습니다. 어려운 순간마다 하나님의 약속을 붙들고 믿음으로 나아갔던 그 모습은 저희 모두에게 크나큰 위로와 격려가 되었으며, 고인이 남긴 사랑의 유산은 오늘 이 자리를 더욱 빛나게 합니다. 저희는 고인이 세상에서 이룬 선한 열매와 헌신의 순간들을 기억하며, 고인이 전한 사랑과 은혜를 저희 삶 속에 깊이 새기고자 합니다.

하나님, 이 추모예배가 단순한 과거 회상이 아니라, 앞으로의 삶을 위한 새로운 다짐의 시간이 되기를 원합니다. 고인이 보여주신 겸손과 헌신, 그리고 하나님께 대한 확고한 신뢰를 본받아, 저희도 각자의 자리에서 하나님의 뜻을 이루는 삶을 살아가기를 소망합니다. 고인이 경험한 하나님의 자비와 위로가 저희에게도 전해져, 슬픔과 아픔을 이겨내는 힘과 새 희망을 심어 주시기를 간절히 청합니다.

하나님, 이 자리에 함께한 모든 유가족과 친지, 그리고 친구들이 고인을 기억하며 서로에게 위로와 격려의 손길을 내밀게 하옵소서. 각자의 마음속에 새겨진 고인의 따스한 미소와 사랑이, 지금의 슬픔을 넘어서 앞으로의 삶에 대한 굳건한 소망과 용기로 변화되게 하시며, 하나님의 크신 은혜가 모든 상처를 치유하고 저희를 하나로 묶어 주시기를 기도합니다.

하나님, 사랑하는 ○○○ 성도님의 영혼이 하늘나라의 찬란한 빛 속에서 영원한 안식을 누리게 하시고, 저희는 고인이 남긴 사랑과 헌신을 마음 깊이 간직하여, 매일의 삶 속에서 하나님의 선하심을 실천하는 증거가 되게 하옵소서. 저희의 기억과 고통, 감사가 모두 하나님의 무한한 사랑으로 승화되어, 앞으로의 모든 여정이 하나님의 은혜속에서 빛나도록 인도해 주시옵소서. 이 모든 간구를 하나님께 올려드리며, 새 아침의 빛처럼 저희 각자의 삶에 희망과 기쁨을 불어넣어 주시길 간절히 청하오며 예수 그리스도의 이름으로 기도드립니다. 아멘.

추모예배를 위한 기도 15
고인의 생일을 추모하며 기억하는 기도

은혜와 자비가 넘치는 하나님,

오늘 이 자리에 모인 저희는 사랑하는 ○○○ 성도님의 생일을 기념하며, 고인이 이 땅에서 남긴 귀한 사랑과 헌신을 기억하고자 합니다. 고인은 자신의 생을 하나님께 온전히 드리며, 가족과 이웃, 교회에 하나님의 사랑을 전하는 귀감이 되었습니다. 고인의 삶은 때로 고난 속에서, 때로 기쁨 속에서 하나님의 인도와 보호를 경험하며, 늘 주어진 날들을 감사와 찬양으로 채워온 값진 여정이었습니다. 오늘 이 추모예배를 통해 고인의 생일을 맞아, 고인이 보여준 따뜻한 사랑과 불멸의 신앙을 다시 한번 되새기며, 저희 각자의 삶에도 하나님의 은혜가 풍성히 임하시기를 간절히 청합니다.

하나님, ○○○ 성도님은 평생 동안 하나님의 말씀에 귀 기울이고, 주위 사람들에게 사랑을 실천하며 살아왔습니다. 고인이 전한 겸손과 봉사의 정신은 많은 이들에게 크나큰 위로와 도전의 메시지로 남아 있으며, 고인이 보여준 깊은 신실함과 헌신은 저희에게도 귀한 유산이 되었습니다. 오늘 이 날, 고인의 생일을 추모하며, 고인이 걸었던 길과 나눈 웃음, 눈물 그리고 사랑의 순간들이 저희의 마음속에 영원히 남아 하나님께서 주신 사랑의 증거로 살아나게 하옵소서. 저희는 고인의 기억 속에서 하나님의 인도하심과 자비를 다시금 확인하며, 그의 생애가 저희 각자에게 주는 교훈을 마음 깊이 새기길 원합니다.

하나님, 이 추모예배가 단순한 회상이 아니라, 고인의 생일을 기념하며 고인이 남긴 사랑의 유산을 토대로 앞으로의 삶을 다시금 다짐하는 시간이 되게 하옵소서. 저희가 고인의 생애 속에서 발견한 하나님 사랑의 모범을 따라, 서로에게 온기를 전하고, 어려운 순간에도 하나님께 의지하며 걸어갈 수 있는 믿음을 갖게 하옵소서. 고인이 지녔던 신실한 믿음과 사랑의 정신이 저희의 일상 속에서 꽃피어, 각자의 자리에서 하나님의 선하심을 실천하는 삶으로 이어지기를 소망합니다.

하나님, 저희는 이 추모의 시간을 통해 고인의 생애와 고인이 전한 사랑의 메시지를 마음속 깊이 새기며, 남은 날들 동안 하나님께 충실히 살아가기를 간절히 원합니다. 저희의 마음에 넘치는 하나님의 사랑과 은혜가, 슬픔을 넘어 새로운 희망과 기쁨으로 저희를 채우게 하시기를 청합니다.

모든 것을 온전히 하나님께 의탁하며, 저희의 삶이 하나님께 영광을 돌리는 여정이 되도록 인도해 주시옵소서. 예수 그리스도의 이름으로 간절히 기도합니다. 아멘.

추모예배를 위한 기도 16

고인의 생애를 기념하며
하나님의 자비를 청하는 기도

　은혜와 사랑의 하나님, 오늘 이 추모예배 자리에 모인 저희는 사랑하는 ○○○ 성도님의 삶을 깊이 되새기며, 고인이 걸어온 신실한 믿음과 헌신의 여정을 기념합니다. 고인은 이 땅에서 하나님의 인도하심 아래 겸손히 살아가며, 주변에 하나님의 사랑을 전하는 본보기가 되셨습니다. 고인의 따뜻한 미소와 진심 어린 봉사는 이웃과 교회에 깊은 감동을 주었고, 고인의 헌신은 저희 모두에게 믿음의 길잡이가 되었습니다. 오늘 저희는 고인이 남긴 귀한 유산을 기억하며, 그의 사랑이 저희의 삶 속에 어떻게 실천되어야 하는지 깨달음을 얻고자 합니다. 이 추모의 시간이 슬픔을 넘어서 하나님의 자비와 위로를 체험하며, 새로운 소망과 결단으로 이어지기를 간절히 기도합니다.
　하나님, 고인의 삶은 하나님의 말씀에 따라 온전히 살아가며, 매 순간 하나님께 의탁한 귀한 증거였습니다. 어려운 시절에도 하나님의 약속을 굳게 믿고, 사랑과 봉사의 길을 선택한 고인의 삶은 저희에게 큰 영적 양식이 되었습니다. 고인이 이룬 선한 열매와 고인이 베푼 사랑은 오늘 저희 모두에게 깊은 감동을 주며, 앞으로의 날들에도 하나님의 인도와 은혜를 따라 살아가야 할 소중한 가르침으로 남아 있습니다. 저희는 고인의 헌신을 본받아, 하나님께 충실히 나아가는 삶을 다짐하며, 매 순간 하나님의 자비와 인도를 경험하기를 원합니다. 이 추모예배가 단순한 회상이 아니라, 저희 각자의 삶 속에 하나님의 사랑과 은혜를 새롭게 심어주는 귀한 시간이 되기를 간구합니다.

하나님, 오늘 이 자리에서 고인의 기억을 마음 깊이 간직하며, 그의 삶에서 흘러나온 사랑과 헌신이 저희에게 영원한 위로와 격려의 근원이 되기를 바랍니다. 남겨진 유가족들과 참석한 모든 이들이 고인의 신실한 발자취를 되새기며, 각자의 마음에 하나님의 자비와 소망이 충만하게 퍼져나가기를 기도합니다. 고인이 남긴 그 따뜻한 빛이 저희의 길을 밝혀, 슬픔의 시간에도 하나님의 인도하심을 믿고 나아갈 수 있는 힘이 되기를 소망합니다. 저희의 기도가 고인의 사랑을 증언하며, 앞으로의 모든 여정이 하나님의 선하신 계획 속에서 새 희망으로 가득 차도록 은혜를 더해 주시기를 청합니다.

믿음의 빛이 영원히 저희 안에 머무르기를 바라며, 저희의 모든 찬양과 감사를 하나님께 드립니다. 하나님의 은혜와 평화가 저희의 삶을 감싸시기를 바라며, 이 모든 말씀을 하나님께 온전히 의탁합니다. 예수 그리스도의 이름으로 기도드립니다. 아멘.

추모예배를 위한 기도 17
고인의 기억 속에서 감사와 믿음을 되새기는 기도

사랑과 자비의 하나님 아버지,

오늘 저희는 사랑하는 ○○○ 성도님의 삶을 깊이 기억하며, 그의 생애를 통해 하나님께서 베푸신 은혜와 인도하심을 되새기고자 이 자리에 모였습니다. 고인은 주어진 날들을 헛되이 보내지 않고, 매 순간 하나님을 의지하며, 이웃을 섬기고 가족과 공동체를 위해 기도하며 살아왔습니다. 그의 삶은 작은 것 하나에도 감사를 잊지 않았고, 하나님의 말씀을 삶의 등불로 삼으며 온전히 믿음의 길을 걸었던 귀한 여정이었습니다.

하나님, 저희는 고인이 남긴 발자취를 따라가며, 그 삶 속에 스며든 하나님의 손길을 새롭게 발견하고자 합니다. 고인의 따뜻한 말 한마디와 정직한 태도, 그리고 누구에게나 베풀었던 사랑의 실천은 저희에게 큰 감동과 본이 되었으며, 지금도 그 기억은 저희 마음 깊은 곳에서 살아 숨 쉬고 있습니다. 이 추모예배의 시간이 고인을 기억하는 슬픔에 머무는 것이 아니라, 감사와 믿음으로 다시 일어나는 시간이 되게 하옵소서.

하나님, 유가족들에게 하나님의 위로가 풍성히 임하게 하시고, 오늘 이 자리에 함께한 모든 이들이 고인의 삶을 통해 하나님의 선하심과 자비를 경험하게 하옵소서. 슬픔과 그리움이 있는 자리에 하나님의 평강을 더하시고, 고인이 남긴 사랑과 신앙의 유산이 이 공동체 안에서 계속 살아 역사하게 하옵소서. 오늘 이 예배를 통해 저희 모두가 더욱 하나님께 가까이 나아가며, 각자의 삶에서도 고인의 신실함을 본받아 살도록 결단하게 하옵소서.

하나님, 고인의 삶이 단지 과거의 기억으로 끝나는 것이 아니라, 저희가 살아가는 모든 순간 속에서 하나님의 사랑을 나누는 실천으로 이어지게 하옵소서. 서로에게 힘이 되고, 위로가 되는 삶을 살아가게 하시며, 하나님께서 주신 날들을 귀하게 여기며 의미 있게 사용하게 하옵소서. 고인이 남긴 신앙의 유산이 저희 각자의 삶 속에서 더 깊은 열매로 맺히게 하시고, 그 믿음의 흔적이 하나님 나라를 향한 확신과 소망으로 이어지게 하옵소서.

하나님께서 사랑하는 ○○○ 성도님의 영혼을 영원한 평안 속에 품어주시고, 남겨진 저희는 그의 삶을 기억하며 감사와 믿음의 길을 담대히 걸어가게 하옵소서. 이 예배의 모든 순간이 하나님의 영광으로 가득 차게 하시며, 저희의 눈물이 위로로, 저희의 기억이 믿음의 고백으로 변화되는 은혜의 시간이 되기를 간절히 원하오며, 예수 그리스도의 이름으로 기도드립니다. 아멘.

추모예식을 위한 기도 18

고인의 기억 속에 새로운 소망을 심는 기도

사랑과 자비로 모든 것을 감싸시는 하나님, 오늘 이 추모예식 자리에 모인 저희는 사랑하는 ○○○ 성도님의 생애를 깊이 회상하며 고인이 남긴 귀한 신앙과 헌신의 발자취를 마음속에 새깁니다. 고인은 평생 하나님께 온전히 자신을 맡기며, 주어진 사명을 성실히 감당한 귀한 분이었고, 고인의 삶은 이 땅에 하나님의 은혜와 사랑이 어떻게 역사하는지를 생생히 보여주었습니다. 저희는 고인의 미소와 따스한 마음, 그리고 헌신의 모습을 통해 하나님의 선하심을 다시 한번 깨닫고, 그 사랑이 오늘 저희 각자의 삶 속에서 계속 이어지기를 간절히 기도합니다.

하나님, 고인은 언제나 하나님의 말씀을 가슴 깊이 새기며 살아왔고, 어려움 속에서도 하나님의 인도하심과 위로를 믿고 나아갔습니다. 고인이 보여준 믿음은 단순한 말씀이 아니라, 실제로 주변 이웃과 가족, 교회에 큰 희망과 용기를 전해주었으며, 그 헌신은 저희 모두에게 지속적인 영적 양식을 제공하였습니다. 오늘 이 추모예식을 통해 고인이 걸었던 길을 되돌아보며, 저희도 그 본을 따라 하나님의 뜻을 따르는 신실한 삶을 살아갈 수 있도록 도와주시옵소서.

하나님, 이 추모의 시간이 단순한 회상이 아니라, 저희 각자의 마음에 새로운 소망과 다짐을 심어주는 값진 계기가 되게 하옵소서. 고인이 남긴 사랑의 유산이 저희 삶에 지속적인 빛이 되어, 저희가 슬픔을 넘어서 하나님께서 약속하신 영원한 생명을 바라보며, 매 순간 하나님의 자비와 은혜를 체험하는 기회가 되게 하옵소서. 또한, 고인의 신실한 발자취를 본받아 서로를 도우며 하나님의 말씀 안에서 한 마음이 되어 살아갈 수 있도록 인도하시옵소서. 저희의 모든 기억이 하나님의 무한한 사랑으로 승화되어 앞으로의 여정에 변함없는 희망과 용기를 불어넣어 주시기를 간절히 기도하옵나이다.

하나님, 이 자리에 함께한 유가족과 모든 친구들이 고인의 삶 속에서 체험한 하나님의 놀라운 은혜와 진리를 마음 깊이 새기며, 각자의 아픔을 하나님께 온전히 맡기고 서로에게 따스한 위로의 손길을 내밀게 하옵소서. 저희의 슬픔이 하나님의 자비로 서서히 치유되고, 고인의 기억이 저희에게 앞으로 걸어갈 용기와 소망을 불어넣어 주어, 모든 순간 하나님의 사랑과 인도하심을 따라 살아가는 삶이 되게 하옵소서.

모든 것을 온전히 하나님께 의탁하며, 이 추모예식이 저희 각자에게 깊은 감동과 새로운 다짐을 선사하여, 앞으로의 모든 날들이 하나님의 풍성한 은혜와 평안 속에서 기쁨으로 채워지기를 바라며, 예수 그리스도의 이름으로 기도드립니다. 아멘.

추모예식을 위한 기도 19

고인의 기억을 찬양하며
새로운 소망을 선포하는 기도

전능하신 하나님,

오늘 이 추모예배의 자리에서 저희는 사랑하는 ○○○ 성도님의 생애를 깊이 회상하며, 고인이 남긴 귀한 신앙의 발자취와 온전한 사랑을 감사드립니다. 고인은 평생 하나님의 인도하심을 의지하며, 어려운 시절에도 굳건한 믿음으로 하나님께 모든 것을 맡기고 이웃과 교회를 섬겼습니다. 고인의 삶은 하나님의 은혜와 자비가 어떻게 역사하는지를 생생히 증거하는 빛나는 본보기가 되었습니다. 오늘 이 자리에서 고인의 헌신과 사랑이 저희 각자의 마음속에 깊이 새겨져, 앞으로의 삶에 새로운 소망과 결단의 씨앗이 되기를 간절히 기도드립니다.

하나님, 고인의 발자취를 따라 저희도 매 순간 하나님의 말씀을 붙들고, 어려움 속에서도 하나님께 의지하는 신실한 삶을 살아가기를 소망합니다. 고인이 이 땅에서 보여주었던 사랑과 섬김은 단순한 추억이 아니라, 저희에게 계속해서 빛과 위로를 전하는 귀한 유산입니다. 오늘 이 추모예배를 통해 고인의 따뜻한 미소와 자비로운 행실을 기억하며, 저희 모두가 주어진 날들을 감사함으로 채우고, 서로에게 위로와 격려를 아끼지 않는 공동체로 거듭나게 하옵소서.

하나님, 이 땅의 수많은 불확실한 상황과 예기치 못한 변화 속에서도 ○○○ 성도님의 귀한 기억과 사랑이 저희에게 영원한 희망을 선사하듯, 모든 순간마다 하나님의 선한 인도와 치유의 손길이 함께하여 주옵소서. 저희의 모든 눈물과 아픔이 하나님의 무한한 자비로 서서히 치유되며, 고인의 기억이 저희에게 새로운 희망과 기쁨의 원천이 되게 하옵소서. 또한, 고인이 이룬 선한 일들이 저희 삶의 길잡이가 되어, 앞으로의 여정 속에서 하나님의 사랑과 진리가 저희를 인도하도록 도와주시옵소서.

사랑하는 ○○○ 성도님의 생애는 저희에게 주어진 축복의 시간임을 깨닫게 하옵소서. 고인이 전한 은혜의 메시지가 저희의 미래에 지속적인 빛과 힘을 불어넣어, 매 순간 하나님의 자비를 경험하는 삶으로 이어지게 하옵소서. 저희 모두가 고인의 발자취를 기억하며, 고인의 사랑을 실천하는 귀한 다짐을 하게 되고, 슬픔 가운데서도 하나님의 은혜가 늘 함께하시어 새 힘과 희망을 주시기를 간절히 기도드립니다.

저희 각자의 삶이 고인의 기억을 본받아, 주어진 날마다 하나님의 선하심을 실천하게 하옵소서. 그 사랑의 증거로 세상을 밝혀 나가기를 기도드리며, 예수 그리스도의 이름으로 간절히 기도합니다. 아멘.

추모예배를 위한 기도 20
영원한 희망과 사랑을 간구하는 기도

온 우주를 다스리시는 하나님,

오늘 이 자리에 모인 저희는 사랑하는 ○○○ 성도님의 생애를 깊이 추모하며, 고인이 남긴 귀한 믿음과 헌신을 기억합니다. 고인은 이 땅에서 주어진 사명을 충실히 감당하며, 하나님의 말씀을 따라 이웃을 사랑하고 교회를 섬겼습니다. 고인의 발자취와 따스한 미소, 진심 어린 봉사는 저희 각자의 마음에 깊이 새겨져 있습니다. 그 기억이 저희에게 새로운 소망과 격려의 빛이 되어 줍니다. 오늘 이 추모예배를 통해 고인이 걸어온 길이 단순한 과거의 기억이 아니라, 앞으로의 삶을 위한 영원한 나침반이 되기를 간절히 기도드립니다.

하나님, 고인은 어려움 속에서도 하나님의 인도하심을 믿고 자신의 모든 것을 하나님께 맡기며 살아왔습니다. 그의 헌신은 한결같은 믿음의 증거로, 주위 이웃에게 사랑과 위로를 전해 주었으며, 그의 삶이 하나님의 은혜를 온전히 체험한 귀한 예배임을 보여줍니다. 고인이 이룬 선한 열매와 베푼 사랑은 저희 각자의 삶에 커다란 영적 양식이 되었고, 이제 고인은 하나님의 품에서 영원한 안식을 누리고 있음을 믿습니다. 이 모든 사실을 기억하며, 저희도 고인의 본을 따라 삶의 매 순간마다 하나님의 뜻을 따르는 자들이 되게 하옵소서.

하나님, 이 추모예배가 고인의 사랑과 헌신을 본받아 저희 각자가 새롭게 다짐하는 소중한 시간이 되기를 원합니다. 고인이 남긴 귀한 유산을 마음속에 새기고, 고인이 보여준 겸손과 봉사의 정신을 일상 속에서 실천하며, 서로를 따뜻하게 위로하는 공동체로 성장하게 하옵소서. 저희의 아픔이 하나님께서 주시는 위로와 치유의 손길 아래 점차 녹아내려, 새로운 힘과 용기로 미래를 맞이할 수 있도록 도와주시기를 간절히 기도합니다.

하나님, 고인의 삶 속에서 나타난 사랑의 진리를 저희가 온전히 깨닫고, 그 사랑이 저희 각자의 삶을 밝히는 빛이 되게 하옵소서. 고인이 보여준 믿음과 인내, 그리고 이웃에 대한 따스한 배려는 저희에게 값진 교훈으로 남아 있습니다. 오늘 이 예배를 통해 저희가 앞으로의 날들 속에서 하나님께 충실히 살아갈 수 있는 근원이 되기를 원합니다. 또한, 이 자리에 함께한 유가족과 친구들이 서로의 아픔을 나누며, 하나님의 자비로 서로를 감싸 안고, 새로운 기쁨과 소망으로 마음을 채우게 하옵소서.

하나님, 고인이 이 땅에서 남긴 사랑의 메시지가 저희 각자의 심령 속에 깊은 울림으로 자리잡기를 소망하오며, 예수 그리스도의 이름으로 간절히 기도드립니다. 아멘.

추모예배를 위한 기도 21
하나님의 진리와 사랑으로 기억을 새기는 기도

은혜와 자비가 충만하신 하나님,

오늘 이 자리에 모인 저희는 사랑하는 ○○○ 성도님의 생애와 고인이 전한 진리, 사랑, 헌신을 깊이 새기고자 합니다. 고인은 이 땅에서 하나님의 말씀을 따라 온전히 살아가며, 이웃과 가족, 교회에 따뜻한 사랑을 전한 귀한 증거였음을 기억합니다. 고인의 삶은 말로 다 표현할 수 없는 값진 은혜와 축복으로 가득 차 있었으며, 그 발자취는 지금도 저희 모두에게 깊은 영적 감동과 용기를 불어넣고 있습니다. 저희는 고인이 보여주신 신실한 믿음과 헌신을 마음속에 새기며, 고인이 남긴 사랑의 유산을 통해 저희 각자의 삶이 하나님의 선하신 계획에 따라 아름답게 열매 맺는 증거가 되기를 간절히 기도합니다.

하나님, 고인이 걸어온 길은 때로 고난과 시련이 있었으나, 언제나 하나님의 인도하심 속에서 한 걸음 한 걸음 나아간 길이었습니다. 고인은 자신의 모든 어려움 속에서도 하나님을 의지하며, 기도로 하나님께 소망을 드리고, 사랑으로 이웃을 감싸 안는 모습을 통해 하나님의 은혜를 증언하였습니다. 오늘 저희는 고인이 이루어낸 모든 선한 행위와, 주어진 사명을 충실히 감당한 그 모습을 다시 한번 되새겨 봅니다. 저희 각자도 그 길을 본받아 하나님께 순종하고, 사랑의 실천으로 하나님께 영광 돌리는 삶을 살아가기를 다짐합니다.

사랑하는 하나님, 이 추모예배의 시간이 고인의 귀한 유산을 마음에 새기는 소중한 계기가 되게 하옵소서. 고인이 전한 사랑의 빛과 헌신의 열매가 저희 각자의 마음속에 깊이 스며들어, 저희의 일상 속에서 하나님의 인도하심과 자비를 더욱 선명히 체험하게 하옵소서. 저희가 고인의 기억을 단순한 슬픔이 아닌, 감사와 찬양으로 승화시키며, 앞으로의 여정에 하나님의 약속과 평안을 붙들고 나아가도록 인도하여 주옵소서.

하나님, 고인의 삶을 통해 보여주신 사랑과 신실함은 저희에게 한결같은 희망의 메시지로 남아 있습니다. 고인이 이 땅에서 남긴 아름다운 기억들이 저희 각자의 가슴속에 영원히 살아 숨쉬어, 매 순간 저희를 하나님께로 이끄는 등불이 되게 하옵소서. 유가족들과 이 예배에 함께한 모든 이들이 서로의 아픔을 나누고, 하나님의 자비로 치유받으며, 하나님의 약속을 붙들고 한 마음으로 나아가는 공동체가 되도록 도와주시옵소서. 저희의 슬픔이 하나님의 사랑과 은혜 속에서 점차 새 힘과 소망으로 변모되게 하옵소서. 저희 각자가 하나님 앞에 담대히 서는 그날까지 겸손한 마음으로 기도와 찬양을 이어가게 하옵소서. 예수 그리스도의 이름으로 기도드립니다. 아멘.

추모예배를 위한 기도 22
고인이 이룬 선한 일들을 기억하며 드리는 감사의 기도

사랑과 은혜가 충만하신 하나님,

오늘 이 자리에 모인 저희는 사랑하는 고인의 삶을 깊이 회상하며, 고인이 이 땅에서 이루신 선한 일들과 헌신을 감사의 마음으로 기념하고자 합니다. 저희는 고인의 발자취를 통해 주어진 사명을 다하는 법과 이웃을 섬기는 기쁨을 배웠으며, 그의 삶이 저희에게 준 귀한 유산을 마음에 새기고자 합니다.

하나님, 고인은 어려운 시련과 고난 속에서도 하나님의 인도하심을 붙들고, 자신을 아낌없이 하나님께 드림으로써 하나님의 선하신 계획에 순종하였습니다. 고인의 삶은 단순한 시간의 흐름을 넘어, 하나님의 크신 사랑과 은혜가 어떻게 역사하는지를 생생하게 보여주었습니다. 고인이 이룬 선한 일들은 저희에게 큰 위로와 격려를 주는 살아있는 증거로 남아 있습니다. 저희는 고인의 삶을 통해 받은 감동과 깨달음을 토대로, 앞으로의 모든 날들에도 하나님께서 주신 사명을 충실히 감당하며, 이웃과 사회에 하나님의 사랑을 전하는 삶을 살아가게 하옵소서.

하나님, 이 추모예배의 시간이 단순한 과거의 회상이 아니라, 고인이 남긴 사랑과 헌신의 메시지를 새롭게 가슴에 새기는 계기가 되게 하옵소서. 고인의 삶이 보여준 겸손과 희생, 그리고 하나님께 대한 확고한 신뢰를 본받아, 저희 각자가 어려움 속에서도 하나님의 뜻을 신뢰하고 실천하는 귀한 도구가 되기를 원합니다. 남겨진 저희 모두가 고인의 발자취를 따라 서로를 격려하며, 하나님께 받은 은혜를 잊지 않고 감사의 마음으로 살아갈 수 있도록 도와주시옵소서.

하나님, 오늘 이 자리에 함께한 유가족들과 친구들, 그리고 모든 참석자들이 고인의 선한 행실을 기억하며 서로에게 진심 어린 위로와 사랑을 전하게 하옵소서. 저희의 슬픔과 그리움이 하나님의 크신 자비와 위로로 서서히 치유되어, 각자의 마음속에 새 힘과 희망이 자리 잡게 하시옵소서. 고인이 보여준 사랑의 본을 따라 앞으로의 모든 날들을 하나님께 충실하게 살아가는 축복의 시간이 되게 하옵소서.

저희 모두의 기도가 고인의 삶을 증거하고, 앞으로의 여정 속에서 하나님의 선하신 계획에 따라 살아갈 수 있는 힘과 용기를 주어, 매 순간 하나님의 사랑과 자비가 저희를 인도하게 하옵소서. 이 모든 간구를 온전히 하나님께 의탁하며, 예수 그리스도의 이름으로 기도드립니다. 아멘.

추모예배를 위한 기도 23
고인의 신앙 유산을 기리며 앞으로 나아가기를 소망하는 기도

은혜와 사랑으로 모든 것을 감싸시는 하나님,

오늘 이 자리에 모인 저희는 사랑하는 ○○○ 성도님께서 이 땅에서 걸어온 믿음의 여정과 고인이 남긴 신앙의 유산을 깊이 기억하며, 그 발자취를 따라 앞으로의 삶을 새롭게 다짐하고자 합니다. 고인은 평생 동안 하나님의 말씀에 순종하며, 겸손과 헌신으로 이웃을 섬기고 교회를 위해 자신의 온 존재를 바치셨습니다. 고인이 흘린 사랑의 눈물과 함께 나눈 미소, 그리고 어려움 속에서도 굳건한 신앙으로 하나님의 인도하심을 따르며 보낸 날들은 저희에게 크나큰 영적 양식이 되었고, 지금도 고인의 기억은 저희 각자의 마음속에 따스한 빛으로 남아 있습니다.

하나님, 고인이 이 땅에서 이루신 선한 일들과 헌신은 단순한 과거의 회상이 아니라, 앞으로 저희가 걸어갈 길에 대한 살아있는 교훈이 되게 하옵소서. 고인의 사랑과 섬김, 그리고 하나님께 대한 변함없는 신뢰는 저희에게 언제나 큰 도전과 격려가 되었습니다. 고인의 삶이 전한 진리와 은혜를 토대로 저희 모두가 매일의 삶 속에서 하나님의 뜻을 따르고, 주어진 사명을 충실히 감당하는 자들이 되기를 간절히 기도합니다. 어려움과 시련의 순간에도 하나님의 약속을 붙들고, 고인의 발자취를 따라 서로를 위로하며 하나님 안에서 한 마음으로 살아가기를 원합니다.

하나님, 이 추모예배의 시간이 저희 모두에게 고인의 신실한 믿음과 헌신을 되새기는 기회가 되어, 각자의 마음속에 새로운 다짐과 소망을 심어주기를 원합니다. 고인이 남긴 사랑의 유산이 저희 공동체 속에서 끊임없이 이어져, 서로를 격려하고 하나님께 받은 축복을 나누는 귀한 기쁨이 되게 하옵소서. 저희의 기억과 그리움이 하나님의 은혜로 치유되어, 앞으로의 모든 여정에 밝은 빛과 힘이 되기를 간절히 소망합니다.

하나님, 고인이 전한 사랑과 믿음의 메시지가 저희 각자의 삶에 깊이 스며들어, 슬픔 속에서도 하나님의 자비와 위로를 경험하게 하옵소서. 저희가 이 땅에서 걸어갈 때마다 하나님의 인도하심을 확신하고 서로를 격려하는 공동체로 성장하게 하옵소서. 고인의 귀한 유산을 통해 저희 모두가 하나님의 뜻을 실천하며, 매일의 작은 순간마다 감사와 찬양을 드리는 삶을 살아가도록 은혜를 더하여 주시기를 청합니다.

하나님, 오늘 이 추모예배가 고인을 기리는 것에 그치지 않고, 저희 각자가 고인의 삶에서 배운 귀한 교훈을 토대로 새로운 시작과 도약을 이루는 시간이 되게 하옵소서. 예수 그리스도의 이름으로 기도드립니다. 아멘.

추모예배를 위한 기도 24

고인의 사랑과 봉사를 본받아 하나님의 영광을 드러내며 살기를 다짐하는 기도

은혜와 자비가 충만하신 하나님,

오늘 이곳에 모인 저희는 사랑하는 ○○○ 성도님의 생애를 깊이 회상하며 고인이 보여주신 사랑과 봉사의 본을 마음에 새깁니다. 고인은 자신의 온 존재를 하나님께 드리며, 이웃과 교회, 가족을 위해 아낌없이 헌신하셨고, 그의 삶은 하나님의 은혜와 사랑이 어떻게 역사하시는지를 생생하게 증거하는 귀한 본보기가 되었습니다. 고인이 걸어온 길에는 기쁨과 고난, 웃음과 눈물이 공존하였으나, 모든 순간 하나님의 인도하심을 붙들고 살아온 고인의 모습은 저희에게 크나큰 위로와 격려가 되었음을 믿습니다.

하나님, 고인이 남긴 선한 열매와 사랑의 행위는 단순한 기억을 넘어 저희 각자의 삶 속에 살아있는 교훈이 되었습니다. 고인은 언제나 하나님의 말씀을 중심에 두고, 어려운 순간에도 굳건한 신앙으로 주어진 사명을 다하였습니다. 그의 헌신은 많은 이들에게 하나님의 은혜와 자비를 전하는 증거가 되었습니다.

오늘 이 추모예배를 통해 저희는 고인의 귀한 유산을 되새기고, 고인의 사랑을 본받아 서로에게 따뜻한 관심과 격려를 전하며, 하나님께서 기뻐하시는 삶을 살아갈 것을 다짐합니다.

하나님, 고인이 걸었던 그 길이 저희에게 앞으로의 삶에 대한 길잡이가 되기를 간절히 원합니다. 고인의 헌신과 사랑, 그리고 신실한 믿음은 저희 각자의 마음속에 깊은 울림을 남겼으며, 그 기억을 통해 저희는 어려움 속에서도 하나님의 은혜를 붙들고, 서로를 위로하며, 하나님께 충실히 살아갈 수 있는 힘을 얻게 됩니다. 오늘 이 자리는 단지 고인을 그리워하는 시간이 아니라, 고인이 남긴 사랑의 메시지와 봉사의 정신을 다시 한번 마음에 새기고, 그 본을 따라 저희도 하나님의 뜻을 이루며 살아가겠다는 결심의 시간이 되기를 기도합니다.

하나님, 유가족들과 이 예배에 함께한 모든 이들이 고인의 삶 속에서 보여주신 선한 행실과 진실된 사랑을 기억하게 하옵소서. 그 귀한 유산을 토대로 서로를 격려하며 하나님께서 주신 약속과 소망을 붙들고 살아가게 하옵소서. 오늘 이 추모예배를 마치며 저희는 고인의 귀한 유산을 마음에 새기고, 그의 삶이 저희에게 전한 사랑과 봉사의 본을 따라, 서로를 아끼고 돕는 공동체로 거듭나기를 다짐합니다. 저희의 기도가 하나님의 뜻과 계획 속에서 영원한 빛이 되어, 고인의 기억이 저희에게 지속적인 영적 힘과 위로로 작용하게 하옵소서. 예수 그리스도의 이름으로 기도드립니다. 아멘.

추모예배를 위한 기도 25

하나님께서 영원한 나라에서
고인과 함께 해 주시기를 간구하는 기도

사랑과 은혜로 만물을 주관하시는 하나님,

오늘 이 자리에 모인 저희는 사랑하는 ◯◯◯ 성도님의 생애와 고인이 남긴 신앙의 유산을 깊이 기념하며, 고인이 하나님의 품에서 누리신 영원한 평안을 기억합니다. 고인은 이 땅에서 주어진 사명을 온전히 감당하며, 주변 이웃과 교회, 가족에게 헌신적으로 사랑을 전한 귀한 존재였습니다. 고인의 발자취와 따스한 미소, 그리고 어려운 시절에도 하나님의 말씀을 굳게 붙들며 살아온 모습은 저희 모두에게 큰 위로와 격려의 등불이 되어, 오늘 이 추모예배를 통해 다시금 살아나고 있습니다.

하나님, 고인의 삶은 단순한 지나간 기억이 아니라, 저희 각자에게 주어진 하나님의 약속과 선하신 계획의 생생한 증거입니다. 고인은 매 순간 하나님의 인도하심과 자비 속에서 살았으며, 그의 사랑과 봉사의 실천은 저희 모두에게 깊은 감동을 주고, 앞으로의 길에 대한 새로운 소망과 용기를 심어주고 있습니다. 오늘 저희는 고인이 남긴 선한 열매와 헌신의 발자취를 되새기며, 그 본을 따라 저희도 하나님의 뜻을 이루는 삶을 살아가기로 굳게 다짐합니다.

하나님, 이 추모예배의 시간이 단순히 슬픔을 나누는 자리가 아니라, 고인이 전한 사랑의 메시지를 통해 저희 각자의 마음에 새 희망과 결단의 씨앗이 자라나게 하옵소서. 또한, 사랑하는 ○○○ 성도님이 남긴 귀한 유산을 토대로 저희가 앞으로 걸어갈 길에 반드시 하나님의 빛과 소망이 함께 하시기를 원합니다. 고인이 이 땅에서 증거한 사랑의 열매가 저희 각자의 마음에 깊이 스며들어, 어려운 순간에도 하나님의 약속을 붙들고 서로를 돕는 힘이 되게 하옵소서. 이 추모예배가 저희에게 단순한 기억의 시간이 아니라, 새로운 시작과 도약의 계기로 작용하여, 앞으로의 모든 여정 속에서 하나님의 선하신 계획을 온전히 체험하고 살아갈 수 있도록 인도해 주시기를 간절히 기도드립니다.

하나님, 저희의 모든 기도와 찬양이 고인의 신실한 삶을 증거하는 빛이 되어, 남은 저희의 여정에 항상 하나님의 자비와 인도하심이 함께 하시기를 소망합니다. 저희의 슬픔과 그리움이 하나님의 따스한 위로로 녹아내려, 앞으로의 날들이 하나님의 무한한 사랑과 평안 속에서 새롭게 피어나도록 도와주시옵소서. 저희의 모든 감사와 찬양을 온전히 하나님께 올려드리며, 저희의 삶이 고인의 기억을 계승하는 귀한 증거로 남기를 원하오며, 예수 그리스도의 이름으로 기도드립니다. 아멘.

Part 6

기타 예식(예배) 기도문

화장장례예식, 시신기증예식
유해 안치예식, 수목장예식, 이장예식

화장 장례예식을 위한 기도 01
영원한 평안으로의 이행 앞에서 드리는 기도

모든 존재를 창조하시고 때를 따라 아름답게 인도하시는 하나님,

이 시간 저희는 사랑하는 ○○○ 성도님의 마지막 여정을 준비하며, 화장의 시간을 맞이하고 있습니다. 인간의 육신은 흙에서 왔다가 흙으로 돌아가지만, 하나님의 숨결로 지음 받은 영혼은 영원한 나라를 향해 나아감을 저희는 믿습니다. 이 순간이 단지 소멸이 아니라, 하나님께로 향하는 또 하나의 시작이 되게 하옵소서.

하나님, ○○○ 성도님의 인생을 되돌아볼 때, 그의 발걸음마다 하나님의 인도하심이 계셨음을 고백합니다. 세상에서의 수고와 눈물을 뒤로하고, 이제는 하나님의 품에서 참된 안식과 회복을 누리게 하시며, 그가 세상을 살아내며 남긴 믿음의 흔적이 저희의 마음에 오래도록 남아있게 하옵소서.

하나님, 이 시간 남겨진 저희는 육신의 이별 앞에 마음 아프지만, 영혼이 하나님과 함께함을 믿고 위로받기를 원합니다. 불길은 육신을 사르나, 그리스도의 사랑은 결코 사라지지 않으며,

부활의 소망은 더욱 선명해집니다. 저희로 하여금 눈에 보이는 것으로 판단하지 않게 하시고, 하나님의 약속을 따라 담대히 살아가게 하옵소서.

하나님, 화장의 시간이 단순한 물리적 절차로 끝나지 않게 하시고, 죽음 너머에 있는 하나님의 나라를 묵상하는 거룩한 시간이 되게 하옵소서. 사랑하는 이를 보내는 이 시간이 저희 모두에게 삶의 본질을 다시 돌아보게 하시고, 영원한 것을 향한 소망을 굳건히 하는 시간이 되게 하옵소서.

○○○ 성도님의 육신이 불 속에 사라진다 해도, 그 영혼은 하나님 안에 온전히 살아있음을 믿습니다. 저희가 이 이별의 순간에도 주님의 진리를 붙들고, 사랑과 믿음 안에서 서로를 위로하며 살아가게 하시고, 모든 생명의 주권이 하나님께 있음을 기억하며 경외로 나아가게 하옵소서.

살아 있는 자에게 교훈을 주시는 하나님, 오늘의 이 시간이 죽음에 대한 두려움이 아니라, 생명의 의미를 다시 세우는 시간이 되게 하옵소서. 저희가 허락된 시간을 더욱 귀하게 여기며, 하나님께 영광 돌리는 삶을 살아가도록 인도해 주시기를 간절히 원하오며, 모든 것을 은혜의 손에 맡겨드리옵나이다. 살아계셔서 위로해주시는 예수 그리스도의 이름으로 기도드립니다.

아멘.

화장 장례예식을 위한 기도 2
믿음의 유산을 기억하며 드리는 기도

생명의 시작과 끝을 주관하시는 거룩하신 하나님,

오늘 저희는 사랑하는 ○○○ 성도님의 화장 예식을 준비하며, 마음 깊은 곳에서부터 하나님의 위로와 인도하심을 구합니다. 연기로 흩어지는 육신의 마지막을 지켜보는 이 시간이 비통하고 슬프지만, 저희는 그 무엇보다도 하나님의 자비와 소망 안에 머물기를 원합니다. 이별의 순간이 절망이 아닌 믿음의 고백이 되게 하시고, 사라지는 것이 전부가 아님을 믿게 하옵소서.

하나님, ○○○ 성도님은 이 땅에서 주어진 시간을 묵묵히 살아냈고, 많은 사랑과 따뜻함을 남긴 채 하나님께로 부르심을 받았습니다. 그가 겪었던 고통과 눈물이 이제는 끝이 나고, 주님께서 예비하신 거룩한 처소에서 위로와 평안을 누리게 하옵소서. 남겨진 저희는 그의 삶에서 보여주었던 온유함과 경건함, 섬김의 흔적들을 마음에 새기며 살아가기를 다짐합니다.

하나님, 오늘 저희가 이 화장의 시간을 통해 인생의 무상함을 기억하게 하시고, 무엇이 참된 가치인지 묵상하게 하옵소서. 인간의 육신은 불에 사라지지만, 믿음은 영원히 하나님 앞에 남으며, 하나님께서 기억하시는 자의 영혼은 빛 가운데서 거하게 됨을 고백하게 하옵소서. 겉사람은 쇠하지만 속사람은 날마다 새로워진다는 말씀을 믿고 따르게 하옵소서.

화장이라는 현실 앞에서 저희가 흔들리지 않게 하시고, 이 또한 하나님의 창조 질서 안에 있는 과정임을 받아들이게 하옵소서. 육체가 불에 사라져도, 하나님께 속한 생명은 그 어떤 것도 끊을 수 없다는 믿음 위에 굳건히 서게 하옵소서. 사랑하는 이를 보내며 눈물 흘리는 저희의 마음에 하늘의 위로를 부어 주시고, 영원한 나라를 소망하며 살아가게 하옵소서.

하나님, 오늘의 이 절차가 단지 슬픔을 덧입는 시간이 되지 않게 하시고, 영원한 생명에 대한 감사로 가득한 시간이 되게 하옵소서. 이별은 끝이 아니며, 하나님 안에 있는 자들은 다시 만나는 소망 가운데 살아가게 하옵소서. ○○○ 성도님이 이제는 고통과 한계에서 벗어나, 하나님의 품 안에서 기쁨으로 안식하고 있음을 믿으며, 저희도 그 믿음을 따라 살아가게 하옵소서.

하나님, 사랑하는 ○○○ 성도님의 존재가 저희에게 선한 기억으로 오래 남게 하시고, 그 삶의 열매를 따라 저희의 삶도 주님 앞에 아름답게 드려지게 하옵소서. 저희가 바라보는 이 작은 재 속에서도 하나님의 큰 사랑과 부활의 약속을 기억하게 하시고, 고요한 애도 속에 담긴 주님의숨결을 느끼게 하옵소서. 모든 아픔을 넘어서시는 하나님의 은혜가 이 자리에 임하길 간절히 소망하오며, 예수 그리스도의 이름으로 기도드립니다. 아멘.

화장 장례예식을 위한 기도 3

마지막 불꽃 속에 비추는
하나님의 은총을 바라보며

영원한 생명을 주관하시는 하나님 아버지,

이 시간 저희는 사랑하는 ○○○ 성도님의 육신이 마지막 불꽃 속으로 이행되는 순간을 맞이하며, 깊은 슬픔과 감사의 마음으로 기도드립니다. 이 땅의 삶을 마치고, 하나님께서 마련하신 하늘의 처소로 나아가는 이 여정을 믿음 안에서 바라보며, 우리 마음을 하나님께 올려드립니다.

하나님, 불 속에 스러지는 육신의 장막을 바라보며, 저희는 모든 인생이 결국 하나님의 손 안에 있다는 진리를 되새깁니다. ○○○ 성도님이 생전에 보여주신 믿음과 사랑, 섬김의 흔적은 사라지지 않고 저희의 삶 속에 깊이 새겨져 있습니다. 그의 인생이 드러낸 하나님의 인도하심을 기억하며, 저희도 그러한 길을 걷고자 다짐합니다.

하나님, 이 순간을 통해 저희가 더욱 겸손해지고, 남은 삶을 진실하고 성실하게 살아가게 하옵소서. 삶과 죽음의 경계 앞에서 오직 하나님의 은혜만이 저희를 붙들 수 있음을 고백하오니,

저희의 연약함을 불쌍히 여기시고, 더욱 굳건한 믿음 위에 세워 주시옵소서.

하나님, 유가족들에게 위로를 허락하시고, 이별의 아픔을 감당할 힘을 주옵소서. 함께 울어주는 이들에게도 하나님의 사랑이 전해지게 하시고, 오늘 이 순간이 단지 작별이 아니라, 다시 만날 소망을 품는 신앙의 선언이 되게 하옵소서.

불꽃 가운데도 사라지지 않는 주님의 사랑을 신뢰하며, 모든 존재가 하나님의 손에 달려 있음을 믿고 의지하오니, 저희의 눈물과 아픔, 감사와 찬양 모두를 받아 주시옵소서.

하나님, 사랑하는 ○○○ 성도님의 육신이 흙과 불을 거쳐 그 본래의 자리로 돌아가는 이 시간, 그의 영혼은 하나님의 품 안에서 빛과 평안 가운데 거하게 하옵소서. 남은 저희도 그의 발자취를 따라 믿음의 삶을 온전히 살아가며, 날마다 하나님의 뜻을 구하는 자들로 세워지게 하옵소서. 모든 슬픔과 감사의 고백을 하나님께 올려드리며, 예수 그리스도의 이름으로 기도드립니다. 아멘.

화장 장례예식을 위한 기도 4
흙과 불을 지나 영원으로 나아가는 믿음의 여정

   전능하신 하나님,

   오늘 저희는 사랑하는 ○○○ 성도님의 육신이 이 땅의 모든 과정을 마무리하고, 불 속에서 마지막 길을 걷는 이 시간을 맞이하며 하나님 앞에 나아갑니다. 이 순간이 단지 이별이 아니라, 믿음으로 준비된 영원의 시작임을 고백하게 하시고, 저희의 마음이 하나님의 뜻 안에서 위로받게 하옵소서.

   하나님, 생명이 시작된 곳으로 다시 돌아가는 이 거룩한 순환 앞에서, 저희는 인간의 유한함과 하나님의 영원하심을 더 깊이 깨닫습니다. 사랑하는 ○○○ 성도님의 삶이 하나님께 드려진 귀한 예배였음을 믿고 감사드리며, 그가 걸어온 믿음의 길을 저희도 본받게 하옵소서.

   이제 육신은 불에 스러지나, 그 안에 깃들었던 사랑과 헌신, 기도와 믿음은 이 땅 위에 남겨져 우리 삶에 깊은 울림을 남깁니다. 주님, 이 시간 저희가 고인을 기억하며, 남은 시간들을 더욱 경건히 살아가기를 다짐하게 하옵소서.

하나님, 유가족들의 마음을 어루만져 주시고, 이별의 고통을 견디는 그들에게 하나님의 평안과 은혜를 넘치게 부어 주옵소서. 고인을 통해 전해진 하나님의 사랑이 남은 자들에게도 지속되어, 서로를 위로하고 사랑하며 살아가게 하옵소서.

저희가 이 시간을 지나며 더욱 주님을 신뢰하게 하시고, 날마다 삶의 목적을 분명히 하여, 주어진 하루하루를 귀하게 여기며 살아가게 하옵소서. 불꽃이 모든 것을 삼키는 것처럼 보일지라도, 하나님의 생명은 꺼지지 않으며, 그 사랑은 결코 사라지지 않음을 기억하게 하옵소서.

하나님, 사랑하는 ○○○ 성도님의 영혼을 신실하신 주님의 품에 온전히 맡겨 드립니다. 그의 영이 영원한 안식과 빛 가운데 거하게 하시고, 남겨진 저희도 믿음의 유산을 이어받아 하나님의 나라를 향해 날마다 나아가게 하옵소서. 모든 감사와 소망을 하나님께 올려드리며, 예수 그리스도의 이름으로 기도드립니다. 아멘.

화장 장례예식을 위한 기도 5
불의 순례를 지나 영원한 빛으로 나아가는 시간

거룩하신 하나님 아버지,

오늘 저희는 사랑하는 ○○○ 성도님의 육신이 마지막 여정을 걸어가는 이 화장의 시간 앞에 서서, 경외함과 겸손한 마음으로 하나님께 기도를 올려드립니다. 이 순간이 단지 한 사람의 생을 마무리하는 절차가 아니라, 하나님께서 허락하신 생명의 여운을 되새기며, 저희 모두의 믿음을 새롭게 하는 시간이 되게 하옵소서.

하나님, 불의 시간 앞에서 저희는 인간의 한계를 절감합니다. 그러나 그 한계를 넘어서는 하나님의 약속을 의지하며, ○○○ 성도님이 영원한 생명의 나라로 들어감을 믿고 감사드립니다. 그의 삶에 함께하신 하나님의 자비와 인도하심을 기억하며, 남겨진 저희도 이 믿음의 유산을 품고 살아가게 하옵소서.

이제 불꽃 앞에 놓인 육체는 흙과 재로 돌아가지만, 그 영혼은 하나님의 품 안에 쉬게 될 줄 믿습니다. 그가 이 땅에서 흘린 땀과 눈물, 드린 기도와 사랑, 모두 하나님 앞에서 기억되게 하시고, 하나님의 나라에서 그의 수고가 열매 맺게 하옵소서. 남은 저희도 이 땅에서의 시간이 영원으로 이어짐을 기억하며, 날마다 겸손히 하나님을 섬기게 하옵소서.

하나님, 유가족들의 마음을 지켜주시고, 말로 다 전할 수 없는 그리움과 슬픔을 주님의 평안으로 덮어 주옵소서. 사랑하는 이를 떠나보내는 이 시간이 단절이 아니라 다시 만날 소망의 시작이 되게 하시고, 눈물 속에서도 하나님께서 주시는 기쁨을 발견하게 하옵소서.

저희가 이 화장의 순간을 지나며, 삶의 끝이 아니라 새로운 시작이 있음을 확신하게 하시고, ○○○ 성도님이 남긴 삶의 향기와 신앙의 열매를 따라 살아가게 하옵소서. 영원한 것에 소망을 두고, 하루하루를 믿음과 사랑으로 채워가게 하시며, 죽음을 넘어선 생명의 복음을 더욱 굳게 붙들게 하옵소서.

하나님, 사랑하는 ○○○ 성도님의 영혼을 영원한 생명의 빛 가운데 안식케 하시고, 주님의 팔로 친히 안아 주시옵소서. 이별의 눈물 속에서도 저희가 하나님을 찬송하며, 천국의 문을 바라보게 하옵소서. 모든 영광을 하나님께 올려드리며, 예수 그리스도의 이름으로 기도드립니다. 아멘.

시신 기증 예식을 위한 기도 1
생명의 유산을 남기며 하나님께 드리는 기도

자비로우신 하나님 아버지,

오늘 저희는 사랑하는 ○○○ 성도님의 귀한 결단 앞에 서 있습니다. 자신의 몸을 이웃에게 내어주어 더 많은 생명이 살아갈 수 있도록 한 이 결정을 통해, 하나님의 사랑과 희생이 어떻게 인간의 삶을 통해 드러나는지를 깊이 체험하게 하시니 감사합니다.

하나님, ○○○ 성도님은 생의 마지막까지 이웃을 향한 사랑과 헌신으로 살아갔으며, 죽음 이후에도 다른 이들의 생명을 살리는 길을 택했습니다. 이 아름다운 결단을 통해 수많은 생명이 회복되고, 절망 중에 있는 이들이 다시 희망을 품게 하시니 감사합니다.

이 예식을 통해 저희 모두가 생명의 가치를 다시금 깨닫고, 받은 은혜를 나누는 삶으로 부름받았음을 잊지 않게 하옵소서. 자신의 몸을 기꺼이 내어주는 이 사랑의 헌신은 주 예수 그리스도께서 자신을 십자가에 내어주신 그 사랑을 닮아 있습니다. 하나님, 이 성도의 행적이 이 땅의 어두움 속에 빛이 되게 하시고, 하나님의 영광을 드러내는 증거가 되게 하옵소서.

하나님, 남겨진 가족들과 사랑하는 이들에게 하늘의 위로를 부어주시옵소서. 깊은 그리움 속에서도 자랑스러운 믿음의 결단을 기억하며, 하나님께서 주시는 평강으로 마음이 새로워지게 하옵소서. 사랑하는 이를 통해 하나님의 뜻이 이루어졌음을 신뢰하며, 이 고귀한 희생의 의미를 품고 살아가게 하옵소서.

하나님, 이 시신 기증의 헌신을 통해 누군가는 다시 빛을 보고, 다시 숨을 쉬며, 다시 사랑을 말하게 될 것입니다. 하나님께서 이 모든 과정 위에 함께하시고, 고인의 삶과 죽음이 하나님의 뜻 안에서 아름답게 사용되게 하옵소서.

하나님께서 사랑하는 ○○○ 성도님의 영혼을 은혜로 감싸 주시고, 이 땅에서 보여준 사랑이 하늘에서도 빛나게 하옵소서. 남겨진 저희도 그의 믿음을 이어받아, 하나님의 선하신 뜻을 따라 사랑의 도구로 쓰임받게 하옵소서. 모든 것을 하나님께 올려드리며, 예수 그리스도의 이름으로 기도드립니다. 아멘.

시신 기증 예식을 위한 기도 2
생명을 나누는 헌신 앞에서 드리는 감사의 기도

생명의 근원이시며 모든 존재의 가치를 아시는 아버지,

오늘 저희는 ○○○ 성도님의 시신 기증을 통해 하나님의 사랑이 얼마나 실천적인 것인지를 깊이 되새기게 됩니다. 자신의 몸을 이 땅에 남겨, 더 많은 생명이 회복되고 빛을 볼 수 있도록 한 이 고귀한 결단 앞에서, 저희는 숙연한 마음으로 하나님의 뜻을 구합니다.

하나님, 이 결단은 단지 의학적 기증의 의미를 넘어, 하나님께 받은 생명을 다시 하나님께 드리는 신앙의 표현임을 믿습니다. ○○○ 성도님이 자신의 마지막까지도 누군가에게 도움이 되고자 했던 그 마음을 통해, 하나님의 생명 사랑이 세상 가운데 구체적으로 실현되게 하옵소서. 그의 몸을 통해 누군가는 다시 걸을 수 있고, 다시 노래할 수 있으며, 다시 가족과 웃을 수 있게 될 줄을 믿습니다.

하나님, 이 성도가 걸어온 믿음의 여정이 단지 기억에 머물지 않고, 남은 이들에게 행동으로 이어지는 살아 있는 신앙의 유산이 되게 하옵소서. 그는 마지막 순간까지도 나눔의 삶을 선택하었고, 그 선택이 이 세상을 더욱 풍성하고 따뜻하게 만들었음을 고백합니다. 이 결단이 단지 육체의 나눔을 넘어서, 하나님 나라의 확장을 위한 영적인 증언이 되게 하옵소서.

하나님, 남겨진 가족들과 사랑하는 이들이 이 선택에 함께 참여하며 보여준 깊은 용기와 사랑에도 은혜를 더하여 주옵소서. 그들이 이 결정에 담긴 무게를 감당해내는 가운데 하나님의 위로를 날마다 경험하게 하시고, 마음속 깊은 자부심과 감사로 살아가게 하옵소서.

이 시간을 지나며 저희도 묻습니다. 우리 삶이 하나님의 뜻에 어떻게 쓰여지고 있는지, 죽음 이후에도 이웃을 살리는 선택을 할 수 있을 만큼, 저희도 주님의 사랑을 깊이 품고 있는지. 하나님, 이 성도의 삶을 본받아 저희도 마지막까지 사랑하며 섬기는 자가 되게 하옵소서.

하나님께서 ○○○ 성도님의 영혼을 영원한 평화로 이끄시고, 그의 몸은 이 땅에 남겨졌으나 그의 영은 주님의 품 안에서 새로운 생명을 노래하게 하옵소서. 남겨진 저희도 그가 남긴 헌신의 향기를 따라, 하나님께서 기뻐하시는 삶을 살아가게 하시기를 바라며, 우리 구주 예수 그리스도의 이름으로 기도드립니다. 아멘.

시신 기증 예식을 위한 기도 3
사랑의 유산을 남긴 손길을 기억하며 드리는 기도

생명의 주인이신 하나님 아버지,

오늘 저희는 사랑하는 ○○○ 성도님의 시신 기증 앞에 서서, 한 생명이 얼마나 많은 이들에게 희망이 될 수 있는지를 다시금 깊이 깨닫습니다. 하나님께서 주신 육체를 온전히 이웃을 위해 내어드린 이 결단은, 말로 다할 수 없는 사랑의 유산이며, 하나님의 은혜를 드러내는 증거입니다.

하나님, 이 성도님의 선택은 단지 고귀한 결단이 아니라, 하나님께서 인간을 창조하시며 부여하신 생명의 목적을 되새기게 합니다. 자신의 마지막을 통해 이웃에게 새 생명의 기회를 남기신 이 사랑이, 고통 중에 있는 자들에게 회복의 문이 되게 하시고, 병상에서 절망하고 있는 이들에게 다시 살아갈 힘이 되게 하옵소서.

하나님, 그는 침묵 속에서 자신의 몸을 드렸지만, 그 침묵은 세상 어떤 말보다 더 큰 울림이 되어 이 시대를 일깨우게 하시고, 우리가 서로에게 어떤 존재가 되어야 하는지를 가르쳐 주게 하옵소서. 이 기증의 행위가 하나님의 생명 사랑을 증언하며,

많은 이들의 삶 속에 따뜻한 빛이 되게 하옵소서.

하나님, 남겨진 가족들과 사랑하는 이들에게도 위로와 담대함을 더하여 주시고, 이 고귀한 결정이 그들 삶의 자랑이 되게 하옵소서. 그들이 흘리는 눈물이 결코 헛되지 않게 하시고, 슬픔 너머에서 하나님의 손길을 경험하며 새로운 믿음의 길을 걷게 하옵소서.

또한 저희도 묵상합니다. 죽음 이후에도 누군가를 살리는 삶을 꿈꾸며 살아가고 있는지, 지금 이 순간을 어떻게 사용하고 있는지. ○○○ 성도님의 사랑의 선택 앞에서 저희의 삶을 비추어 보게 하시고, 우리에게 주어진 모든 시간과 몸과 마음을 하나님께 드릴 수 있는 용기를 허락하여 주옵소서.

하나님, ○○○ 성도님의 영혼을 주님의 품 안에서 안식케 하시고, 이 땅에 남겨진 육체를 통해 수많은 생명에 소망을 더하여 주옵소서. 그의 결단이 기억 속에 머무는 것이 아니라, 실제로 고통받는 자들의 삶에 빛이 되게 하시고, 하나님 나라의 사랑이 이 땅 가운데 퍼져 나가게 하옵소서.

이 모든 기도를 오직 하나님께 의탁하며, 살아계신 예수 그리스도의 이름으로 간절히 기도드립니다. 아멘.

시신 기증 예식을 위한 기도 4
이웃을 향한 사랑을 기억하며 드리는 기도

하나님, 모든 생명을 지으시고 섭리하시는 아버지,

오늘 저희는 사랑하는 ○○○ 성도님의 시신 기증을 앞두고, 한 사람이 보여준 깊은 사랑과 용기에 감사를 드립니다. 육신의 생명이 다한 이 시간, 그가 남긴 마지막 선택이 얼마나 귀하고도 영원한 의미를 지니는지를 저희 모두가 마음에 새기게 하옵소서.

하나님, 이 성도님은 자신의 몸을 이웃에게 기꺼이 내어드림으로, 사랑이 단지 말이나 감정이 아니라, 행동과 희생이라는 사실을 증언하였습니다. 누군가의 눈이 다시 세상을 보게 되고, 누군가의 심장이 다시 뛰게 되는 그 순간마다, ○○○ 성도님의 이름 없는 헌신이 숨겨진 하나님의 손길이 되게 하옵소서.

그의 몸은 흙으로 돌아가지만, 그 몸을 통해 이어질 수많은 생명들이 그리스도의 사랑을 경험하게 하시고, 그 삶 가운데 하나님의 살아계심이 드러나게 하옵소서. 병들고 지친 육신이 소망을 입고, 절망 속에 있던 가족들이 다시 웃음을 되찾게 하옵소서. 그 모든 회복의 기적마다, 하나님께 영광이 돌아가게 하옵소서.

　하나님, 남겨진 가족과 지인들이 슬픔 속에서도 담대한 믿음을 갖게 하시고, 사랑하는 이의 마지막 선택을 자랑스럽게 기억하며 살아가게 하옵소서. 눈물과 이별의 시간 속에서도, 이 결정이 다른 누군가의 생명이 되었다는 사실이 큰 위로가 되게 하시며, 그 위로가 깊은 감사로 이어지게 하옵소서.

　하나님, 이 시신 기증이 단지 한 사람의 결단으로 끝나지 않고, 우리 공동체 전체에 생명의 존귀함과 나눔의 가치를 일깨우는 계기가 되게 하옵소서. 저희 모두가 이 선택을 통해 더 넓은 사랑의 의미를 배우고, 하나님 앞에서 우리의 삶을 어떻게 사용해야 할지를 진지하게 성찰하게 하옵소서.

　하나님께서 사랑하는 ○○○ 성도님의 영혼을 평화로 인도하시고, 그의 고귀한 헌신을 통해 하나님의 사랑이 이 땅에 더 넓게 전파되게 하옵소서. 모든 것을 하나님의 뜻 가운데 맡기며, 이 기도를 살아계신 하나님께 올려드립니다. 예수 그리스도의 이름으로 간절히 기도드립니다. 아멘.

시신 기증 예식을 위한 기도5
하나님께 드린 몸, 이웃에게 전해질 생명의 씨앗

거룩하신 하나님 아버지,

이 시간 저희는 사랑하는 ○○○ 성도님의 시신 기증 앞에서 깊은 경외심과 감사를 담아 하나님께 기도드립니다. 하나님의 형상대로 창조된 몸이 이제 이웃의 생명을 살리는 도구로 사용되기를 소망하며, 이 결정이 하나님께 영광이 되고 많은 이들에게 생명의 빛이 되기를 간절히 원합니다.

하나님, 고인은 살아 있는 동안에도 하나님의 사랑을 실천하며 살았고, 죽음을 맞이하는 이 순간에도 자신의 육체를 통해 하나님의 자비를 나누고자 하였습니다. 그의 이 결단이 단지 의학의 발전을 위한 일이 아닌, 고통 속에 있는 이웃에게 다가가는 하나님의 손길이 되게 하옵소서.

하나님께서는 죽음을 생명의 통로로 바꾸시는 분이시기에, 이 시신 기증이 헛되지 않게 하시고, 수많은 이들이 그의 희생을 통해 새 삶을 얻게 하시며, 하나님의 사랑을 체험하게 하옵소서. 또한 이 거룩한 나눔이 세상의 무관심과 이기심을 깨뜨리는 울림이 되게 하시고, 생명의 귀함을 되새기는 통로가 되게 하옵소서.

사랑의 하나님, 남겨진 유가족들이 이 선택을 통해 오히려 더 깊은 위로를 얻게 하시고, 이 결단을 자랑으로 여기며 하나님의 은혜를 간직하게 하옵소서. 슬픔이 눈물로만 그치지 않게 하시고, 고인의 사랑과 믿음을 이어가는 삶을 살아가게 하옵소서.

하나님, 저희도 이 장면 앞에서 다시금 묻습니다. 우리의 삶은 이웃에게 어떤 흔적을 남기고 있는지, 하나님께서 주신 몸과 시간을 어디에 사용하고 있는지 돌아보게 하옵소서. 그리고 하루하루를 사랑과 나눔으로 채우며, 죽음 너머에도 하나님 나라를 향해 나아가는 자들이 되게 하옵소서.

○○○ 성도님의 영혼을 하나님의 크신 품에 평안히 안겨 주시고, 그의 육체를 통해 하나님께서 뜻하신 회복과 소망이 이루어지게 하옵소서. 이 고귀한 결정을 통해 생명의 역사가 계속되게 하시고, 이 땅에서 하나님의 사랑이 더욱 빛나게 하옵소서.

모든 감사와 소망을 하나님께 올려드리며, 예수 그리스도의 이름으로 기도드립니다. 아멘.

유해 안치예식을 위한 기도 1
하나님의 품에 안기는 시간

영원한 생명의 주인이신 하나님 아버지,

오늘 저희는 사랑하는 ○○○ 성도님의 유해를 안치하는 이 시간을 맞이하며, 깊은 존경과 감사의 마음으로 하나님께 기도 드립니다. 이 순간은 단지 육체의 마지막 자리를 정하는 의식이 아니라, 하나님 안에서 이루어진 삶을 기념하고, 다시 오실 주님의 약속을 소망하며 드리는 거룩한 시간임을 믿습니다.

하나님, ○○○ 성도님은 이 땅의 여정을 마치고 주님의 부르심에 순종하여 안식을 누리게 되었습니다. 그의 삶 속에는 주님을 향한 사랑과 이웃을 향한 헌신이 깃들어 있었고, 그 모든 발걸음이 하나님의 은혜 안에 있었음을 고백합니다. 이 시간 저희는 고인의 삶을 기억하며, 그의 믿음과 섬김이 남겨진 자들의 가슴 속에 살아 움직이도록 인도하여 주시기를 원합니다.

주님, 비록 흙으로 돌아가는 육신이 이곳에 안치되지만, 저희는 이 안식의 자리가 절망이 아니라 소망의 자리임을 믿습니다. 부활의 약속을 기억하며, 하나님께서 예비하신 영원한 집을 소망하게 하시고, 이 땅에서의 삶이 주님의 뜻 안에 있음을 더욱 분명히 붙잡게 하옵소서. 고인이 걸어간 믿음의 길이 남겨진 저희에게도 길이 되고, 빛이 되게 하옵소서.

하나님, 유해를 안치하는 이 시간이 남겨진 가족과 이웃에게 슬픔의 순간이 아니라, 새로운 결단의 시간이 되게 하옵소서. 고인을 향한 사랑을 감사로 전환하게 하시고, 하나님의 뜻을 이어가는 사명의 자리로 바꾸어 주시옵소서. 하루하루를 헛되이 보내지 않게 하시고, 생명을 귀히 여기며 살아가는 복된 삶이 되게 하옵소서.

하나님, 이제 ○○○ 성도님의 육신은 이곳에 머무르지만, 그의 영혼은 주님의 빛 가운데서 안식하고 있음을 믿습니다. 남겨진 저희도 믿음의 길을 흔들림 없이 걸으며, 하나님의 나라를 향해 나아가는 자들이 되게 하시고, 우리의 삶과 죽음이 오직 하나님의 은혜 안에 있음을 늘 기억하게 하옵소서.

사랑과 자비의 하나님, 오늘 이 안치 예식의 모든 순서를 통해 주님의 영광만이 드러나게 하시고, 하나님의 평안이 이 자리에 함께한 모든 이들의 마음을 채우게 하옵소서. 우리의 모든 삶을 주관하시는 하나님께 감사와 찬양을 올려드리며, 예수 그리스도의 이름으로 기도드립니다. 아멘.

유해 안치예식을 위한 기도 2
흙에서 난 몸을 고요히 쉬게 하며

하나님 아버지,

이 시간 저희는 사랑하는 ○○○ 성도님의 유해를 안치하며, 주님의 은혜 안에서 모든 삶의 마침표를 주님께 맡겨 드립니다. 흙에서 와서 흙으로 돌아가는 이 순리를 따르되, 그 끝이 아니라 하나님의 품으로 향하는 믿음의 전환점임을 고백하게 하옵소서.

하나님, ○○○ 성도님은 이 땅에서의 생을 마치기까지 많은 순간을 주님과 동행하였고, 그 믿음의 걸음은 많은 이들에게 위로와 본이 되었습니다. 그분의 기도와 봉사, 조용한 사랑과 헌신이 결코 헛되지 않았음을 저희가 기억하게 하시고, 이 시간 그가 남긴 모든 흔적 속에 하나님의 손길이 있었음을 믿음으로 바라보게 하옵소서.

이제 이 땅의 장막은 고요한 자리에서 쉬게 되나, 하나님께서는 그 영혼을 진리와 생명의 길로 인도하시어 영원한 처소에서 평안을 누리게 하실 줄 믿습니다. 안치의 이 순간이 단순한 마무리가 아니라 부활의 소망이 새겨지는 고백이 되게 하시고, 저희 모두가 언젠가 하나님 앞에 설 그날을 준비하며 더욱 깨어 살아가게 하옵소서.

하님님, 이 안치의 시간을 통해 남겨진 이들이 오히려 위로를 얻게 하시고, 삶의 가치를 다시금 새기며 살아가는 계기가 되게 하옵소서. ○○○ 성도님의 생이 하나님의 은혜로 아름답게 채워졌음을 감사하며, 그 여정을 기억하는 저희 또한 남은 날들을 정직하고 복되게 살아가도록 도우소서.

하나님, 저희는 모든 생명의 처음과 끝을 주관하시는 주님 앞에 이 시간을 올려드립니다. 죽음의 그림자 속에서도 생명의 빛을 바라보게 하시고, 유해를 안치하는 이 장소가 소망의 땅이 되게 하옵소서. 저희의 믿음이 흔들리지 않도록 도우시고, 하나님의 나라를 더욱 바라보는 눈을 허락해 주옵소서.

살아 있는 자의 길도, 평안을 얻은 자의 안식도 모두 주님께서 인도하심을 믿으며, 저희는 사랑하는 ○○○ 성도님의 유해를 이 땅에 고요히 누이오니, 하나님의 영원하신 평강이 함께 하시기를 간구합니다. 모든 것을 하나님께 의탁하며, 예수 그리스도의 이름으로 기도드립니다. 아멘.

유해 안치예식을 위한 기도 3
부활의 소망 안에 잠드는 시간

전능하신 하나님,

저희는 오늘 사랑하는 ○○○ 성도님의 유해를 이곳에 안치하며, 이 시간을 하나님의 은혜로 채워 주시기를 간절히 기도드립니다. 인간의 삶이 흙에서 시작되어 흙으로 돌아간다 하여도, 하나님의 숨결이 깃든 존재는 결코 헛되지 않음을 믿습니다.

하나님, ○○○ 성도님의 생애는 고요하지만 분명한 신앙의 울림을 남겼습니다. 고인이 보여주신 인내와 충성, 조용한 기도와 사랑의 실천은 하나님의 사람으로 살아온 귀한 증거였으며, 저희의 기억 속에 오래도록 남을 아름다운 흔적입니다. 오늘 이 안치의 자리를 통해 저희가 그 신앙의 유산을 물려받고, 각자의 삶에서 주님의 뜻을 따라 살아가게 하옵소서.

이제 이 유해는 흙으로 돌아가지만, 하나님께서는 이미 그 영혼을 받아주시고, 생명의 나라에서 안식을 허락하셨음을 믿습니다. 죽음을 끝이 아니라 새로운 시작으로 받아들이게 하시고, 저희 모두가 부활의 소망을 품고 살아가게 하옵소서.

하나님, 이별의 아픔 속에서도 감사의 고백을 드릴 수 있도록 도우소서. 우리가 사랑하는 이를 떠나보내지만, 그가 남긴 사랑과 믿음, 웃음과 기도의 흔적은 여전히 살아 숨 쉬고 있음을 기억하게 하옵소서. 또한 이 땅에서의 사명이 끝나는 날까지, 하나님 앞에 부끄럽지 않은 하루하루를 살아가는 이들이 되게 하옵소서.

하나님, 이 유해 안치의 예식이 단지 하나의 의례가 아니라, 하나님 앞에서의 엄숙한 고백과 다짐이 되게 하옵소서. 죽음을 통해 생명을 더욱 소중히 여기고, 이 생의 모든 날이 하나님의 손안에 있음을 기억하며 살게 하옵소서.

사랑과 자비의 하나님, 이제 사랑하는 ○○○ 성도님의 유해를 이 땅의 품에 안치하오니, 하나님의 평안으로 이 자리를 덮어 주시고, 남겨진 이들로 하여금 고인을 향한 그리움을 넘어, 하나님을 향한 신뢰와 순종으로 살아가게 하옵소서. 모든 것을 하나님께 맡기오며, 예수 그리스도의 이름으로 기도드립니다. 아멘.

유해 안치예식을 위한 기도 4
믿음의 걸음을 기억하며 드리는 기도

영원한 생명의 주이신 하나님,
오늘 저희는 사랑하는 ○○○ 성도님의 유해를 안치하며, 하나님의 자비와 위로를 간절히 구합니다. 생명의 시작과 마침을 주관하시는 하나님께서 이 시간을 붙들어 주시고, 고인의 삶을 통해 나타난 하나님의 은혜를 저희 모두가 깊이 기억하게 하옵소서.

하나님, ○○○ 성도님의 인생 여정은 고요한 믿음의 길이었습니다. 환한 웃음 뒤에 감추어진 헌신과 기도, 평범한 일상 속에 드러난 따뜻한 섬김과 사랑은 하나님 나라의 씨앗으로 뿌려졌고, 많은 이들의 마음에 아름다운 열매를 맺게 했습니다. 이 시간, 저희는 그분이 남긴 발자취를 되새기며, 각자의 삶에서도 하나님의 뜻을 이루는 자로 살아가기를 소망합니다.

하나님, 유해를 안치하는 이 시간에 저희가 이 땅의 한계를 받아들이면서도, 하늘의 소망을 놓지 않게 하옵소서. 흙에서 와서 흙으로 돌아가는 인생의 이치를 바라보며, 인간의 연약함과 하나님의 위대하심을 다시금 깨닫게 하시고, 이 생명이 하나님께 속한 것임을 고백하게 하옵소서.

　고인의 영혼은 이미 하나님의 품에서 평안을 누리고 있을 줄 믿습니다. 이 땅의 수고와 고통을 내려놓고, 주님의 은혜 안에서 쉬고 있는 그분을 생각하며, 저희의 마음에도 위로와 평강을 부어 주시옵소서. 이 이별이 끝이 아님을 믿게 하시고, 하나님 안에서 다시 만날 소망을 붙들고 살아가게 하옵소서.

　하나님, 저희가 오늘의 안치 예식을 통해 인생의 유한함을 겸허히 받아들이며, 각자에게 주어진 시간을 더욱 귀하게 여기게 하옵소서. 오늘의 고요한 침묵이 저희의 영혼을 흔들고, 하나님의 말씀과 사랑 앞에 더욱 겸손히 서게 하는 시간이 되게 하옵소서.

　이제 사랑하는 ○○○ 성도님의 유해를 이 땅의 품에 안치하오니, 하나님께서 이 자리를 복되게 하시고, 그 안에 평안을 채워 주시옵소서. 남은 저희도 믿음의 길을 따라 한 걸음씩 걷게 하시고, 삶의 마지막 순간까지 하나님만을 신뢰하며 살게 하옵소서. 모든 것을 하나님께 의탁하며, 예수 그리스도의 이름으로 기도드립니다. 아멘.

유해 안치예식을 위한 기도 5
하나님의 품에 잠든 자를 기억하는 기도

자비로우신 하나님 아버지,

오늘 저희는 사랑하는 ○○○ 성도님의 유해를 안치하는 이 시간을 맞이하여, 하나님의 평안과 위로를 구합니다. 이 땅에서의 모든 여정을 마친 이 성도님의 삶을 하나님 앞에 올려드리며, 저희가 그분의 흔적을 기억하고 감사로 되새기는 시간이 되게 하옵소서.

하나님, 하나님께서 부르시는 생애의 마지막 순간까지도 믿음을 지키며 살아온 ○○○ 성도님의 삶은 우리 모두에게 깊은 감동과 도전을 남겼습니다. 말보다 조용한 섬김으로, 눈에 띄기보다 한결같은 기도로, 하나님의 나라를 위해 헌신했던 그분의 삶을 기억하며, 저희도 그렇게 살고자 마음을 다잡습니다. 삶의 의미와 목적을 다시금 되새기며, 하루하루를 더욱 진실하게 살아가게 하옵소서.

이 유해를 안치하는 이 순간, 단순한 마침이 아니라 믿음의 여정이 완성되는 시간임을 깨닫게 하옵소서. 흙으로 돌아가는 육신의 한계를 마주하며, 저희가 더욱 겸손히 하나님의 뜻을 구하고, 하늘의 소망을 굳게 붙들게 하옵소서. 잠시의 이별 속에서도 하나님의 신실하심을 믿으며, 언젠가 주님의 나라에서 다시 만나게 될 그날을 소망하게 하옵소서.

하나님, 남겨진 가족들과 이 자리에 함께한 모든 이들의 마음에 평안을 허락하소서. 눈물 가운데 있는 마음에 하나님의 위로가 스며들게 하시고, 고인을 향한 그리움이 하나님의 사랑으로 품어지게 하옵소서. 그리하여 슬픔이 감사로, 이별이 찬양으로 바뀌는 은혜를 허락해 주시기를 간구합니다.

이제 저희는 사랑하는 ○○○ 성도님의 유해를 이 땅의 한 자리에 정성스럽게 모십니다. 그러나 저희의 시선은 이 땅을 넘어서, 하나님의 나라를 바라보게 하시고, 모든 생명의 주인이신 하나님께 우리의 믿음과 소망을 더욱 깊이 드리게 하옵소서. 이 안치의 순간이 하나님의 품에 안기는 영적 평안의 시작이 되게 하시고, 저희도 주어진 시간 속에서 하나님의 뜻을 따르며 살아가게 하옵소서.

모든 것을 하나님의 손에 올려드리며, 영원한 생명의 소망을 붙들고 예수 그리스도의 이름으로 기도드립니다. 아멘.

수목장 예식을 위한 기도 1
창조의 품으로 돌아가는 믿음의 길

생명과 죽음을 주관하시며 만물을 섭리로 이끄시는 하나님, 오늘 저희는 사랑하는 ○○○ 성도님의 유해를 수목장으로 모시며, 창조의 질서 안에서 삶의 마지막 순례길을 마무리합니다. 한 사람의 삶이 뿌리처럼 땅에 내려앉아, 다시 생명을 품는 자연의 일부가 되는 이 순간, 저희가 단지 이별을 맞는 것이 아니라, 영원한 생명으로 향하는 영적 전환을 바라보게 하옵소서.

하나님, 흙에서 왔다가 흙으로 돌아가라는 말씀은 단순한 순환이 아니라, 하나님의 품으로 다시 안긴다는 깊은 진리를 담고 있음을 믿습니다. 수목장이라는 이 고요한 예식을 통해, 저희는 인간의 삶이 자연과 단절된 것이 아니라, 하나님께서 세우신 창조의 질서 속에 조화롭게 놓여 있다는 사실을 깨닫습니다. 한 줌의 재가 뿌리 깊은 나무 아래 안치되는 이 순간, 저희의 마음에 겸손과 감사가 피어나게 하옵소서.

○○○ 성도님의 삶을 생각할 때, 저희는 그분의 믿음과 사랑, 그리고 조용히 흘려보낸 눈물과 기도가 얼마나 소중한 유산이었는지를 기억하게 됩니다. 비록 육신은 이제 자연의 품으로 돌

아가지만, 그의 삶이 남긴 향기는 저희의 기억 속에, 또한 하나님의 기억 속에 영원히 간직될 줄 믿습니다. 나무 한 그루가 땅을 붙잡듯, 그분의 신앙이 이곳에 뿌리를 내리고, 오는 이들에게 믿음의 쉼터가 되게 하옵소서.

하나님, 자연 안에서 장례를 드리는 이 순간이, 단순한 형식이나 선택이 아니라, 하나님께로 돌아가는 깊은 순종의 고백이 되게 하옵소서. 저희가 이 나무 아래에 설 때마다, 단지 죽음을 기억하는 것이 아니라, 창조와 구원의 이야기를 되새기며, 주님의 부르심 앞에 자신을 비춰보는 시간이 되게 하옵소서.

고요한 숲의 바람이 위로처럼 스며들고, 나뭇잎 사이로 비치는 햇살이 하나님의 평강처럼 저희의 마음을 어루만지게 하옵소서. 이 수목이 있는 곳이 단지 무덤이 아니라, 생명과 소망이 살아 있는 기도의 장소가 되기를 원합니다. 지나가는 새 한 마리, 피어나는 풀 한 포기 속에서도, 하나님의 돌보심을 발견하게 하시고, 그 안에서 저희의 믿음이 더욱 깊어지게 하옵소서.

하나님, 이제 사랑하는 ○○○ 성도님의 유해를 이 땅에 안치하오니, 이 장소를 거룩히 하시고, 그의 영혼이 하나님의 은총 안에서 영원한 안식을 누리게 하옵소서. 남겨진 저희도 그 삶이 남긴 신앙의 흔적을 따라, 매일의 삶 속에서 하나님의 뜻을 분별하며 살아가게 하시고, 언젠가 다시 만나게 될 영원한 나라를 소망하며 이 땅의 삶을 정직하게 걸어가게 하옵소서.

예수 그리스도의 이름으로 기도드립니다. 아멘.

수목장 예식을 위한 기도 2
흙과 나무, 그리고 부활의 소망 안에서

영원한 생명의 근원이신 하나님 아버지,

오늘 사랑하는 ○○○ 성도님의 유해를 수목장으로 안치하며, 흙에서 시작된 인생이 다시 흙으로 돌아가는 이 거룩한 여정을 묵상합니다. 생명을 흙에 심는 이 시간, 눈물로 작별을 고하면서도 하나님의 창조와 구원의 섭리를 믿음으로 바라봅니다. 이 땅의 장막을 벗고 주님의 부르심을 따라 나아간 성도님이 하나님의 품 안에서 안식하도록 인도하여 주옵소서.

하나님, 저희는 자연의 품에 안기는 이 예식이 단지 장례의 한 방식이 아니라, 하나님께서 빚으신 흙으로 다시 돌아가 하나님의 품에 안기는 깊은 신앙의 고백이 되기를 원합니다. 나무 아래에 한 줌의 흙으로 안치되는 이 모습 속에서, 저희는 예수 그리스도의 죽음과 부활을 떠올립니다. 생명이 죽음을 이기고, 부활이 무덤을 열었던 그 놀라운 은혜를 기억하며, 저희 또한 그 소망 안에 거하게 하옵소서.

○○○ 성도님의 인생은 결코 헛되지 않았으며, 그 삶의 흔적은 여전히 저희 곁에 남아 있습니다. 가족을 사랑하고, 공동체

를 섬기며, 하나님의 뜻을 따라 살아갔던 고인의 발걸음이 오늘 이 자리에서도 살아 숨쉬고 있음을 믿습니다. 그가 걸어온 신앙의 길을 기억하게 하시고, 저희가 그의 아름다운 삶을 이어받아 각자의 자리에서 하나님을 더욱 사랑하고 이웃을 섬기며 살아가게 하옵소서.

하나님, 수목장이라는 이 조용한 장례의 방식이 자연과 사람, 창조와 구원 사이의 아름다운 조화를 이루는 통로가 되게 하옵소서. 나무의 뿌리가 유해와 함께 땅속에서 자라날 때, 저희는 다시 한 번 하나님의 신비한 생명의 연결고리를 느끼게 됩니다. 봄마다 새잎이 돋고, 계절마다 그 자리를 지키는 나무처럼, 고인의 기억도 이 자리에 깊이 뿌리내려, 후손과 이웃의 마음에 살아 있게 하옵소서.

슬픔은 여전하지만, 하나님께서 허락하신 평안이 저희의 마음을 감싸 안아 주시고, 믿음의 공동체가 함께 이 시간을 이겨내도록 도와주옵소서. 저희가 이곳을 찾을 때마다 단지 한 사람을 그리워하는 것이 아니라, 하나님의 사랑과 부활의 소망을 더욱 깊이 새기게 하옵소서. 그리고 각자의 삶 속에서 더욱 진실하고 성실하게 살아가게 하시며, 하나님의 창조를 돌보는 손길이 되게 하옵소서.

이제 ○○○ 성도님의 유해를 이 수목 아래에 안치하오니, 영혼은 하나님의 은혜 안에서 평안히 거하게 하옵소서. 예수 그리스도의 이름으로 기도드립니다. 아멘.

수목장 예식을 위한 기도 3
하나님의 품에 심기는 생명의 씨앗으로

생명의 주관자 되시는 하나님 아버지,

오늘 저희는 사랑하는 ○○○ 성도님의 유해를 이 수목장에 안치하며, 주님의 창조 섭리와 부활의 약속을 깊이 묵상합니다. 땅에서 와서 땅으로 돌아가는 이 여정이 결코 끝이 아님을 믿으며, 하나님의 품 안에서 시작되는 새로운 생명을 바라보게 하옵소서. 저희의 눈물과 이별이 단지 슬픔에 머무르지 않고, 영원한 생명에 대한 소망으로 나아가게 하옵소서.

하나님, 흙에 묻히는 이 한 줌의 유해가 단순한 이별의 상징이 아니라, 주님의 시간 안에서 자라날 믿음의 씨앗이 되게 하시고, 자연 속에 안겨 부활을 기다리는 영혼의 안식처가 되게 하옵소서. 저희가 나무와 땅, 바람과 빛을 바라보며, 그 모든 자연 속에 숨 쉬는 하나님의 손길을 깨닫고 위로를 얻게 하옵소서. 이 예식이 단지 장례의 형식이 아니라, 하나님께 삶을 다시 맡기는 깊은 신앙의 고백이 되게 하옵소서.

○○○ 성도님의 삶을 돌아보면, 믿음과 헌신, 사랑의 발자취가 남아 있습니다. 작은 일에도 정성을 다하며 이웃을 돌보았던

그의 마음을 저희가 본받게 하시고, 그의 삶이 하나님을 향한 경건한 예배였음을 기억하게 하옵소서. 그가 남긴 말과 행동이 저희 안에서 아름다운 유산으로 피어나게 하시고, 저희가 그 정신을 이어받아 살아가게 하옵소서.

하나님, 이 수목장 자리가 단지 기억의 공간이 아닌, 소망의 공간이 되게 하옵소서. 잎이 피고 지는 자연의 리듬 속에서, 저희는 다시 살아계신 하나님을 만납니다. 하나님께서 고인의 삶을 기억해 주시고, 그의 영혼이 주님의 품 안에서 안식을 누리게 하옵소서. 또한 이 자리를 찾는 모든 이들이 생명의 순환 속에서 위로를 얻고, 저마다의 삶 속에서 믿음의 길을 다시 걸어가게 하옵소서.

저희의 마음이 여전히 허전하고 눈물겹지만, 하나님께서 친히 저희 곁에 계셔주시고, 한결같은 사랑으로 위로하여 주옵소서. 사랑하는 이를 땅에 묻는 이 순간이 절망이 아니라 새로운 소망의 시작임을 믿게 하시고, 하늘의 평안과 땅의 고요함 속에서 하나님의 음성을 듣게 하옵소서.

이제 ○○○ 성도님의 유해를 자연의 품에 맡기며, 그의 영혼이 하나님의 나라에서 빛 가운데 거하도록 인도하여 주시옵소서. 남은 저희도 그 믿음을 기억하며, 세상 속에서 하나님의 자비와 공의를 따라 살아가게 하옵소서. 모든 것을 하나님께 올려드리며, 예수 그리스도의 이름으로 기도드립니다. 아멘.

수목장 예식을 위한 기도 4

땅에 심는 믿음, 하늘에 맺히는 소망

  생명을 창조하시고 마침내 영원한 안식으로 이끄시는 하나님 아버지,

  오늘 저희는 사랑하는 ○○○ 성도님의 유해를 수목장에 안치하며, 생명의 순환 속에 담긴 하나님의 뜻을 깊이 되새깁니다. 흙에서 시작된 우리의 여정이 다시 흙으로 돌아가지만, 그 안에서 영원한 생명이 움트는 하나님의 섭리를 찬양합니다. 이 자리에서 우리는 단지 작별이 아니라, 다시 만날 소망을 심습니다. 이 한 줌의 흙 속에 숨겨진 부활의 약속을 믿으며, 슬픔 가운데서도 감사의 기도를 올려드립니다.

  하나님, 하나님께서 창조하신 이 땅에 ○○○ 성도님의 흔적을 묻습니다. 그러나 그의 영혼은 흙에 갇히지 않고, 하나님의 나라에서 빛과 평안 가운데 거하고 있음을 믿습니다. 이 나무 곁에 누워 잠든 그를 기억하며, 자연을 지날 때마다 주님의 은혜를 떠올리게 하옵소서. 수목장이 단지 장지(葬地)가 아니라, 믿음의 고백이 담긴 거룩한 장소가 되게 하옵소서.

  ○○○ 성도님의 삶을 통해 저희는 하나님의 손길을 경험했

습니다. 그가 걸어온 시간 속에 담긴 헌신과 믿음의 발자취는 여전히 저희 마음속에 살아 있습니다. 그의 미소와 기도, 그가 흘린 눈물과 베푼 사랑을 저희가 기억하게 하시고, 그 삶을 통해 하나님께서 얼마나 선하시며 신실하신 분인지 다시 깨닫게 하옵소서. 그가 심은 사랑의 씨앗이 이 땅에서 열매 맺게 하시고, 저희의 삶에도 거룩한 울림으로 이어지게 하옵소서.

하나님, 저희의 슬픔을 위로로 덮어 주시고, 마음 깊은 곳의 허전함을 하늘의 평강으로 채워 주옵소서. 나무를 통해 생명을 되새기듯, 저희도 오늘의 이 순간을 통해 믿음의 생명을 다시 붙잡게 하옵소서. 모든 자연은 하나님의 말씀을 노래하고, 이 땅은 하나님의 위로를 담아냅니다. 그 가운데 저희가 다시 일어나 걷게 하시고, 절망이 아니라 감사와 찬양의 고백으로 삶을 이어가게 하옵소서.

이제 사랑하는 ○○○ 성도님의 유해를 이 땅에 맡기며, 그의 영혼이 하나님과 함께하는 영광의 나라에서 안식하게 하옵소서. 남겨진 저희도 삶의 마지막을 기억하며, 날마다 주의 뜻을 따라 살아가는 신실한 자들이 되게 하옵소서. 모든 것 위에 계신 하나님께 의지하며, 예수 그리스도의 이름으로 기도드립니다. 아멘.

수목장 예식을 위한 기도 5

생명의 나무 아래서 드리는 고백

　거룩하신 하나님 아버지,
　오늘 저희는 사랑하는 ○○○ 성도님의 유해를 자연 속에 안치하며, 하나님께서 주신 생명의 신비와 은혜를 깊이 묵상합니다. 모든 피조물을 지으시고, 그 존재의 처음과 끝을 주관하시는 하나님 앞에서 저희는 겸손한 마음으로 이 시간을 맞이합니다. 땅에 묻힌 유해는 사라지는 것이 아니라, 하나님의 창조 섭리 안에서 생명의 또 다른 모습으로 이어짐을 믿습니다.
　하나님, 이곳에 심긴 나무 곁에 ○○○ 성도님의 흔적을 남기지만, 그의 영혼은 이미 하나님의 영광 가운데로 들어가 영원한 안식을 누리고 있음을 믿습니다. 저희는 더 이상 그를 육신으로 만날 수 없지만, 그의 믿음의 유산은 이 땅 위에 남아 저희의 삶을 이끌어주는 등불이 됩니다. 주님, 저희가 그를 잊지 않고 기억하며, 그의 생애 속에 담긴 하나님의 은혜와 사랑을 삶으로 이어가게 하옵소서.
　○○○ 성도님의 삶은 하나님의 사랑을 증거하는 아름다운 이야기였습니다. 고인의 손길이 닿았던 곳마다 따뜻함이 있었

고, 그가 건넨 말 한마디마다 하나님의 진리가 스며 있었습니다. 이제 이 수목장 자리는 단지 안치의 장소가 아니라, 하나님을 향한 그의 믿음의 고백이 뿌리내리는 자리가 되게 하시고, 살아 있는 이들에게도 새롭게 믿음을 심는 거룩한 땅이 되게 하옵소서.

하나님, 나무 한 그루가 자라며 그늘이 되듯, 고인의 삶도 누군가에게 쉼과 위로가 되었습니다. 저희도 그 나무처럼 누군가의 삶을 덮어줄 수 있는 존재가 되기를 소망합니다. 하나님께서 허락하신 시간 속에서 고인의 사랑과 헌신을 본받아 살아가며, 저희들도 진실하고 선한 마음으로 하나님 나라를 이 땅 위에 이루어가게 하옵소서. 바람이 불고 잎이 흔들릴 때마다, 하나님의 숨결을 기억하게 하시고, 저희의 마음에 위로와 평화를 더하여 주옵소서.

이제 ○○○ 성도님의 유해를 하나님께서 지으신 땅에 안치하며, 그의 영혼은 하나님의 품 안에서 안식하도록 온전히 맡겨 드립니다. 남겨진 저희는 이 땅에서의 삶을 더욱 성실히 감당하며, 고인이 남긴 아름다운 흔적을 따라 신실한 믿음의 길을 걷게 하옵소서. 하나님의 손길을 의지하며, 예수 그리스도의 이름으로 기도드립니다. 아멘.

이장 예식을 위한 기도 1
다시 새기는 믿음의 자리에서

　영원하신 하나님 아버지,
　오늘 저희는 사랑하는 ○○○ 성도님의 유해를 새로운 자리로 옮기며, 하나님의 선하신 섭리를 다시금 바라봅니다. 시간과 공간을 주관하시는 주님께서 이 모든 과정을 인도하심을 믿으며, 경건한 마음으로 이장 예식을 올려드립니다. 땅에서 땅으로 옮겨지는 이 순간에도 하나님의 계획은 온전하며, 사랑은 변함없음을 고백하게 하옵소서.
　하나님, 이 자리가 단순한 이전의 행위가 아니라, 고인의 생애를 기념하고 그의 신앙을 다시 새기는 시간이 되게 하옵소서. 비록 그 육신의 흔적은 자리를 옮기지만, 그의 믿음의 삶은 저희의 기억 속에 깊이 남아 있습니다. 삶과 죽음, 이 땅의 여정 그 너머까지 모두 주님의 손길 아래 있음을 믿으며, 오늘 이 순간도 주님의 은혜 안에 있음을 고백합니다.
　○○○ 성도님의 걸어온 길은 짧지 않았고, 그 모든 순간마다 주님의 인도하심이 있었습니다. 그가 남긴 사랑의 말과 헌신의 행동, 믿음의 기도는 지금도 살아 있는 저희에게 귀한 유산이

됩니다. 하나님, 저희가 그 유산을 기억하며, 이장을 계기로 다시금 믿음의 길을 곧게 걷는 삶이 되게 하옵소서. 새로운 자리에서도 고인의 흔적이 하나님의 사랑을 드러내는 증거가 되기를 소망합니다.

하나님, 이장이 진행되는 동안 모든 절차가 평안 가운데 이루어지게 하시고, 유가족들과 참석한 모든 이들의 마음에도 주님의 위로와 평강이 임하게 하옵소서. 이별의 또 다른 순간을 마주하지만, 천국에서 다시 만날 소망이 저희를 지탱하게 하시고, 날마다 주님을 향한 믿음을 새롭게 하게 하옵소서.

이제 사랑하는 ○○○ 성도님의 유해를 새로운 땅에 모시며, 그의 영혼이 하나님의 품 안에서 변함없는 평안을 누리도록 기도드립니다. 남겨진 저희는 오늘의 이장 예식을 계기로, 더욱 경건히 살아가며 주님의 뜻을 이루는 삶을 이어가게 하옵소서. 모든 것을 하나님께 맡겨드리며, 예수 그리스도의 이름으로 기도드립니다. 아멘.

이장 예식을 위한 기도 2
믿음의 자취를 따라 다시 나아가게 하소서

　영원과 생명의 주인이신 하나님,
　오늘 저희는 사랑하는 ○○○ 성도님의 유해를 새로운 안식의 땅으로 옮기며, 이 모든 시간이 주님의 뜻 안에 있음을 고백합니다. 흙에서 나와 흙으로 돌아가는 인생의 여정을 다시금 되새기며, 고인의 삶을 기념하고 믿음의 유산을 이어받는 자리가 되게 하옵소서. 이장이 단지 장소의 이동이 아니라, 하나님의 섭리 아래 새로운 은총의 시작이 되게 하시고, 슬픔보다 감사가, 아픔보다 찬양이 넘치는 시간이 되게 하소서.
　하나님, 고인은 이 땅에서 주님의 부르심에 따라 충실히 살아온 자였습니다. 때로는 고단하고 외로웠으나, 그 길을 믿음으로 걸었고, 사랑으로 섬겼으며, 기도로 세상을 품었습니다. 이제 그 육신은 새로운 곳에 모셔지지만, 그의 삶은 이미 많은 이들의 기억 속에, 가슴 속에, 영혼 속에 살아 있습니다. 저희가 그가 보여준 신실함을 마음에 간직하고, 그가 걸었던 순종의 길을 본받게 하옵소서.
　이장을 통해 다시금 고인의 헌신과 사랑을 떠올리며, 남은 저희도 주님께서 허락하신 자리에서 날마다 신실하게 살아가게 하옵소서. 이별의 순간이 또 한 번 찾아왔지만, 그것이 끝이 아님을 믿습니다. 하나님께서 친히 고인을 품으셨고, 그가 지금은 눈물도 고통도 없는 하늘나라에서 안식을 누리고 있음을 믿으며, 저희의 가슴 깊은 곳에서 우러나는 찬양과 기도를 올려드립니다.

하나님, 유가족들의 마음에도 특별한 위로를 허락해 주시옵소서. 또다시 그리움이 피어나는 이 순간, 하나님께서 친히 다가가서 평강으로 안아주시고, 영혼 깊은 곳에서부터 새 힘을 얻게 하소서. 주님의 말씀과 성령의 감동이 모든 슬픔을 감싸고, 눈물 대신 찬송이 흘러나오게 하소서. 또한, 이 자리에 함께한 모든 이들도 믿음의 본을 다시금 마음에 새기고, 저마다의 삶 속에서 하나님께 가까이 나아가게 하옵소서.

이제 사랑하는 ○○○ 성도님의 유해가 새로운 곳에 모셔지오니, 그 땅이 고요한 안식과 하늘의 평안을 상징하는 자리 되게 하옵소서. 고인이 남긴 말씀과 행실이 우리 안에 살아 움직이게 하시고, 이장을 통해 다시 한번 주님의 선하신 뜻을 깊이 묵상하게 하소서. 저희도 언젠가 하나님의 부르심 앞에 설 것을 기억하며, 오늘의 삶을 더욱 정직하고 겸손하게 살아가게 하옵소서. 모든 것을 하나님께 감사로 아뢰며, 우리 주 예수 그리스도의 이름으로 기도드립니다. 아멘.

이장 예식을 위한 기도 3

흙에서 흙으로, 기억에서 믿음으로

모든 생명을 주관하시고 인도하시는 하나님,

오늘 저희는 사랑하는 ○○○ 성도님의 유해를 다시 모시며, 삶과 죽음, 그 모든 여정 속에 함께하신 하나님의 은혜를 깊이 되새깁니다. 한 사람의 인생이 끝난 것이 아니라, 하나님 안에서 새로운 삶으로 들어간 줄을 믿으며, 저희가 이장을 통해 믿음의 유산을 다시 마음에 새기게 하옵소서. 변화되는 장소 안에도 변치 않는 하나님의 사랑이 머물게 하시고, 이 모든 절차가 경건하고 은혜롭게 진행되게 하옵소서.

사랑의 하나님, ○○○ 성도님은 이 땅에서 주님의 이름을 붙들고 살아온 믿음의 사람이었습니다. 그의 걸음 하나하나가 주님을 향한 순종이었고, 그의 손길 하나하나가 이웃을 향한 사랑이었습니다. 이제 그 육신은 또 다른 땅에 누이지만, 그의 삶은 여전히 저희 곁에 머물러 있습니다. 그가 흘린 눈물과 기도가 가족의 삶을 지탱했고, 그의 인내와 감사가 이웃의 마음을 따뜻하게 했음을 기억하며, 그 모든 흔적을 따라 저희도 살아가게 하옵소서.

하나님, 이장의 자리가 단순한 이동이 아니라, 기억을 다시 이어주는 다리가 되게 하시고, 그 믿음이 시간과 공간을 넘어 저희의 삶 속에서 열매 맺게 하옵소서. 땅의 자리가 바뀌었을지라도, 저희의 가슴 속엔 여전히 ○○○ 성도님의 신앙이 살아 숨쉬고 있습니다. 그 영적 유산을 헛되이 하지 않게 하시고, 저희도 주님의 뜻을 따라 살아가는 이정표로 삼게 하옵소서.

사랑의 하나님, 오늘 이 자리에 선 유가족들과 함께한 이들의 마음에 하늘의 평강을 부어주시옵소서. 다시금 무거운 마음으로 이 땅의 이별을 받아들이는 이 순간에도, 주님께서 친히 손잡아 주시고, 말씀으로 위로하여 주시옵소서. 시간이 흘러도 변치 않는 그리움 속에서 슬퍼하기보다, 주님 안에서 다시 만날 소망을 품게 하시고, 그 소망이 삶의 힘이 되게 하옵소서.

이제 ○○○ 성도님의 유해가 새롭게 마련된 땅에 안치되오니, 그곳이 거룩한 쉼의 자리가 되게 하옵소서. 이장이란 행위를 통해 모든 영혼이 하나님의 부르심을 사모하게 하시고, 살아있는 저희도 죽음을 두려워하지 않고, 오히려 오늘을 정결하게 살아가는 계기가 되게 하옵소서. 이 모든 것이 하나님의 손 안에 있음을 고백하며, 예수 그리스도의 이름으로 기도드립니다. 아멘.

이장 예식을 위한 기도 4
시간을 넘어 이어지는 믿음의 고백

   만물을 다스리시며 생사화복을 주관하시는 하나님,
   오늘 저희는 사랑하는 ○○○ 성도님의 유해를 새로운 안식의 자리로 옮기며, 이 땅에서의 마지막 여정을 다시금 하나님께 의탁드립니다. 한 사람의 인생이 머문 시간을 되돌아보며, 하나님께서 그 모든 순간을 품고 계셨음을 고백하게 하옵소서. 지금 이 시간, 이 예식이 단순한 절차를 넘어, 고인을 기억하고 하나님의 선하심을 되새기는 거룩한 시간이 되게 하옵소서.
   하나님, ○○○ 성도님의 삶은 짧지 않은 여정이었습니다. 때로는 기쁨으로, 때로는 눈물로 살아냈던 하루하루 속에서 그는 믿음의 사람으로 자리를 지켰습니다. 그의 기도는 자녀들을 향한 사랑이었고, 그의 인내는 이웃을 향한 책임이었으며, 그의 웃음은 하나님을 향한 감사의 고백이었습니다. 이제 육신은 또 다른 자리에 안장되지만, 그가 남긴 발자취는 여전히 저희의 마음 안에 생생히 살아 있습니다.
   하나님, 장소는 바뀌어도 믿음은 흔들리지 않게 하시며, 시간이 흘러도 그가 남긴 신앙의 향기는 더욱 짙어지게 하옵소서.

이 이장 예식을 통해 다시금 저희가 그 믿음을 되새기게 하시고, 삶과 죽음의 의미를 새롭게 깨닫게 하옵소서. 죽음 앞에서도 담대할 수 있는 이유는 오직 하나님께서 생명의 주인이심을 믿기 때문임을 고백하게 하옵소서.

하나님, 오늘의 이장이 유가족과 모든 참석자들에게 또 하나의 은혜의 이정표가 되게 하시고, 이별의 아픔 속에서도 하늘의 큰 위로를 경험하게 하옵소서. 흙으로 돌아가는 육신을 보며 저희 자신의 삶을 돌아보게 하시고, 아직 저희에게 주어진 시간을 소중히 여기며 살아가게 하옵소서. 매일의 삶이 하나님께 드리는 고백이 되게 하시고, 사랑으로 가득한 하루하루가 되게 하옵소서.

이제 사랑하는 ○○○ 성도님의 유해가 새롭게 준비된 이 땅에 안치되오니, 그곳이 단순한 흙의 자리가 아닌, 하나님의 평강이 머무는 거룩한 쉼의 터전이 되게 하옵소서. 남겨진 저희도 고인의 삶을 기억하며 믿음의 길을 이어가고, 언제나 하나님의 뜻을 따라 걷는 자들이 되게 하옵소서. 모든 영광을 하나님께 돌리며, 예수 그리스도의 이름으로 기도드립니다. 아멘.